Hans-Willy Hohn

Die Zerstörung der Zeit

Wie aus einem göttlichen Gut
eine Handelsware wurde

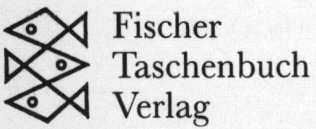
Fischer
Taschenbuch
Verlag

fischer alternativ
Programmschwerpunkt: perspektiven
Eine Reihe des Fischer Taschenbuch Verlags
Herausgegeben von Rudolf Brun

Originalausgabe
Veröffentlicht im Fischer Taschenbuch Verlag GmbH
Frankfurt am Main, Juli 1984
Umschlagentwurf: Peter Hajnoczky, Zürich
© Fischer Taschenbuch Verlag GmbH, Frankfurt am Main 1984
Satz: Fotosatz Otto Gutfreund, Darmstadt
Druck und Bindung: Clausen & Bosse, Leck
Printed in Germany
980-ISBN-3-596-24170-7

Inhalt

1. Die Entzauberung von Arbeit und Zeit*

Knappheit der Zeit oder Kampf um Arbeitszeit sind ebenso zentrale wie charakteristische Begriffe für industrielle Gesellschaften. Vorkapitalistischen Kulturen hingegen sind solche Themen und Konflikte weitgehend fremd. Auf den ersten Blick enthält diese Feststellung kein weiteres Problem, zumal die Begründung dieses Unterschieds zwischen modernen und vormodernen Gesellschaften leichtzufallen scheint. In früheren Wirtschaftssystemen ebenso wie in heutigen »unterentwickelten« Ländern wird nur ein geringer gesellschaftlicher Reichtum erwirtschaftet und verteilt. Die Produktivität pro Zeiteinheit spielt daher nur eine untergeordnete Rolle, Arbeitsintensität und Arbeitsstreß sind geringer, und für den Konsum der wenigen Produkte steht mehr freie Zeit zur Verfügung. Zeit wird daher kaum als knapp erlebt, und die Arbeitszeit richtet sich nach dem, was mit den wenig entwickelten Produktivkräften zu erwirtschaften ist. Insgesamt existiert also mehr verfügbare Zeit, die sich auch konfliktfreier und reibungsloser einteilen läßt, als dies in hochentwickelten Industriegesellschaften möglich ist. Erst auf den zweiten Blick wird deutlich, welche impliziten Annahmen und Voraussetzungen in dieser scheinbar klaren Antwort stecken.

Die Behauptung, Zeit sei eine »gegebene«, einteilbare Größe, die sich linear und neutral gegenüber Natur und Gesellschaft verhält, bestimmte nicht nur das klassische naturwissenschaftliche Denken, sondern ist auch ein geradezu selbstverständlicher, weithin unbefragter Bestandteil unseres Alltagswissens. Selbst wenn die Diskontinuität des tatsächlichen Zeiterlebens thematisiert wird, bedienen

---

* Siehe Anmerkungen S. 171

wir uns regelmäßig der Konstruktion einer subjektiven Zeiterfahrung einerseits und der objektiven Zeit andererseits. Es ist dann z. B. die Rede davon, daß sich das Zeitempfinden im Verhältnis zu einer gleich langen Zeitstrecke beim Warten »dehnt« und bei Interesse »verkürzt«. Ganz analoge Formulierungen lassen sich auch in ethnologischen oder kulturhistorischen Studien finden: So etwa wenn auf die »unpräzisen« Zeitbestimmungen der bäuerlichen Gesellschaft verwiesen wird, die sich mangels eines exakten Chronometers aus der Orientierung an der Sonnenbewegung oder anderer »natürlicher« Zeitmesser ergäben. Im gleichen Kontext wird meist auch konstatiert, daß frühere Kulturepochen in ähnlicher Weise wie »primitive« Völker kaum Zukunftssicherung betrieben, wohingegen ein ausgeprägtes kollektives Bewußtsein über die Vergangenheit bestünde.

Was an diesen Begrifflichkeiten und Formulierungen problematisch erscheint, ist ihr gemeinsamer Verweis auf eine gesellschaftlich und historisch universell gültige Abstraktion der »Zeit überhaupt«: So als habe jede Kultur Zeit – wie ungenau und anhand welcher Instrumente auch immer – als meßbare Größe erfahren; so als habe jede Kultur die Zeithorizonte von Vergangenheit, Gegenwart und Zukunft trennscharf und als unumkehrbar identifiziert.

Wir tragen damit eine Begrifflichkeit an das Denken früherer Kulturen heran, die diesem Denken selbst nicht entspricht. Denn die Vorstellung einer »verfügbaren Zeit«, die sich einteilen läßt und auf Zukunft verweist, ist erst ein Produkt des gesellschaftlichen Differenzierungs- und Rationalisierungsprozesses, der in der Etablierung des industriellen Kapitalismus mündet. Zeit ist weder eine Eigenschaft der Natur, noch liegt sie im Bewußtsein a priori vor. Sie existiert nicht »als solche«, sondern als soziales Konzept, das mit den Arbeits- und Interaktionsformen von Gesellschaften konstituiert und variiert wird.

Bereits Durkheim hatte auf diesen historischen und kulturellen Wandel der Formen des Zeitbewußtseins hingewiesen. Ganz im Gegensatz zur Erkenntnistheorie Kants zeigt die Untersuchung religiös verfaßter Gesellschaftssysteme, daß Zeit keine Kategorie a priori der Erfahrung ist, sondern sich für die Mitglieder einer Gesellschaft erst als sinnhaft verfügbar durch und in ihren spezifischen Kommunikations- und Interaktionsformen konstituiert. In den Worten Durkheims:

»Zweifellos können sich die Bewußtseinszustände, die wir erlebt haben, in uns wiederholen, und zwar in der Reihenfolge, in der sie ursprünglich entstanden sind. Damit werden Teile unserer Vergangenheit gegenwärtig, während sie sich gleichzeitig von der Gegenwart unterscheiden. Wie entscheidend diese Unterscheidung für unsere eigene Erfahrung auch ist, genügt sie trotzdem nicht, um den Begriff der Zeitkategorie herzustellen. ... Es ist nicht *meine* Zeit, die auf diese Weise organisiert ist; es ist die Zeit, wie sie von allen Menschen einer und derselben Zivilisation gedacht wird. Das allein genügt schon, um deutlich zu machen, daß eine derartige Organisation kollektiv sein muß.«[1]

Im Gegensatz also zum klassischen physikalischen Zeitverständnis, das die Erkenntnistheorien vornehmlich der Aufklärer bestimmt hat, zeigt die kulturhistorische Untersuchung von Zeitstrukturen, daß es nicht sinnvoll ist, von Zeit als einer »gegebenen« Größe zu sprechen, sondern daß soziale Zeit zugleich als ein Produkt wie als ein Hilfsmittel in der je spezifischen Form der Auseinandersetzung des Menschen mit der Natur zu verstehen ist.
Nicht nur in der Tradition Durkheims, wiewohl aber von ihm vielfach inspiriert, hat sich eine Fülle verschiedener Ansätze und Forschungsrichtungen zum Problem der »sozialen Zeit« entwikkelt, die, um nur einige wenige Themen aufzugreifen, den Zusammenhang von sozialer Schicht und Planungshorizont, die subjektive Konstitution der Zeit im Biographieverlauf oder die Übertragbarkeit der ontogenetisch-kognitiven Begriffsentwicklung von Zeit auf phylogenetische Prozesse untersuchen.[2]
Vor allem hat sich aber die funktionalistische Systemtheorie des Themas »Zeit« mit einer erstaunlichen Vielfalt von Verknüpfungen zu wirtschaftlichen, rechtsphilosophischen und kommunikationstheoretischen Fragen bis hin zu Themen wie dem der intimisierten Liebe angenommen.[3]
Bis auf wenige Ausnahmen zeichnen sich allerdings die Untersuchungen zur »sozialen Zeit« durch eine eigentümliche Ausblendung historischer Prozesse und vor allem sozialer Konflikte in der Entwicklung des Zeitbewußtseins aus. So wird z. B. die Zeiterfahrung eines Jetzt/Nicht-Jetzt archaischen Sozialsystemen zugeordnet, während das Schema der Vorher-Nachher-Erfahrung in segmentär differenzierten Gesellschaften identifiziert werden kann. Die »nächst höhere« Stufe bildet dann das Bewußtsein eines Zeitablaufs von Vergangenheit-Gegenwart-Zukunft, das als lineares

Zeitbewußtsein den Erlebnishorizont hochdifferenzierter Gesellschaften kennzeichnet.[4]

Eine sehr typische Begründung innerhalb des funktionalistischen Denkansatzes für die Entstehung eines linearen Zeitverständnisses in hocharbeitsteiligen Gesellschaften besteht dann wiederum in dem Kernsatz: »Bei zunehmender funktionaler Systemdifferenzierung nehmen Zahl, Verschiedenheit und Interdependenz von Systemgeschichten so sehr zu, daß abstrakte Formen ihrer Vermittlung gefunden werden müssen. Die Weltzeit muß als koordinierende Generalisierung jetzt gewährleisten: 1. Homogenität... 2. (gedankliche) Reversibilität... 3. Bestimmbarkeit... 4. Transitivität... Die Vorstellung einer linearen Zeitpunktreihe entspricht diesem Bedarf.«[5]

An diesen Aussagen ist an sich sicherlich nichts falsch; und historische Erlebnisarmut als solche ist noch kein wissenschaftlich kritikfähiger Vorwurf. Die Frage ist allerdings, wohin ein sozialwissenschaftliches Erklärungskonzept mit Formulierungen wie »das System muß jetzt gewährleisten« den Blick lenkt; oder besser: für was diese Orientierung den Blickwinkel verstellt.

Die Orientierungshilfe der funktionalen Sichtweise und ihre methodische Fruchtbarkeit soll hier nicht einmal bestritten werden. Die funktionale Betrachtungsweise kann einerseits dazu beitragen, die Vielfalt sozial- und ideengeschichtlicher Ereignisse anhand eines »roten Fadens« retrospektiv zu ordnen, »Nebengleise« und entwicklungsgeschichtliche »Sackgassen« zu identifizieren bzw. auf die Notwendigkeit bestimmter Anpassungsleistungen und Veränderungen von Gesellschaften für ihr weiteres Bestehen hinzuweisen. Allerdings ist damit auch die Gefahr einer zu starken Verengung des Gesichtsfeldes verbunden.

Läßt man sich auf einen totalisierenden Funktionalismus ein, führt die Redeweise von funktionalen Erfordernissen zu einem Geschichtsbild, in dem gesellschaftliche Prozesse nurmehr als eine Bewegung von Strukturen erscheinen, in denen die Weltbilder und Wertvorstellungen sozialer Gruppen entweder keinen Platz mehr finden, oder als rein retardierende Momente eines quasi strukturell programmierten Geschichtsverlaufs interpretiert werden, der sein »Ziel« in einem immer höheren Grad der Differenzierung und Komplexität der Gesellschaft findet. Im Grundmuster besteht übrigens darin kein fundamentaler Unterschied zu einem rigiden marxistischen Interessenkonzept, in dem Bewußtseinslagen und soziale Beziehungen nicht als relativ eigenständige und dynamische Momente gesehen werden, sondern nur als abhängige Größen ökonomischer Interessen.[6]

Es dürfte daher auch kein Zufall sein, daß sowohl der Funktionalismus wie ein interessenreduktionistischer Marxismus zumindest in der Gefahr stehen, die industrielle »Entwicklungsdiagonale« zur ultima ratio historischer Entwicklungsprozesse zu erheben. Ex post werden dann z. B. die Weberaufstände nicht auf dem Hintergrund von normativen Leitbildern eines »guten Lebens« und der Suche nach alternativen Entwicklungslinien zur industriellen Arbeit untersucht, sondern – ideologieverdächtig genug – als »unrealistischer« und »ungerechtfertigter« Widerstand interpretiert.[7] In diesem Denken steckt hinter der Verweigerung eines industriellen, zeitökonomischen Arbeitsverhaltens nicht etwa der Entwurf eigenbestimmter Arbeits- und Lebensstile, sondern schlichtweg irrationales Verhalten, das schon durch den Zwang der Verhältnisse sanktioniert wird und erst recht nicht die Zukunft aufzuhalten vermag.

Gewollt oder ungewollt wird so der »Entwicklungsstand« des eigenen kulturellen und ökonomischen Systems zum Wert- und Bewertungsmaßstab. Die Redeweise vom »finsteren« Mittelalter belegt dies ebenso deutlich wie die abfällige Bezeichnung »unterentwickelte Staaten«.

Natürlich können wir auf dem Hintergrund des modernen Entwicklungsstands überhaupt erst die Zusammenhänge analytisch erfassen und aufdecken, denen z. B. das mittelalterliche Bewußtsein »blind« folgen mußte. Ohne aber die eigenständige Logik vergangener Lebensstile zu begreifen, muß auch der moderne unbegriffen bleiben.

Wie die Geschichte der Industrialisierung zeigt, scheiterte der Versuch, die Arbeit dem ökonomischen Kalkül zu unterwerfen, lange an der beharrlichen Verweigerung einer methodisch-zeitökonomischen Lebensführung am »unendlich zähen Widerstand des Leitmotivs präkapitalistischer Arbeit«.[8] Für die agrarisch-handwerkliche Arbeitskraft ist die bürgerliche Formel, »Zeit ist Geld«, höchst irrational und widerspricht zudem der aufgabenorientierten Arbeitsauffassung. Es fehlt nicht an Beispielen für den passiven und aktiven Widerstand, den die ländliche Bevölkerung den zu Beginn der Industrialisierung einsetzenden Kalenderrevisionen entgegenbrachte. Ebenso hartnäckig widersetzten sich die zünftischen Handwerker dem Versuch, die Arbeitszeit aus ihrer Eingebundenheit in zeremonielle Akte und Bräuche zu lösen.

Es bedurfte Jahrhunderte der »Armenfürsorge« in Arbeitshäusern und Gefängnissen, militärischer Zucht und drakonischer Strafen, bis die Lohnarbeiterschaft an die Formel glaubte, daß Zeit auch Geld sei. Aber auch die Kriminalisierung und Verfolgung von Lebensformen außerhalb der Lohnarbeit wurde auf breiter Basis erst in dem Maße wirksam, wie das puritanisch-bürgerliche Arbeitsethos seine normative Kraft entfalten konnte.

Einen guten Beleg für das neue Zeitbewußtsein bildet das Auftauchen einer ebenfalls neuen und spezifisch bürgerlichen Wertidee: der Sicherheitsgedanke. Sicherheit war in der traditionellen Familienökonomie kein Thema, weil die Zukunft weder als offen noch als beständig prekär erlebt wurde. Erst durch die Erfahrung von Individualität und individueller Unsicherheit wird auch die Zukunft als offen und prekär erlebt. Diese Offenheit wäre aber individuell wie gesellschaftlich unerträglich. Sicherheit als Wertidee und institutionell als Versicherungsprinzip bildet in der bürgerlichen Gesellschaft daher die Gegeninstitution zur Öffnung der Zukunft. Ihr allgemeinster gesellschaftlicher Sinn ist die »Vernichtung der Zeitlichkeit der Zukunft«.[9]

Der traditionellen bäuerlichen Gesellschaft hingegen ist nichts fremder als die Vorstellung eines kontinuierlichen Zeitablaufs, der Vergangenes definitiv abschließt und Zukunft als ein Feld von Möglichkeiten freihält, die es zu beherrschen gilt. Die Zeitbegriffe vorindustrieller Kulturen entsprechen zumeist einem Amalgamat naturhafter, mythischer und religiöser Themen. Sie bezeichnen nicht »Zeit an sich«, sondern Prozesse der Figur- oder Gestaltwerdung: so im Erleben des Zyklus der Natur, der ewigen Wiedergeburt oder in der Erwartung des bevorstehenden Untergangs der Welt und der göttlichen Rettung der Menschheit. Diese »figurale Zeit« verhält sich genau entgegengesetzt zur linearen Zeit. Während das lineare Denken Ereignisse als Funktion zur Zeit betrachtet, also die Zeit zum Maßstab der Bewegung, Beschleunigung etc. macht, bestimmen im figuralen Denken die Ereignisse und Rhythmen die zeitliche Dauer.[10] Ein zeitlicher Abschnitt ist dann beendet, wenn ein Sinn- und Bedeutungsgehalt sich »erfüllt« hat, ein Gestalterlebnis »abgeschlossen« ist.

Ein Begriff wie der des »Tagwerks« belegt noch dieses Zeitempfinden, in dem der Arbeitsvorgang als natürliche Einheit erlebt wurde, die selbst der Maßstab der Zeitordnung war und den Rhythmus des Arbeitslebens bestimmte. Arbeit und Rhythmus, sei es als jährlicher, täglicher oder als Rhythmus des konkreten Arbeitsvorgangs, fallen im Lebenszusammenhang der vorindustriellen Gesellschaft »in eins«. Arbeit und Zeit stehen so wenig in einem Konfliktverhältnis, wie es zu einer Trennung von Arbeitszeit und »freier Zeit« kommt. Erst in dem Maße, wie diese kulturelle Einheit von religiösen Sinnbezügen, Arbeit und Reproduktion durch neutralisierte Austauschbeziehungen aufgebrochen, »entmischt« und abgelöst wird, wird auch Zeit zu einem abstrakten Konzept, als formelle Kategorie sinnhaft und ökonomisch verfügbar.

Die Ökonomisierung der Arbeit durch den industriellen Kapitalismus, der Prozeß der »Entzauberung«, wie Max Weber den Siegeszug der ökonomischen Rationalität genannt hat, bedeutet die Zergliederung und Zerstückelung der Gestalt-Zeit. Die Ablösung der agrarisch-handwerklichen Arbeitsverfassung durch die freie Lohnarbeit bedingt zunächst die Trennung und Zergliederung ehemals einheitlicher Sinnbezüge von Arbeit und Reproduktion in »reine« Arbeitszeit hier und »freie« Zeit dort. Aber auch die Gestalt der Arbeit selbst erodiert: Sie wird in Takteinheiten zerstückelt, ent-rhythmisiert, monoton und repetetiv.

Die theoretische Konsequenz hieraus hat vor allem Marx gezogen: »Ökonomie der Zeit, darin löst sich schließlich alle Ökonomie auf.«[11] Ist die gesellschaftliche Arbeit erst einmal aller Mysterien entkleidet, dann bemächtigt sich auch der Arbeitszeit das »nackte Interesse« des ökonomischen Kalküls. Abstrakte Arbeit wird nach abstrakten Zeiteinheiten verhandelt und berechnet; sie bemißt sich nur mehr einer nach Inhalt und Dauer von der konkreten Arbeitsaufgabe losgelösten Anzahl von Stunden, Minuten, Sekunden.

Der industrielle Kapitalismus kehrt das traditionelle Verhältnis von Gestalt und Zeit konsequent um. Er löst nicht nur das Abstraktum Zeit aus allen kulturellen und religiösen Sinnbezügen heraus, sondern läßt auch die Arbeitszeit selbst zum »Anhängsel der Maschine« werden, sei es als Indifferenz gegenüber dem Rhythmus von Tag und Nacht, oder in der zerlegten, nicht mehr identifizierbaren Form des Produktionsprozesses. Arbeit orientiert sich nicht mehr an Aufgaben, die es zu erledigen oder zu beenden gilt, sondern an Zeiteinschnitten und Taktvorgaben, die dem individuellen Sinn des Produktionsprozesses selbst gegenüber zweckfremd sind.

Der »Lernprozeß«, die vormals in ganzheitliche Lebenszusammenhänge integrierte als »reine« Arbeitszeit und eine dem Geld vergleichbare Größe zu betrachten, vollzieht sich über jahrhundertelange Auseinandersetzungen und manchmal blutige Kämpfe um die Beibehaltung oder Veränderung als »richtig« oder »gut« erachteter Lebens- und Arbeitsstile. Gerade der Konflikt um die »Große Transformation«, die Übergangsproblematik zur linearen Zeitstruktur des industriellen Kapitalismus verdeutlicht, daß der Verweis auf die bloße Selbstbewegung ökonomischer Interessen ebenso wie das Postulat einer »universellen Entwicklungslinie« weder adäquat den Widerstand gegen das ökonomische Zeitregime noch das Scheitern dieses Widerstands erfassen können. Jedenfalls ist der »Erklärung« sozialer Tatbestände nicht damit gedient, wenn man die Frage ausblendet, warum gesellschaftliche Phänomene »wie sie sind« akzeptiert werden, bzw. warum sich nicht ein (erfolgreicher) Widerstand gegen sie richtet.[12] Die »Entzauberung« der Zeit ist jedenfalls ein zu konfliktreicher Prozeß, um unser heutiges Zeitverständnis als »selbstverständlich« zu begreifen.

Der sicherlich nur unzureichende Versuch dieser Arbeit ist es, die These zu begründen und zu konkretisieren, daß dem modernen linearen Zeitverständnis die historisch einzigartige gesellschaftliche Fiktion unterliegt, Arbeit sei eine Ware, die sich auf Märkten gegen Geld austauscht. Die Vorstellung eines linearen, gegenüber allen individuellen, gesellschaftlichen und natürlichen Prozessen neutralen, »in die Zukunft« gerichteten Zeitstroms bildet sich in dem Maße heraus, wie die Funktionsprinzipien des Marktes auf die »lebendige Arbeit«, wie Marx formuliert, angewandt werden.

Es ist im Anschluß an die Arbeiten insbesondere von Michel Foucault und Wolf Lepenies üblich geworden, die »Verzeitlichung« des Weltbilds, das Denken in Zeit »als solcher« in das 18. Jahrhundert zu datieren. »Richtig ist daran«, schreibt N. Schneider, »daß unter dem Druck der Industrialisierung das Zeitbewußtsein allgemein stark zunimmt, aber es handelt sich hier nur um eine Radikalisierung von mentalen Tendenzen, die sich schon in der ersten Phase des Übergangs vom Feudalismus zum Kapitalismus, d. h. dem historischen Zeitraum, der gemeinhin mit dem Begriff der Renaissance etikettiert wird, abzeichneten.«[13]

Das vorliegende Buch kann diese Sichtweise nur bekräftigen. Es sucht allerdings weniger, wie dies die Methode des Historikers ist, nach den Selbstzeugnissen vergangener Epochen, die zum Mosaik zusammengesetzt ein Bild ergeben. Die Vorgehensweise dieser Arbeit ist überaus synthetisch. Sie untersucht die soziale Logik, die dem Wandel des Zeitbewußtseins unterliegt. Das Zusammenspiel von Selbstverständnis und Sozialstruktur kultureller Epochen ist ihr Thema, weniger das Auffinden einzelner Belege.

Soziale Prozesse sind weder von »innen« noch von »außen« vollständig determiniert. Wenn es daher gilt, das Selbstverständnis einer sozialen Lebensform und ihren Wandel zu erklären, so kann dies nur in einem »doppelten« Ansatz geschehen. Lockwood hat hierfür die Begriffe »Systemintegration« und »Sozialintegration« vorgeschlagen, um analytisch die Ebene der Sozialstruktur gegenüber der Ebene von Wert- und Normorientierungen zu unterscheiden.[14] Diese »durchaus künstliche« Unterscheidung erlaubt es, der Gefahr zu entgehen, historische Ereignisse und Prozesse in dem Sinne zu begreifen, daß »alles was war, notwendig war«.[15] Sie läßt mit anderen Worten Freiraum für Konflikte und Handlungsalternativen in sozialen Prozessen und erklärt sie nicht vorab als »unberechtigte Störungen« einer Entwicklungslinie. Umgekehrt vermag man mit Hilfe dieser Unterscheidung aber auch zu erklären, warum soziale Lebensformen sich verändern und anpassen müssen, wenn ihre Erhaltung gefährdet ist. Diese meist unbemerkten Veränderungen und Anpassungen führen schließlich zu völlig neuen sozialen Konstellationen, die niemand »gewollt« oder »bewirkt« hat, die aber von allen Akteuren »mitbewirkt« wurden. Diese Logik in der Evolution des Zeitbewußtseins soll hier ein Stück weit nachgezeichnet werden.

Im 2. Kapitel wird zunächst den Formen des Zeiterlebens und der Form der gesellschaftlichen Generalisierung von Zeit in der traditionalen mittelalterlichen Gesellschaft nachgegangen. Neben den spezifischen Merkmalen, die die traditionale Auffassung von Zeit kennzeichnen, sollen Gründe für die oben erwähnte Vermutung angegeben werden, daß Zeit in traditionalen Gesellschaftssystemen keine eigenständige Bedeutung besitzt, weil Arbeit keinem abstrakten Begriff unterliegt, sondern Produktion und Reproduktion eine Einheit bilden, die von religiösen und mythischen Deutungen dominiert wird. Zu diesem Zweck versuchen wir zunächst das mittelalterlich-katholizistische Zeitverständnis zu rekonstruieren, um dann zu untersuchen, in welchem Verhältnis dies mit dem feudalen Herrschaftssystem und der familienwirtschaftlichen Organisation der Arbeit steht.

Dem 3. Kapitel unterliegt die Zielsetzung, Gründe für den Wandel des Zeitverständnisses innerhalb des europäischen Kulturkreises seit dem Hochmittelalter anzugeben. Daß sich dieser Wandel vollzogen hat, ist eine »Binsenweisheit«,[16] deren Erklärung allerdings nicht leichtfällt. Wir sehen einen möglichen Ansatz, indem wir die Koinzidenz von zwei Tendenzen aufgreifen, deren Berücksichtigung es notwendig macht, ideengeschichtliche Entwicklungen mit sozialgeschichtlichen zu verknüpfen:

1. Den Bruch mit der Geschlossenheit des katholizistischen Geschichtsbildes, wie es in Kapitel 2 beschrieben wurde, und einer daraus resultierenden Verweltlichung der Zeit.
2. Die Herausbildung eines bürgerlich-kaufmännischen Standes, der zunehmend weniger an die wirtschaftsethischen Normen der Kirche gebunden ist und die vormals heilige Zeit ökonomisch zu nutzen beginnt.

Dies leitet über zu Kapitel 4, in dem gezeigt werden soll, daß der Wandel des Zeitbewußtseins seit dem Hochmittelalter »selbst schon Symptom einer neuen puritanischen Disziplin und bürgerlichen Pünktlichkeit war«.[17] In dem Maße, wie das frühe Bürgertum den wirtschaftlichen Wert der Zeit entdeckt und seinen Umgang mit Zeit rationalisiert, strebt es danach, die Arbeit der Produzenten zeitökonomisch zu gestalten. Dieser Rationalisierung der Arbeit sind allerdings bis zum Fabrikwesen Schranken gesetzt, die der Lebensstil und die normative Vorstellung des »guten Lebens« in den Zünften und den bäuerlichen Schichten errichten.

Das 5. Kapitel beschreibt die ökonomischen und sozialen Mechanismen, die dem traditionalen Lebensstil die Basis entziehen und zu seiner Erosion führen. Hier werden gegensätzliche Tendenzen angegeben, die einerseits die Herausbildung der linearen Zeitstruktur vorbereiten, andererseits ihren »Durchbruch« noch verhindern. Durch das politische Interesse an einer ökonomischen Zeitnutzung im »fortschrittlichen Absolutismus« wird eine Dynamik entfaltet, die zu dem Paradox führt, daß die traditionale Arbeitsorientierung selbst in symbiotischer Beziehung mit dem Handelskapital seit dem 16. Jahrhundert die Grundlagen zu ihrer Überwindung herausbildet. Die noch vorkapitalistische Verlagsindustrie führt zu einer »Industrialisierung vor der Industrialisierung«.[18] Ökonomisch bringt sie die internationalen Handels- und Kreditmärkte auf ihren Weg. Sozial sprengt sie feudale Fesseln und setzt Arbeitskraft frei. Individuell zersetzt sie ehemals wirtschaftlich begründete Bindungen an die traditionale Großfamilie und »atomisiert« die Produzenten. Dennoch scheitert auch die Verlagsindustrie an der Bewußtseinshaltung ihrer Arbeitskräfte, die ihr Einkommen lieber konsumieren und in Muße investieren, statt sich der »rastlosen Berufsarbeit« (Max Weber) zu ergeben.

Erst das Fabrikwesen und der Arbeitsmarkt setzen jene Wirtschaftshaltung bei den Produzenten durch, wonach Zeit auch Geld ist. Das gesellschaftliche Machtverhältnis, das sich hinter dieser Formel verbirgt, wird Thema des 5. Kapitels sein. Der Übergang von der »sittlichen Ökonomie« zur »politischen Ökonomie«, der mit dieser Gleichung vollzogen wird, ist auch ein Übergang vom Kampf gegen die Zeit zum Kampf um die Zeit. Dieser Kampf um die Zeit, den Marx mit dem Gegensatzpaar von »toter« und »lebendiger« Arbeit beschrieben hat, bildet den beherrschenden Konflikt industrieller Gesellschaften. Es scheint allerdings, daß er heute neue Formen anzunehmen beginnt.

Die hier vorgetragenen Überlegungen enden daher weniger mit einem Resümee als mit einer Frage: Wenn es stimmt, daß der »Arbeitsgesellschaft die Arbeit ausgeht«, die Arbeit kein »Schlüsselbegriff« der Gesellschaftsanalyse mehr ist,[19] stehen wir dann auch vor einer Umbewertung der Zeit? Der enge Zusammenhang von gesellschaftlicher Arbeitsteilung und dem Zeitbewußtsein im historischen Ablauf läßt dies jedenfalls vermuten.

2. Endzeit und Ewigkeit: das Zeitverständnis der mittelalterlichen Gesellschaft

Trotz der häufigen und wohl auch berechtigten Betonung, wie sehr der spezifisch abendländische Rationalismus durch die mittelalterliche Kulturtradition geprägt ist, und das Mittelalter geradezu als der »Ursprung der Moderne« gelten kann, verfehlen wir das Selbstverständnis dieser Epoche, wenn wir es mit den Begriffen und Annahmen der Moderne erfassen wollen.

Im mittelalterlichen Kontext wurde Zukunft nicht als »noch offene Zeitstrecke« gedacht, sondern als *Geschichte*. Verglichen mit dieser kulturellen Identität ist die bürgerliche Gesellschaft »geschichtslos« geworden. Sie erwartet nichts mehr als ein möglichst stetiges Wirtschaftswachstum, dessen Sinn und Zweck in sich selbst begründet ist. Genau dies meint Max Weber, wenn er vom Kapitalismus als einem »stählernen Gehäuse« spricht, aus dem der ehemalige Sinn des Arbeitsethos »entwichen« ist. »Der Puritaner wollte Berufsmensch sein... Der siegreiche Kapitalismus jedenfalls bedarf, seit er auf mechanischer Grundlage beruht, dieser Stütze nicht mehr.«[20]

In scharfem Kontrast zum ökonomistisch reduzierten Zeitbegriff und Geschichtsverständnis des »siegreichen Kapitalismus« ist ausschlaggebend und charakteristisch zugleich, daß es soziologisch unsinnig wäre, dem zeitlichen Selbstverständnis der mittelalterlichen Gesellschaft ökonomische Kategorien überzustülpen. So wie das feudale Herrschaftssystem auf außerökonomischen Zwangsverhältnissen beruht und sich normativ-religiös legitimiert, wird auch das temporale Denken dieser Epoche durch die spezifische Form des mittelalterlichen Katholizismus bestimmt. Den Träger des kulturellen Primats bildet die Kirche, und es ist nicht übertrieben zu behaupten, daß bis in das Hochmittelalter die Zeit der Kirche auch die Zeitstruktur dieser Epoche so gut wie ausschließlich bestimmt.

Die Schwierigkeit, vor die eine Rekonstruktion dieses Zeitkonzepts gestellt ist, wird kulturhistorisch durch die große Kluft begründet, die die Volkskultur und die klerikal-aristokratischen Eliten trennt. Die inhaltliche Ausprägung des Glaubens in den bäuerlichen Schichten dürfte in hohem Maße mystische Züge getragen und darin erhebliche Differenzen zur Lehre der schriftgelehrten klerikalen Kultur aufgewiesen haben. Dennoch war das primäre verbindende kulturelle Element der europäischen mittelalterlichen Gesellschaft ihr »religiöser Fonds«, auf den sich kirchliche und feudale Herrschaft stützten.

Dieser »religiöse Fonds« ist untrennbar mit dem spezifischen Geschichtsbild der katholizistischen Prophetie verbunden, deren Wirkung das Zeitbewußtsein in eine alles dominierende historische Identität einbezog, ohne die auch die Wirtschaftsethik des mittelalterlichen Katholizismus unverständlich bleibt: Der Sinn der Geschichte konstituiert die wirtschaftliche Norm; nicht die wirtschaftliche Norm den Sinn der Geschichte.

Das Grundmuster des mittelalterlichen Geschichtsbildes

Gemessen an heutigen wissenschaftlichen Standards erscheinen die überlieferten Chroniken oftmals ungeordnet und unpräzise. So säuberlich zu trennende Sphären wie Politik und Religion werden amalgamiert, oft zudem in Konformität mit den jeweiligen Zielen der Kirche und/oder des Staates. Die quellenkritische Methode der um Exaktheit bemühten Geschichtswissenschaft des 19. Jahrhunderts hat deshalb zu dem Vorwurf geführt, die mittelalterlichen Chronisten hätten schwerwiegende Täuschungen und Fälschungen zu verantworten, die sich nur auf ein »grotesk unhistorisches Denken« zurückführen ließen.[21] Es fragt sich indes, ob dieser Vorwurf nicht sich selbst desavouiert.

Vom Blickpunkt exakter Kritik aus gesehen sind »Fälschungen« nicht zu leugnen, doch beruht das Geschichtsbewußtsein des Mittelalters nicht auf ›grotesker Ahistorizität‹, sondern auf dem spezifischen Glauben an die »ratio temporum«. Mittelalterliche Chronisten schrieben Geschichte nie »um ihrer selbst willen«, sondern um eines ethischen oder politischen – und immer religiösen – Zwecks willen. Geschichtsschreibung stand demzufolge im Dienst einer historisch-religiösen Identitätsbildung, die, nur wenn man sie an einer, der Exaktheit verpflichteten, historischen »Objektivität« mißt, ungenügend erscheinen muß.

Mittelalterliche Geschichtsschreibung selbst orientierte sich nicht an einer abstrakten Norm exakter Historiographie, sondern bemühte sich um die Lehre von der zeitlichen Ordnung des Kosmos. Insofern sie an exakten Datierungen interessiert war, stand auch dies im Dienste eines religiösen Zwecks. Geschichte war *Universalgeschichte* im Sinne eines kontinuierlichen Erfahrungsraumes, der es erlaubt, frühere Ereignisse als für die Gegenwart unumschränkt gültig zu betrachten, sie zu wiederholen, ohne an früheren Fehlern Schaden nehmen zu müssen. Koselleck hat dieses Zeitverständnis und dessen Auflösung am Beispiel des Topos »Historia Magistra Vitae« aufgezeigt, dessen Verwendung bis in das 18. Jahrhundet ein Indiz für die Vorstellung der Stetigkeit und geschichtlichen Geschlossenheit aller Ereignisse ist.[22]

Dieser Sachverhalt reflektiert sich auch im Geschichtsbegriff selbst: Der mittelalterlichen Historiographie liegt nicht ein Begriff *der* Geschichte zugrunde, sondern ein Pluralbegriff der *Geschichten* als einzelner Exempel. Noch 1748 heißt es in Jabolinskis Allgemeinem Lexikon der Künste und Wissenschaften: »die Geschichten sind ein Spiegel der Tugenden und Laster, darinnen man durch fremde Erfahrung lernen kann...«.[23]

Der Begriff Geschichte (Historia) bezieht sich auf die *Erfahrungsweise* des Vergangenen, in dem Geschichten (res gestae) als belehrende Wertung im Dienste der ewigen Wahrheit stehen. Erst indem Geschichte zu einem Reflexionsbegriff wird, und die Bedingungen des Handelns in ihr und ihrer Erkenntnis selbst thematisiert werden – so vornehmlich durch die Aufklärer –, entsteht der moderne Kollektivsingular Geschichte. Das Mittelalter kannte nicht die »Geschichte überhaupt«; Geschichte wurde nicht aus Geschichte erklärt, sondern aus dem Verhältnis von ewiger (zukunfts- und vergangenheitsloser) göttlicher Gegenwart zu den Wechselfällen des irdischen Zeitablaufs. Das Verhältnis von Göttlichem und Weltlichem ist daher für das mittelalterliche Bewußtsein bestimmt durch die Gewißheit des eigenen Standortes im Zeitablauf.

Diese Gewißheit resultiert vor allem aus einem Zeitverständnis, das durch die christlich-biblische Heilslehre geprägt ist; oder genauer gesagt: Es handelt sich um eine neutestamentalisch-jüdisch inspirierte Interpretation und Gliederung des Zeitverlaufs, die sich an der Geburt und Wiederkehr Christi orientiert.

Dieses christliche Bewußtsein, dessen Wurzeln in den Verheißungen der Evangelien und der Apostelschriften über das nahe Reich Gottes liegen, hat sich in der Zeit der Kirchenväter (Patristik) Schritt für Schritt umgeformt zu einer Lehre über den Geschichtsverlauf, deren Hauptaussage darin besteht, daß mit Christus ein neues, und zwar das letzte Zeitalter begonnen hat. Ein Indiz für dieses Epochenbewußtsein findet sich chronologisch in der seit dem 6. Jahrhundert einsetzenden Zeitrechnung nach Christi Geburt.

Mit der neutestamentalischen Endzeitvorstellung löst das Mittelalter die antike Idee des Kreislaufs, also der beständigen Rückkehr der Dinge zu ihrem Ausgangspunkt ab, zugunsten eines »linearen« Zeitkonzepts,[24] demzufolge alle Ereignisse zweckgerichtet im Reich Gottes münden.

»Das Prinzip Hoffnung«, so hat Ernst Bloch[25] dies für das mittelalterliche Christentum formuliert, besteht nicht in der Gestaltung des Fortschritts, sondern in der »Zielgeschichte«.

Die christlich-lineare Zeittheorie geht vor allem auf Augustin zurück, der in Auseinandersetzung mit den antiken Denkern die Lehre entwickelt, daß auch die Zeit eine Schöpfung Gottes sei. Mit der zyklischen Zeitvorstellung der Antike ist noch eine gewisse Eigenständigkeit der Welt verbunden, insofern sie sich periodisch aber damit auch ziellos erneuerte. Die christliche Schöpfungslehre »entwertet« diese Eigenständigkeit der Natur.[26] Gott, selbst zeitlos und unveränderlich, erschuf die Welt aus dem Nichts und bestimmte damit ihren Anfang und ihr Ende.

Die Augustinische Philosophie der Zeit entsprach darin ganz den allgemeinen Lehren des Christentums. Es ist deshalb sicher nicht übertrieben, sie als Grundlage der mittelalterlichen Geschichtsphilosophie zu bezeichnen. An die Stelle einer ziellosen Erneuerung der Welt tritt bei Augustin die *Dualität* der irdischen und der göttlichen Zeit.[27] »Ewigkeit und Zeit (sind) qualitativ verschieden« heißt es in den Reflexionen über die Zeit im 11. Buch der Bekenntnisse.

»Denn wie konnten ungezählte Jahrhunderte vorübergehen, die du nicht geschaffen hattest, da Du doch aller Jahrhunderte Urheber und Schöpfer bist. ... Denn es gab kein damals, wo es noch keine Zeit gab.«[28]

Die zyklische Zeitvorstellung, wie sie z. B. in der alljährlichen Wiederholung und Erneuerung der Erlösungsgeschichte im Kirchenjahr repräsentiert wird, geht dabei insbesondere für den »einfachen Gläubigen« nicht verloren. (Siehe dazu S. 38ff.) Doch bewegen sich diese Zyklen *innerhalb* der zweckgerichteten christlichen Zeitstrecke; sie sind nicht mehr unaufhörliche Erneuerung des Kosmos, sondern symbolisieren das göttliche Wirken.[29]

Die Antike hatte die Zeit selbst noch vergöttlicht. Das christliche Bewußtsein hingegen wirft mit der Lehre der *einmaligen* Offenbarung *eines* Gottes die Frage nach dem Sinnbezug der zeitlichen Distanz zwischen Anfang und Ende, Sündenfall und Erlösung auf. Sinn muß also durch die Verknüpfung eines einmaligen, vergangenen Ereignisses mit einem endgültigen, zukünftigen Ereignis konstituiert werden.

Die Geschichte tritt damit aus der Sphäre des Zufälligen, Schicksalhaften heraus und kann jetzt eschatologisch auf die ihr innewohnenden Gesetze untersucht werden, da sie nicht »blind« oder »naturhaft« wirkt, sondern den Absichten und der Ratio Gottes folgt. Zeit ist also gleichbedeutend mit der Geschichte, die ihren Sinn in ihrer erwarteten »Vollendung« hat.

Damit schuf das Christentum eine ihm eigene Methode, die Zeit im Verhältnis zu den Ereignissen der Geschichte zu organisieren: Indem die irdische Geschichte der Erlösungsgeschichte untergeordnet wird, bedürfen auffällige Ereignisse nicht so sehr einer Erklärung als vielmehr ihrer Einbeziehung in das heilsgeschichtliche Schema.

Schon das Judentum hatte durch die Vorstellung der nahen Vollendung der Welt im Heilsgeschehen den antiken Gedanken der Erneuerung der Zeit aufgegeben. Die biblische Zeit ist dabei immer »dreiteilig«: Die Zeit vor der Schöpfung; die Zeit von der Schöpfung bis zur Parusie; die Zeit von der Parusie an. Diese Dreiteilung hebt das Christentum nicht auf. Dennoch besteht ein fundamentaler Unterschied, der entscheidend für das spezifische des mittelalterlichen christlichen Zeitverständnisses ist. Für den Juden liegt die »Mitte« der Zeit, das Heil also, in der Zukunft. Für den Christen ist die »Mitte« nicht mehr das zukünftige Kommen des Messias, sondern das schon in der Vergangenheit abgeschlossene und historische Leben und Wirken Jesu. Was dies für die Zeitorientierung bedeutet, läßt sich graphisch etwa folgendermaßen darstellen:[30]

Judentum	gegenwärtiger Aeon	×	zukünftiger Aeon
		Mitte	
Christentum	gegenwärtiger Aeon	×	zukünftiger Aeon
	Mitte		

Der »Schlüssel« zum christlichen Zeitverständnis liegt also in der
Spannung, die die Heilsgeschichte zwischen dem »schon« und
»noch nicht« ausbaut. Das göttliche Heil ist schon in der Welt
präsent, aber noch nicht verwirklicht. Die Mitte der Zeit, das
Zentrum des Heils liegt für das Neue Testament nicht in der
Zukunft, sondern in der Vergangenheit. Durch diesen Umstand
wird das Geschichtsdenken in einer Weise geprägt, durch die der
Zeithorizont sich primär an den historisch erfolgten orientiert.
»Das heißt nämlich, daß die Hoffnung auf die Zukunft sich nun-
mehr auf den Glauben an die Vergangenheit stützen kann: den
Glauben an die schon geschlagene Entscheidungsschlacht. Das was
schon geschehen ist, bietet Garantie für das was geschehen wird.«[31]
An dieser Vorstellung eines nahen, im Grunde schon vollzogenen
Endes der Geschichte beruhen im wesentlichen alle Lehren des
»Gottesstaates«, die auf Augustin zurückgehen. Sie sind alle um
eine heilsgeschichtliche Auslegung des Zeitablaufs bemüht, die
Anfang und Ende der Geschichte universell umfaßt. Augustins
Einteilung der Epochen ist eschatologisch, und sie wird noch von
Thomas von Aquin vertreten. Der Schöpfungslehre folgend, werden gemäß den sechs Wochentagen, an denen Gott die Welt
erschuf, sechs Phasen unterschieden: Die erste erstreckt sich von
Adam bis zur Sinflut, die zweite von Noah bis Abraham, die dritte
von Abraham bis David, die vierte von David bis zur babyloni-
schen Gefangenschaft, die fünfte bis zur Geburt Christi. Das
sechste und letzte Zeitalter ist das seit der Geburt Christi während
1000jährige Reich der Apokalypse.
Das christliche Geschichtsbild ist also primär eine Heilsgeschichte
der Schöpfung, Christi Erlösungswerk und des jüngsten Gerichts.
Der gläubige Christ lebt in der Endzeit, hoc saeculum, die auf das
anbrechende Reich Gottes hin geordnet ist. Die Einheit von Gegenwart und Ewigkeit ist ihm heilsgeschichtlich garantiert durch die
schon geschehene Ankunft des Herrn. »Für den Christen ist die
Trennungslinie kein bloßes futurum, sondern ein perfectum prä-
sens.«[32]

In dieser Geschichtsauffassung hat ein Zeitverständnis, das nach epochalen Wendepunkten, wie dem Ende der Antike oder dem Beginn des Mittelalters, sucht, ebensowenig Raum wie die Erwartung innovatorischer Ereignisse. Vielmehr ist mit dem Endzeitgedanken der Blick auf das »Alte« gerichtet, der Möglichkeitshorizont für Zukünftiges abgesteckt.[33]

Marc Bloch hat das mittelalterlich-christliche Zeitverständnis mit einem Schlagwort als »weitgehende Gleichgültigkeit der Zeit gegenüber« bezeichnet. »War der Gläubige nicht nach dem Wort, das vielen frommen Schriften so teuer war, auf Erden wie ein ›Pilger‹, dem das Ziel der Reise selbstverständlich viel mehr bedeutete als die Gefahren des Weges?«[34] Neuerungen werden dementsprechend auch als gefährlich erachtet. »Alles was sich verändert, verliert seinen Wert«, heißt es in einem Poem des 12. Jahrhunderts.[35] Auch die Begriffe »modernus« und »antiquus« sowie deren Ableitungen bezeichneten nicht Zeiteinteilungen, sondern *Wertungen*. Mit »modernitas« wurde ein negativer Sinn verbunden, da er zumeist zur Diskriminierung von Ketzern diente.

Die duale Konstruktion des Christentums von »ewiger« und »irdischer« Zeit ist allerdings mit Innovationsfeindlichkeit und »Indifferenz« nicht erschöpfend charakterisiert. Die weiterreichenden Konsequenzen liegen in dem Umstand begründet, daß »Ewigkeit« nicht nur gleichbedeutend gedacht wird mit einer unendlichen Dauer, sondern als ewige Gegenwart im Sinne der *sozialen* Präsenz Gottes. Gott wird also als simultan mit allen Zeiten gesetzt.[36] Simultanität aber heißt für die Sozialdimension – dies hat vornehmlich Schütz[37] ausgearbeitet – die Bedingung *kommunikativer Erreichbarkeit;* also Gegenwärtigkeit. Gott ist nicht »irgendeinem Ort« in dieser Welt, sondern überall und zu allen Zeiten zugleich und nimmt am Sozialgeschehen handelnd teil. Die »Architektur« des mittelalterlichen Zeitbegriffs beruht also nicht nur darauf, daß die Zeit den Christen zu Gott bringt, sondern die Präsenz Gottes die Einheit von Gegenwart und Ewigkeit garantiert. Daraus resultiert »die Vorstellung einer jeweils *gegenwärtig* möglichen faktischen (!) Teilnahme an dem *vergangenen* Heilsereignis«.[38] Die beiden in unserem Kontext wichtigsten Folgen des Glaubens an die soziale Präsenz Gottes bestehen zum einen a) im Grad der Differenzierung von Zeit, zum anderen b) in ihrer sozialen Generalisierung.

a) Je konsequenter die religiöse Einheit der Gegenwart mit der göttlichen Ewigkeit erfahren wird, in desto geringerem Maße divergieren Vergangenheit und Zukunft.

In diesem Sachverhalt liegt ein entscheidender Unterschied zum modernen Zeitbewußtsein begründet: Durch die Identität von Ewigkeit und Gegenwart erlangt Gegenwart für das Zeitbewußtsein keine eigenständige Bedeutung. Denn: »Der mittelalterliche Christ fühlte sich in seiner Existenz verharrend... Zeit war für ihn weder eine Art der Betrachtung des Raumes, noch eine formale Bedingung des Denkens... Wandel bedeutete von der Möglichkeit zur Wirklichkeit zu wechseln. Aber dies schloß nicht notwendig Zeitlichkeit mit ein.«[39] Vergangenheit und Zukunft divergieren daher nicht in einer Weise, die Gegenwart problematisch werden läßt, oder als Abfolge von Gegenwartspunkten erfahrbar macht. »Hier gliedert sich Dauer an Dauer, nicht nur in der umfassenden äußeren Welt, sondern im innersten selbst, in der eigenen Natur und menschlichen Existenz.«[40]

Es besteht keine Differenz zwischen erlebter Dauer und Handeln. Handlungen geschehen »im Strom der Zeit«; nicht gegen ihn. Eine gesteigerte Sequenz von Handlungen wird nicht als Steigerung des Handlungstempos in knapper Zeit erlebt, sondern als Orientierung an zu erledigenden Aufgaben und Problemen selbst. Nicht ein Zeitpunkt löst Aktivitäten oder Veränderungen aus, sondern die Orientierung an sozialen oder sachlichen Ereignissen.

Mit anderen Worten: Zeit- und Sachdimensionen sind nicht »entzerrt« und besitzen keine selbständige Geltung gegenüber der Sozialdimension, es existiert daher keine inhaltsneutrale »Eindimensionalität« der Zeit, die Zukunft und Vergangenheit unumkehrbar differenziert und eine eindeutige Zuordnung von Handlungen auf einem Punkt der Zeitachse zuläßt.

Als Beispiel für die dem modernen Zeitverständnis »wirr« erscheinende Handlungsorientierung, die aus dem Bewußtsein der Präsenz aller Zeiten resultiert, mag die Motivation der Kreuzfahrer dienen. Hier schiebt sich Vergangenheit und Gegegenwart derart ineinander, daß nicht nur, wie für das mittelalterliche Zeitverständnis charakteristisch, eine generationenübergreifende Kollektivschuld des Judentums am Tode Christi unterstellt wird; die Kreuzfahrer am Ende des 11. Jahrhunderts vermeinen tatsächlich »nicht die Nachfahren der Henker Christi, sondern diese Henker selbst zu bestrafen«.[41] Das vergangene Ereignis dominiert also die Gegenwart der Kreuzfahrer in einer Weise, die die Vorstellung, daß die Zeit inzwischen »vorgerückt ist«, erst gar nicht zuläßt.

b) Diese fehlende Trennschärfe von Vergangenem, Gegenwärtigem und Zukünftigem ist auch für die Beantwortung der zweiten Frage, wie die mittelalterliche Gesellschaft Zeit generalisiert, von Bedeutung. Ähnlich wie das Recht im Mittelalter nicht auf dem Kausalitäts-, sondern auf dem Vergeltungsprinzip beruhte[42], werden Handlungen nicht primär einer Zeitstrecke zugeordnet, sondern ihrer Nähe zu Gott. Ein Unglück oder eine Krankheit löst nach dem Vergeltungsgrundsatz: »Keine Strafe ohne Schuld« nicht die Frage nach der Ursache aus, sondern gilt als gerechte Ahndung eines normwidrigen Handelns, dessen Existenz durch die Strafe bewiesen ist. Das Kausalitätsprinzip hingegen muß einen gesicherten Zeitpunkt des Vergehens und dessen Auswirkungen identifizieren, um die Strafe folgen zu lassen.[43]

Da nun für den mittelalterlichen Christen die Zeit ebenso wie das Universum von Gott geschaffen ist, muß auch die irdische Zeit von der göttlichen qualitativ verschieden sein. Es ist diesem Denken nach also nur konsequent, verschiedene Zeitebenen zu unterscheiden, die in einer *hierarchischen* Beziehung stehen. An der Spitze dieser Hierarchie steht die sakrale Zeit, als die normativ verbindlichste Zeitebene, auf die alle anderen Zeitschichten in Funktion zu ihrer Nähe zur »göttlichen Zeit« bezogen sind.

Wir haben gesehen, daß die Heilsgeschichte sich zwischen dem »schon geschehenen« Heilsereignis und der bevorstehenden Wiedergeburt bewegt. Das Christusgeschehen ist also Gottesherrschaft über die Zeit als Ganzes in Form des Heiligen Geistes. Indem nun die Kirche als der Ort, wo der Heilige Geist wirksam fungiert, repräsentiert sie Heilsereignis und Vorwegnahme des Endes. Heilsgeschichte ist diesem Verständnis nach Kirchengeschichte. Insofern ist sie nicht nur einbezogen in das Heilsschema, sondern hat selbst teil an der göttlichen Herrschaft über die Zeit.[44] Mit der Definitionskompetenz über Zeit, die sich mit dem Glauben an die Identität von Heils- und Kirchengeschichte legitimierte, besaß die Kirche ein wichtiges

Herrschafts- und Sanktionsmittel, das so lange Gültigkeit besaß, wie diese Identität nicht angezweifelt wurde. Nun waren insbesondere im Frühmittelalter weder Kirche noch Christentum eine einheitliche, genau umschreibbare Größe. Wahrscheinlich handelte es sich um eine Art »Mischreligion«, in der die Übergänge von heidnischen Glaubensinhalten und Christentum fließend und auch räumlich differenziert waren.[45]

Die Zeit zerfällt daher auch im Mittelalter in eine Vielfalt subkultureller und vor allem regional unterschiedlicher Konzepte. Doch die eigentliche Besonderheit liegt in ihrer Form der Generalisierung als hierarchisch-sakrale Normierung und Kontrolle durch die Kirche. Die Zeit bleibt dabei insofern partikularistisch, als sie nach lokalen Eigengesetzlichkeiten verläuft. Es existiert keine einheitliche Zeitskala, keine Kollektivzeit, die mit Hilfe der verschiedenen Systemzeiten in Einklang gebracht oder verglichen werden können.[46]

Die Kirche normiert und sanktioniert vielmehr Bedeutungsinhalte bestimmter in sich variabler Abschnitte, als daß sie die Zeit »auf einen Nenner« bringt.

Die Zeit »auf einen Nenner« zu bringen, widerspräche ja gerade der Schöpfungslehre, nach der Gott auch die Zeit schuf: Die Zeit gehört nicht dem Menschen, sondern Gott, der mit dem Schöpfungsakt jeder Kreatur »seine« Zeit gab. Zeit wird also substanziell gefaßt, ganz in dem Sinne, wie Dux die mittelalterliche Naturdeutung beschreibt. Die Natur hat in diesem Denken Autorität; sie ist Kreatur, damit beseelt und wirkt nach göttlichem Willen. »Hinter den Dingen« steht immer ein handelndes Subjekt. Alle Objekte werden »gleich ob sie nur in Gedanken oder in der Wirklichkeit vorfindbar sind, derart aufgefaßt, daß sie Emanation eines ›Subjektes‹ sind. Ipso facto werden sie deshalb auch substanzialisiert«.[47]

Wenn die Zeit also eine von Gott gegebene Substanz der Natur und des Menschen ist, dann wird es nicht nur sinnlos, die »Zeiten« zweier Objekte an einem dritten – z. B. einer Uhr – zu messen. Es muß darüber hinaus Sünde sein, sie nicht zu gottgewollten Zwecken zu gebrauchen und schlimmer noch, die Zeit anderer hierfür zu benutzen. Diese substanzialistische Deutung verhindert, daß über Zeit »verfügt« werden kann, denn das setzt ja voraus, daß sie gegenüber Gott und der Natur neutral und unverändert fließt. Wie wir im folgenden noch deutlicher sehen werden, ist damit auch der wirtschaftliche Gebrauch der Zeit unmöglich, denn aus der Lehre, daß die Zeit von Gott kommt, folgt konsequent die Ächtung des Handels und des Zinsnehmens. In bezug auf die dominierende Hauswirtschaft hingegen ergab sich nicht zuletzt aus dem sakralen Zeitkonzept die hohe Vereinbarkeit und Stabilität des Verhältnisses von christlicher Lehre und bäuerlich-handwerklichem Lebensstil.

Der mittelalterliche Christ erfährt den Zeitablauf als Abfolge von Bedeutungsabschnitten, deren Qualität durch Beifügungen zumeist religiöser Art näher bestimmt wurden, und von einer sakralen Wertsetzung abhängig waren.[48] Definitionskompetenz und Kontrollmacht über den Umgang mit Zeit lagen demzufolge exklusiv bei der Kirche. Wie in nahezu allen Bereichen des alltäglichen Lebens, ob in der Ernährung oder der Sexualität,[49] so kontrollierte der Klerus auch die soziale Zeit unter dem sakralen Bezugsschema, das die göttliche Ewigkeit und die profane Zeit in eine hierarchische Beziehung setzt. Die oberste Norm, die aus dieser Weltdeutung resultiert, lautet, daß der Umgang mit der Zeit auch Gott geweiht sein muß. »Die Zeit ist lediglich ein Augenblick der Ewigkeit, sie gehört Gott allein und kann vom Menschen nur durchlebt werden. Sie fassen oder messen, Vorteil oder Gewinn aus ihr ziehen zu wollen, ist Sünde; den kleinsten Augenblick abzuwiegen, Diebstahl.«[50]

Die Kirche bestimmt also weitgehend das gesellschaftliche Verständnis und den Umgang mit Zeit. Indem sie die Kontrolle über den sozialen Rhythmus ausübt, besitzt sie auch ein Herrschaftsmittel par excellence, denn: Die Kontrolle über Einsatzzeitpunkt und Dauer von Aktivitäten schließt Inhalt und Art des Handelns mit ein.

Wir wollen im folgenden Abschnitt zunächst kurz betrachten, auf welcher Basis die normative Verbindlichkeit der kirchlichen Definitionskompetenz über Zeit beruht, um dann zu untersuchen, welche Auswirkungen die Kontrolle der Zeit durch die Kirche auf den mittelalterlichen Wirtschaftsstil hat, und welches Verhältnis sie mit ihm eingeht.

Die Zeitstruktur der mittelalterlichen Gesellschaft ist ebenso wie die anderer Sozialsysteme keine homogene, »monolithische« Zeit, sondern besteht immer aus einem breiten Spektrum verschiedenartiger sozialer Rhythmen, die auf ein generelles übergreifendes soziales Konzept von Zeit bezogen sind. Diese Generalisierungsleistung wird im Mittelalter durch die Kirche in Form der *hierarchischen Einbeziehung subkultureller Zeitmuster* in das sakrale Zeitschema erbracht. Die religiös-kirchliche Kultur war, wenn vielleicht nicht das einzige, so doch das hauptsächlich verbindende Element der mittelalterlichen Gesellschaft, die im wesentlichen aus lokal und regional weitgehend eigenständigen, partikularen dörflichen »Gemeinschaften« bestand. Die Verbreitung des christlichen Glaubens und die mit ihm verbundene Werthaltung bildet ein wesentliches Element der normativen Integration und feudalen Herrschaftssicherung. Diese »Wahlverwandtschaft« von Katholizismus und ständisch-herrschaftlicher Sozialstruktur, sowie die Tatsache, daß die christliche Kultur zur bestimmenden Kultur des europäischen Mittelalters wurde, ist nur auf dem Hintergrund der machtpolitischen Einheit von Papst- und Königtum während des frühen Mittelalters verständlich.

Der Beginn dieser machtpolitischen Koalition von Christentum und Reichsherrschaft wird gewöhnlich mit der Konversion des Frankenkönigs Chlodwig (496) markiert, womit der christliche Glaube zur Reichs- und Herrschaftsreligion werden sollte, die die Grundstruktur der europäischen Kultur und die religiöse Fundierung der ständisch-feudalen Gesellschaftsordnung abgibt. Im frühen Mittelalter und namentlich mit der Karolingischen Renaissance wird die Kirche zu *dem* Träger der feudalen Herrschaftsideologie und des »göttlichen Reiches«.

Sie gliedert sich im wesentlichen in zwei Funktionsbereiche: In die *Mönchskirche*, die in den Klöstern die Aufgabe von Seelsorge, Mission und Bildung erfüllt. Diese war der *reichischen Herrschaftskirche*, dem bedeutsamsten Instrument zur Sicherung von Königsmacht und Adelsherrschaft weitgehend untergeordnet. Das Erstarken der Mönchskirche markiert – wie wir noch sehen werden – einen Umbruch in der politischen Herrschaftsstruktur. Seit der Merowingerzeit waren die vom königlichen Herrn der Reichskirche eingesetzten Bischöfe und Äbte fast durchweg adelig und entstammten der Führungsschicht. Die Herrschaftskirche des frühen Mittelalters war daher keineswegs asketisch, sondern grundlegend aristokratisch. Asketisch waren nur die Mönche, die das christliche Ideal »vorlebten«, ohne daß jeder dazu verpflichtet gewesen wäre, sich diesem Ideal anzuschließen. Verpflichtend war jedoch der umfassende Glaubensanspruch, den die Kirche als »römische Heilsanstalt« in der Nachfolge des Römerreiches und seiner Weltzivilisation stellte. Hierin fand sie ihre Entsprechung in der christlichen Reichsidee der Karolinger, die darauf abzielte, alle dem Reich Unterworfenen dem Einheitsglauben anzuschließen. Mit der Überhöhung des Glaubens an Königs- und Adelsheil zur Herrschaft als Gottesgnadentum und gottverliehenes Amt legitimierte dieser Einheitsglaube den Reichsgedanken als göttlichen Amtsauftrag, so wie das Königtum aus eigenem wie aus religiösem Interesse durch Immunitätsverleihungen der Kirche autonome Herrschaftsbereiche schuf, die seine Reichsherrschaft mittrugen.

Die kirchliche Macht stützte sich auf die königliche Macht, die wiederum durch das Institut des Herrschers von Gottes Gnadentum eine starke Position gegenüber dem Adel erlangte. Christliche Religion und Glaube wurden zum Testfall für Loyalität und Unterwerfung, die Taufe zum Zeichen, und die »Schwertmission« zum Mittel dafür.

Wir brauchen an dieser Stelle nicht näher auf die Geschichte des Verhältnisses von kirchlicher und weltlicher Herrschaft einzugehen. Für die machtpolitische Basis der Verbreitung und Stabilität der christlichen Kultur genügt für unsere Zwecke die Feststellung einer »lokal und regional eingegrenzte(n) Aera vom 5. bis 11. Jahrhundert ab, in der Herrschaft, Religion, Kirche, Kultur weithin eine Einheit bildeten, in der es auch scheinbar keine größeren Bewegungen gab, so daß sie einen durchweg statischen Eindruck machte«.[51] Der christlichen Ideologie der weltlichen Ordnung speziell des frühen Mittelalters entspricht auch weitgehend die Sozialstruktur dieser Zeit. Zwar lehrte die Kirche die Gleichheit aller Menschen vor Gott; die weltliche Ordnungsvorstellung ist jedoch von der scharfen Polarisation von potentes und paupres, Herrschenden und zur Herrschaft Unfähigen bestimmt. Theologisch abgesichert wird diese Lehre mit dem Gedanken der gottgewollten status vitae, den die Kirche seit dem 6./8. Jahrhundert entwickelt.

In bezug auf den Wirtschaftsstil steht die kirchliche Lehre in einem analogen Entsprechungsverhältnis zum herrschaftlich-ständischen Prinzip von Arbeit und Verteilung. Strenggenommen kennt die christliche Lehre natürlich keine politisch-ökonomische Theorie. Die mittelalterliche Theologie interessierte nicht die wirtschaftliche Tätigkeit, nicht Probleme der Arbeit und Verteilung war das Ziel ihrer Analysen; diese interessierten nur, insoweit sie mit den Endproblemen des Seins in Verbindung standen. Wir finden daher auch für den ökonomischen Bereich das gleiche normative Grundmuster der Heilslehre wieder. *Zeit im ökonomischen Sinne zu nützen, ist Sünde.* Bis in das Spätmittelalter richten sich immer wieder Traktate oder bildliche Darstellungen gegen den Handel und die Kaufleute. Es gilt geradezu als dogmatische Gewißheit, daß die Kaufleute nicht in das himmlische Reich eingehen können, da sie gegen das göttliche Gesetz verstoßen. »Der Wucher ist Sünde wider die Zeit (contra tempus), denn es wird dabei die Zeit verkauft, die doch allen gemeinsam sein muß.«[52] Als Wucher wird dabei kirchlicherseits jeder Kredit bezeichnet, der mit einem Zins verbunden ist.

Schon daraus wird ersichtlich, daß es der mittelalterlich-christlichen »Wirtschaftsethik« auch nicht um ein Gerechtigkeitsproblem »an sich« geht, wenn sie Produktion und Verteilung normiert, sondern immer um letzte Geltungsgründe. Vor diesem Hintergrund müssen auch die Begriffe von Arbeit und Eigentum der mittelalterlichen Gesellschaft gesehen werden. Der Umgang mit Eigentum unterliegt einer analogen sakralen Normierung wie der mit Zeit. Alle Güter der Welt sind von Gott gegeben, sie für egoistische Motive zu mißbrauchen, ist Sünde.

Das Eigentum im Mittelalter ist kein Privateigentum im Sinne der bürgerlichen Gesellschaft, sondern ein von Gott anvertrautes »Werkzeug«, um ihm zu dienen. »Du besitzt nicht dein Eigentum«, schrieb Johannes Chrysostomus. »Das Gut der Armen ist dir anvertraut worden, auch wenn du es aus gerechter Arbeit, auch wenn du es aus väterlichem Besitz erworben hast.«[53]

Armut unterliegt nicht der sozialen Ächtung, die »Pauper« sind ein anerkannter sozialer Stand, und ihre Armut wird als Nähe zu Gott interpretiert. Das religiöse Ideal liegt daher folgerichtig in der freiwilligen Armut. Für die Besitzenden ergibt sich aus dieser Rechtfertigung von Armut sowohl die Verpflichtung zur Armenfürsorge als auch die Möglichkeit, über den Akt des Gebens das eigene Gewissen zu entlasten. Denn der irdische Besitz lenkt nur vom eigentlichen geistigen Zweck ab, und es verstößt gegen Gottes Willen, nach Gewinn und Reichtum zu streben.[54]

Die Bewertung der Arbeit ist analog zum Eigentum. Zwar rehabilitiert historisch gesehen die christliche Lehre insofern die Arbeit, indem sie für jeden – im Gegensatz zur Antike – als verpflichtend und notwendig erachtet wird, doch ist sie gleichfalls eine kollektive Strafe, die die Menschheit infolge des Sündenfalls zu ertragen hat. Mit der Arbeit darf keine Bildung von Reichtum verbunden sein, sie soll sich auf das Notwendige beschränken. Prägnant zusammengefaßt finden wir die mittelalterliche Arbeitsethik bei Thomas von Aquin:
»Die Arbeit hat einen vierfachen Zweck. Zuvörderst und zuoberst soll sie das Lebensnotwendige beschaffen; zum zweiten den Müßiggang, die Ursache so vieler Laster, vertreiben, zum dritten durch Kasteiung des Leibes die Fleischeslust zügeln; zum vierten ermöglicht sie Almosen zu spenden.«[55]

Wenn man von einem Wirtschaftsziel des Mittelalters sprechen kann, so folgt dies der »Idee der Nahrung« und liegt in der *Abwendung von Not*. Die Not rechtfertigt sogar in bestimmten Fällen Sonntagsarbeit und Diebstahl. Grundsätzlich ist alle Arbeit vor Gott gleich und nicht an Stand und Ehre gebunden. Theoretisch wurde die körperliche Arbeit sogar hoch angesehen, wenn dies auch in der gesellschaftlichen Praxis andere Formen annahm. Obwohl die Arbeit als notwendig und gottgefällig gelehrt wurde, so hatte sie doch nicht einen eigenwertigen Stellenwert. Arbeit über das notwendige Maß hinaus galt als unbotmäßige Bereicherung.[56] Um so suspekter und sündhafter muß der Verstoß gegen das Arbeitsverbot an Feiertagen erscheinen, wenn er – wie im Falle der Handelsleute – nicht aus Not, sondern aus berechnendem Gewinnstreben begangen wird. Auch das Geld, als wichtigstes Element, dessen ein florierender Handel bedarf, stand im Widerspruch mit den religiösen Normen des Katholizismus.

Das Geld ist der Inbegriff des berechnenden, gewinnorientierten Wirtschaftsdenken, es gilt dem christlichen Bewußtsein als Widerspruch zur göttlichen Ordnung. Die theologische Begründung dafür fußt auf der aristotelischen Formel, daß das Geld sich nicht auf natürliche Weise fortpflanze und sich daher nicht vermehren könne. »Denn die Geborenen sind den Erzeugern ähnlich. Der Zins aber ist Geld von Geld, so daß von allen Erwerbszweigen dieser der naturwidrigste.«[57]

An diese Bewertung anknüpfend unterscheiden die katholischen Theologen zwischen der natürlichen und mit der göttlichen Ordnung in Einklang stehenden autarken Familienwirtschaft und der widernatürlichen Erwerbswirtschaft. Der Handel unterliegt also – obwohl er lange Zeit eine unterschätzte Rolle in der mittelalterlichen Gesellschaft spielte – der religiös-sozialen Ächtung. Doch ist es von Bedeutung – und dies kann hier vorweggenommen werden–, daß es fast ausschließlich um kirchliche Vorschriften und Verbote ging, die Handel und Geldverkehr einschränken. Die politische Herrschaft zeigte sich dem Handel gegenüber aufgeschlossener, wenn sie sich nicht sogar, wie seit dem Hochmittelalter, auf ihn hin zentriert. Schon während der Karolingerzeit, von der man heute ein regeres Verkehrs- und Handelswesen annehmen darf, als lange Zeit unterstellt wurde, überließen die Kaiser den Kampf gegen Geld und Zins weitgehend der Kirche und betrieben selbst eine ausgesprochen auf den Handel konzentrierte Münzpolitik.[58]

Doch die christliche Wirtschaftsgesinnung dominiert, und sie steht in einem ausgezeichneten Entsprechungsverhältnis zum vorherrschenden agrarischen Wirtschaftsstil des europäischen Mittelalters.

Das ›Ganze Haus‹ in der heiligen Zeitordnung

Bevor wir aufzeigen können, warum der dominante Wirtschaftsstil und die sakrale Zeitnormierung in so hohem Maße kompatibel sind, bedarf es einiger allgemeiner Charakteristika der bäuerlichen Familienwirtschaft, die ja nicht einfach ein »Produkt« der theologischen Lehre ist.

Für kaum eine Epoche gilt die Unterscheidung »Gebildeter – Ungebildeter« (litteratus – illiteratus) so zutreffend wie für das Mittelalter. Man kann deshalb mit Sicherheit davon ausgehen, daß sich der Glaube in den bäuerlichen Schichten von den überlieferten Lehren und der kirchlichen Doktrin unterschied. Von Interesse sind deshalb für unsere Absichten die »*Eigengesetzlichkeiten*« dieser Form der Produktion und Reproduktion, da die christlichen Lehren in den bäuerlichen Schichten auf völlig differente Weltdeutungen stoßen.

Wir können die Typen der bäuerlichen Wirtschaft in den Dorfgemeinden und die Fronhofwirtschaft zwar als formal unterschiedliche Arten der Wirtschaftsverfassung des europäischen Mittelalters ansehen, für die Organisation der Arbeit und des Konsums bleibt diese Unterscheidung jedoch belanglos. Beide Typen sind in der Terminologie Sombarts »Eigenwirtschaften«.[59]

»Eigenwirtschaft« und »Familienwirtschaft« werden zur Kennzeichnung der Wirtschaftsweise des »ganzen Hauses« meist synonym verwandt.[60] Unproblematisch ist der Begriff der Familienwirtschaft jedoch erst dann, wenn klargestellt ist, daß die Familie im Kontext der bäuerlichen Hauswirtschaft nichts mit der Intimität, Sentimentalität und Emotionalität der Familie im modernen, bürgerlichen Sinne zu tun hat. Diese Konnotationen erhält der Familienbegriff erst im 18. Jahrhundert.[61]

Die Familienwirtschaft des Mittelalters ist eine *naturalwirtschaftliche Selbstversorgungseinheit*. Ihre Mitglieder bestehen nicht nur aus blutsverwandten Angehörigen mehrerer Generationen, sondern »zum Haus« gehört ebenso das gesamte »Gesinde«, meist unverheiratete Knechte und Mägde, die keinen eigenen Besitz ererben konnten.[62] In dieser Form ist die Wirtschaft des »ganzen Hauses« unter agrarischen Verhältnissen praktisch allein vorkommend, und auch die adlige Wirtschaftsweise ist nur eine erweiterte oder großbäuerliche Variante des Oikos.

Dieser Wirtschaftsform ist das Denken vom Markt her unbekannt, sie ist im Gegenteil um Autarkie bestrebt. Geld als Tauschmedium spielt deshalb kaum eine Rolle. Es dient nur dann zu Ergänzung der Autarkie, wenn im Falle einer unzureichenden Eigenproduktion getauscht werden muß. Auch der Zins, den die grundherrliche Wirtschaftsverfassung den bäuerlichen Schichten abverlangte, wurde zumindest im Früh- bis Hochmittelalter in Naturalform entrichtet.[63]

Das Geld ist während des gesamten Mittelalters zwar nie völlig außer Gebrauch gekommen, doch indiziert der Umgang mit ihm die natural-hauswirtschaftliche Gesinnung. Geld gilt nicht als Symbol, sondern wird wie eine *Handelsware* unter anderen benutzt. Der Wert einer Münze, wenn er überhaupt auf der Kopf- oder Rückseite eingeprägt war, richtete sich nach dem Realwert des Metallgehaltes. Darin kommt Geld nicht-metallischen Zahlungsmitteln wie Kühen, Tüchern oder Pfeffer gleich. In einer Urkunde des Hochstiftes Passau wird paradoxerweise der »Preis« des Geldes in Naturalien angegeben.[64] Zudem diente das Geld nicht eigentlich als Zirkulationsmittel, sondern wurde gehortet, um die Autarkie der Hauswirtschaft zu stärken. Diese Hortungspolitik wird auch nur in Zeiten wirtschaftlicher Not aufgegeben.

Die Geschlossenheit, die dem »ganzen Haus« in Wirtschaftsstufentheorien oft unterstellt wird, hat es empirisch sicher nicht erreicht. Sie dennoch zu unterstellen, ist deshalb sinnvoll, da »Wirtschaften« in der alteuropäischen Ökonomik einen völlig anderen Bedeutungsgehalt besitzt als im *volks*wirtschaftlichen Sinne.

Produktion und Verteilung sind im ganzen Haus nicht getrennt. Das Grundprinzip besteht darin, die gemeinsam erarbeiteten Güter nach dem Fürsorge- und Bedarfsprinzip zu verteilen. Dies läßt sich am besten verdeutlichen, wenn wir auf die kontrastierende Unterscheidung von Unternehmer und Wirt zurückgreifen, die sich bei Schumpeter findet.[65] Der Unternehmertypus, der hauptsächlich durch aktives und *abstraktes* Gewinnstreben motiviert ist,[66] rechnet Kosten und Nutzen seiner wirtschaftlichen Aktivitäten nach individuellen »egostisch«-rationalen Erwägungen gegeneinander auf.

Der Wirt hingegen ist »Hausvater« und damit zwar »Herrscher« über die Wirtschaftseinheit; er ist mit nahezu allen Rechten, ebenso mit der Verfügungsgewalt über die Familienmitglieder ausgestattet, gleichzeitig ist er aber auch dazu verpflichtet, für die Haushaltsmitglieder »zu sorgen«. »Wirtschaften gehört hier zu Wirt, das ursprünglich nicht nur den planvollen Erzeuger und Verwender der Güter bezeichnet, sondern soviel wie ›Pfleger‹ heißt, ein Wort, das zu Pflicht, pflegen, sich für jemanden einsetzen gehört, das den Schutz ausübenden, sorgenden Inhaber des Hauses, den Hausherrn, Hausvater bezeichnet.«[67] In diesem Kontext kommt es zu *keiner Verrechnung oder Zurechnung* von Arbeitsleistung im Sinne eines Grenzbeitrages zum Arbeitsprodukt, nach der sich die Verteilung von Gütern organisieren ließe. Daher fehlt auch die Unterscheidung zwischen Voll- und Halbarbeitskräften. Jede Arbeitskraft wird ausgenutzt, ob sie nun lang- oder kurzfristig bzw. nur beschränkt einsatzfähig ist. Auch Kinder werden ebenso wie die »Alten« zur Arbeit im Rahmen ihrer Fähigkeiten herangezogen. Wer nicht arbeitsfähig ist, wird dennoch versorgt, da aufgrund der fehlenden Zurechnung des Arbeitsbeitrages auch keine scharfe Unterscheidung zwischen arbeitenden und nur konsumierenden Haushaltsmitgliedern existiert. »Das ›ganze Haus‹ ist als solches Bezieher eines ungeteilten Naturaleinkommens.«[68]

Damit sind wir bei dem uns eigentlich interessierenden Merkmal der Familienwirtschaft: Sie folgt einer völlig anderen Rationalität als z. B. der kapitalistische Betrieb oder der Schumpetersche Unternehmer. Für die Familienwirtschaft zählt *nur der Bruttoertrag* der gemeinsamen Arbeit; *nicht der Nettogewinn.* Aus diesem Kernsatz der »Lehre von der bäuerlichen Wirtschaft«, wie sie von Cajanov ausgearbeitet wurde, ergeben sich wichtige Konsequenzen für das »Arbeitszeitangebot« des »ganzen Hauses«.[69] Der Hinweis auf diesen Autor erscheint deshalb so wichtig, da hier die bäuerliche Wirtschaft als ein *Funktionsmodell* gefaßt wird, das es zuläßt, die oft beschriebene »Selbstgenügsamkeit« des Oikos ökonomisch-theoretisch sinnvoll einzuordnen.[70]

Die lohnarbeitslose bäuerliche Familienwirtschaft kann – und dies belegt Cajanov anhand russischer Agrarstatistiken, die aus der Jahrhundertwende stammen – nicht das maximieren, was sie nicht messen kann, ja nicht einmal der Herkunft nach zuordnet. Denn: »Die korrekte Teilung des Brutto-Einkommens in jeder Familie war eine Frage des subjektiven Urteils durch das Familienoberhaupt. Schon deshalb konnte die Verteilung nicht objektiv, quantitativ ausgedrückt werden.«[71] Dementsprechend optimiert sie weder den Einsatz von Ressourcen, noch maximiert sie das Gesamtarbeitseinkommen. Der bäuerliche Wirt betrachtet sein Land nicht nur als Erwerbsquelle, die man abstößt, wenn sie unrentabel ist, sondern auch als Arbeitsquelle.[72] Das »ganze Haus« betreibt eine Ökonomie der »begrenzten Ziele«,[73] indem es bestrebt ist, die sozialkulturell normierten und tradierten Bedürfnisse der familialen Subsistenz sicherzustellen, und nur – dies folgt aus dem Autarkiegedanken – eigene Arbeit, keine Lohnarbeit einsetzt.

Aus dieser Motivlage ergibt sich eine Tendenz zum Gleichgewicht, derart, daß vor jeder Überschußproduktion die familiale Einheit von Arbeit, Konsum und Reproduktion eine *»Labour consumer balance«* anstrebt.[74] Dieses Gleichgewicht wird durch das Zusammenspiel verrechnungsloser Verteilung und nicht-maximierendem Arbeitseinsatz erreicht:

Unter dem Druck der familialen Bedürfnisse schreibt der »Wirt« den Haushaltsmitgliedern zwar den Grad der Verausgabung von Arbeitskraft »strengstens« vor. »Auf der anderen Seite hemmt die Beschwerlichkeit der Arbeit die Verausgabung von Energie: Je schwerer die Arbeit im Vergleich mit ihrem Ertrag ist, um so niedriger ist der Stand der Lebenshaltung, bei welchem die Bauernfamilie ihre Arbeit nicht mehr weiter vermehrt.«[75] Für die Konsumbedürfnisse des »ganzen Hauses« ergibt sich also bei der Erhöhung des Grenzarbeitsaufwands eine Senkung des Konsumstandards aller Familienmitglieder. Das »Arbeitszeitangebot« hängt demnach nicht etwa von subjektiven Präferenzen der Familienmitglieder ab, sondern von den Anforderungen, die der gemeinsame Lebenszusammenhang von Produktion, Konsum und generativer Reproduktion stellt.

Sinkt das Gesamtarbeitseinkommen unter ein angestammtes Subsistenzniveau, so wird die Arbeit (u. U. suboptimal) intensiviert. Zeigt sich eine Verbesserung der Reproduktionsbedingungen, und damit eine Erhöhung des Konsumniveaus, so wird die »Arbeitszeitangebotskurve« rückläufig; jede ratio zu Mehrarbeit entfällt, da ausschließlich eigene Arbeit verwendet wird, und der subjektive Grad ihrer Beschwerlichkeit nur mit dem Bruttogesamtarbeitseinkommen in Beziehung gesetzt wird. Bei gesicherter Existenz, dem »Punkt des natürlichen Gleichgewichts hört die Produktion des Arbeiters in der nur eigene Arbeit verwertenden Wirtschaft auf«.[76]

Der eventuelle Mehrertrag wird in materiellen, kulturellen und rituellen Konsum umgesetzt und nicht zur Kapitalbildung verwandt.

Nun ließe sich einwenden, daß dieses Modell nur in bezug auf die kleinbäuerliche Eigenwirtschaft Sinn habe, da die Grundherrn durch Fronarbeit und Naturalzins fremde Arbeit nutzen, also Mehrarbeit entgegen der »labourconsumer balance« geleistet wird.

Dieser Einwand läßt sich durch die Art der Nutzung entkräften. Anders als in der Gutshofwirtschaft, die für einen Markt produziert, oder der Plantage, die Sklavenarbeit verwendet, setzt die Fronhofs- oder Dorfwirtschaft, die auf der Grundherrschaft beruht, den Bauern *nicht als Arbeitskraft, sondern als Rentenzahler* ein.[77]

Großhaushalt des Grundherrn und Kleinhaushalt des Bauern standen nebeneinander, und die Leistungen des Bauern dienten lediglich dem Eigenbedarf des Herrn. Sie waren daher ebenso traditional gebunden wie sein Arbeitseinsatz für das eigene Haus. Die Bauern entwickelten kein Interesse daran, mehr zu erwirtschaften, als für die Erfüllung ihrer Abgabepflichten unbedingt notwendig war. »Ebensowenig hatte der Grundherr ein Interesse an der Erhöhung der Abgaben, solange er nicht für den Markt produzierte.

Die Lebensführung des Grundherrn unterschied sich nur wenig von derjenigen des Bauern. Daher bildeten ›seine Magenwände die Schranken für die Ausbeutung des Bauern‹.«[78]

Hinzu tritt, daß der Herr kein eigenes Inventar besaß, um das Risiko des Produktionsmitteleinsatzes dem Bauern zu überlasten, was wiederum zur Konsequenz hatte, daß der Einsatz der Produktionsmittel der Funktionslogik der Familienwirtschaft folgte und nicht zur Kapitalbildung diente.

Vor dem Hintergrund dieser recht kurzen, abstrakten und einfachen Überlegung zur agrarischen Familienwirtschaft als Funktionsmodell wird verständlich, warum sich von hier aus kein oder doch zumindest kein ausreichend hohes Konfliktpotential gegenüber der religiös motivierten kirchlichen Zeitnormierung entfaltet. In den wichtigsten Funktionsbereichen »fügt sich« die alteuropäische Ökonomik der sakralen Norm:

1. Das »ganze Haus« betreibt der Intention nach keinen Handel, wenn doch, dann nur zur Unterstützung der Autarkie.
2. Es benutzt nicht primär Geld, sondern Naturalien zum Tausch, wie zur Verrichtung der herrschaftlich geforderten Abgaben.
3. Eigentum und Arbeit erfüllen in der Familienwirtschaft die Fürsorgepflicht, und schließlich
4. Zeit wird nicht ökonomisch genutzt. Auf einem Konsumniveau, das die Existenz sichert, wird die Arbeitszeit nicht weiter ausgedehnt.

Es ist dabei eingangs erwähnt worden, daß die katholische Lehre aufgrund der »kulturellen Kluft« zwischen den schriftgelehrten religiösen Eliten und der Masse der Bevölkerung in ihrem Bedeutungsgehalt für die verschiedenen Schichten sich sehr unterschiedlich darstellte. Während sich die mittelalterliche Intelligenz Probleme des Glaubens und der göttlichen Lehre durch Bibelexegese und die Lektüre christlicher Autoritäten erschließen konnte, trug die Religiosität der Volkskultur magische und mystische Züge. Dieser Unterschied gilt auch für das Zeitverständnis. Die Probleme, die Augustin in der Vereinbarung des irdischen Zeitstroms mit der Ewigkeit beschäftigen, werden kaum die Probleme der bäuerlichen Schichten gewesen sein. Für diesen Bevölkerungsteil können wir ein zyklisches Zeitempfinden unterstellen.

Analog zur Unterordnung der Hauswirtschaft unter die Normen der Reichsreligion läßt es sich zeigen, daß auch das zyklische

Zeitverständnis der mittelalterlichen Volkskultur »christianisiert« wurde. Damit ist jedoch nicht nur lediglich eine Vereinheitlichung kultureller Elemente erreicht; mit der Christianisierung der bäuerlichen Arbeits- und Lebenszeit wird zugleich das feudale Herrschaftssystem legitimiert und geregelt. Dieser Zusammenhang ist Thema des folgenden Abschnitts.

Zyklizität und Heilsgeschichte: die hierarchische Einheit von Arbeitszeit und kirchlicher Zeit

Das Gleichgewicht von Arbeit und Konsum in der Familienwirtschaft bringt nicht nur einen Rückgang der Arbeitszeit bei einer kulturell definierten Schwelle mit sich, sondern beeinflußt auch die Lage der Arbeitszeit. »Production for use is discontinuous and irregular.«[79] Arbeit, oder besser kollektive Arbeit, ist an konkreten Aufgaben orientiert, die diskontinuierlich anfallen, oder nach Bedarf aufgenommen werden. Sie richtet sich weder nach chronometrisch abstrakten Zeitabschnitten, noch ist die chronologisch nach Arbeitsbeginn oder Ende festgelegt. Es existiert daher auch keine Trennung von Arbeitszeit und Freizeit. »Life in such a world follows a pre-determined pattern in which work and non-work are inextricably confused.«[80]

Auch die Arbeit als Handlungsprozeß unterliegt keiner »Zeitgliederung« in sich homogener Teilabschnitte oder gar Arbeitstakten, sondern richtet sich nach den naturgebundenen Zyklen, die nicht beschleunigt oder terminiert werden können. Sie ist vielmehr heterogen, unbestimmt und von vielen, nicht beeinflußbaren Faktoren – insbesondere der Witterung – abhängig. Gerade in der Auseinandersetzung mit der Natur ist hier Arbeit noch ganzheitlicher Handlungsakt; nicht Arbeitstakt.

Arbeitszeit, d. h. Feldarbeit, Aussaat, Ernte und Produktionszeit, d. h. Keimen, Wachsen, Reifen werden nicht differenziert oder arbeitsorganisatorisch geschieden.[81] Die Produktionszeit, von der die industrielle Arbeitszeit tendenziell »bereinigt« ist, ist konstitutiv für die Arbeitshandlung. »Die Vorstellung, der raschere Umtrieb könnte das Tempo beschleunigen, hat hier keinen Sinn. Zwischen den Arbeiten liegt, beinahe als ihr bestes Teil immer das Warten: nicht das Warten auf den Anschluß im mechanisierten Verkehr mit der Uhr in der Hand, sondern das Erwarten dessen, was von Natur und aller Erfahrung nach kommen wird (...). Der Mensch kann sinnvollerweise nichts anderes tun als warten, denn wachsen machen kann er ja nicht.«[82]

Im Kontext dieser Einheit von Produktions- und Arbeitszeit macht es auch keinen Sinn, zwischen produktiven und unproduktiven Arbeiten zu unterscheiden. Die Verrechnungslosigkeit des individuellen Arbeitsbeitrags zum Gesamtprodukt findet sich auf der Ebene von Arbeit als ganzheitlicher Arbeitshandlung in der Unterschiedslosigkeit von rentabler und unrentabler Arbeit wieder. Dies ist jedoch auch durch die geringe Produktivität des traditionalen agrarwirtschaftlichen Produktionsprozesses mitbedingt.

Wir kennen den Zusammenhang von Produktivitäts-, Kaufkraft-, Konsumniveau und dem Knappheitsgrad von Zeit. Je mehr der Mangel an Gütern abnimmt, desto höher wird der »Preis der Zeit«, die für den Konsum verbraucht wird. Die Zeit wird u. U. kostbarer als die Güter selbst, so daß es grenznutzentheoretisch sinnvoll werden kann, Güter zu vergeuden (nicht zu pflegen, nicht zu reparieren), da dies der einzige Weg ist, die teurere Zeit zu »sparen«.[83]

Das Produktivitätsniveau der traditionalen Wirtschaft führt zur Umkehrung dieser Knappheitsorientierung. Bei einem extrem niedrigen Produktivitätsniveau ist es schlicht sinnlos, Zeit zu bemessen und zu bewirtschaften, so daß der bäuerliche Produzent »in einer Welt, worin der Mangel an Zeit so gering und so groß der Mangel an Gütern ist, nichts besseres und nichts anderes machen kann, als seine Zeit ohne weiteres Rechnen zu verausgaben, als die Zeit, jene einzige Sache, die es im Überfluß gibt, zu vergeuden«.[84]

»Zeit zu vergeuden« ist natürlich eine dem traditionalen Arbeits- und Lebenszusammenhang fremde Sentenz, die nur das moderne Zeitbewußtsein selbst charakterisiert. Kult und Ritus, Fest und Tanz sind dem traditionalen Bewußtsein gleichermaßen sinnvoll, nützlich und notwendig wie die Feldarbeit oder das Anfertigen von Gebrauchsgegenständen. Arbeit wird nicht als ein besonderer, eigenständiger und ausgegliederter Lebensbereich gedacht. So wie Arbeitsanfang und -beginn in zeremonielle Akte eingebettet waren, die nach lokalen Besonderheiten variierten,[85] war auch der Arbeitsinhalt – wenngleich Mühsal – niemals nur auf seine instrumentelle Dimension beschränkt, sondern stand immer in Beziehung zu anderen sozialen oder mythisch-religiösen Lebensbereichen. Semantisch bildet sich diese Einheit beispielsweise darin ab, daß in bestimmten traditionalen Gesellschaften verbal nicht zwischen Tanz und Feldbestellung unterschieden werden kann.[86]

Hierin liegt der soziologisch bedeutsame Unterschied der traditionalen Auseinandersetzung mit der Natur und der industriellen Arbeit. Fischen, Jagen, Feldbestellung und handwerkliche Arbeit sind konkrete Tätigkeiten, die *nicht im Begriff der Arbeit* zusammengefaßt sind, sondern als ganzheitliche, Motiv und Zweck verbindende, für sich geschiedene, gleichermaßen nützliche Handlungen darstellen, die an die sie ausführenden Personen(gruppen) gebunden sind.

Der nicht vorhandenen Abstraktion von Arbeit entspricht – wieder auf der semantischen Ebene – der nicht vorhandene Oberbegriff für verschiedene Tätigkeiten, die jedoch ihre spezifische Bezeichnung besitzen. »Es gibt keinen Begriff, weil es kein Konzept gibt, das Jagen, Fischen, Töpfern und den Bau von Häusern von der Aufzucht der Kinder, vom religiösen Ritual oder von vielen anderen Aktivitäten unterscheidet, die keinen direkten Beitrag für die Kleidung, Nahrung und den Schutz der Individuen leisten.«[87]

Umgekehrt: Es bedarf deshalb keines Konzeptes, das die einzelnen Tätigkeiten scheidet, weil der traditionale Arbeits- und Lebenszusammenhang auf dem Prinzip der *Reziprozität;* nicht wie die Marktgesellschaft auf der Komplementaritätsbeziehung des gesellschaftlichen Personals beruht.[88] Am deutlichsten für das Reziprozitätsprinzip steht der Gabentausch, der nicht der vertraglich, rechtlich abgesicherten Form zwischen Tauschpartnern bedarf, sondern der als zeremonieller Akt auf der Basis von »Treu und Glauben« vollzogen wird.

Dem Gabentausch unterliegt ein immanenter Gerechtigkeitsglaube, weshalb jede Gabe auch eine Gegengabe verlangt. Soziale Nähe und damit soziale Kontrolle von Ehre und Ansehen in der Familie, im Dorf etc. garantieren die Reziprozitätsregel, die auch auf die Natur angewendet wird. »›Gib der Erde, sie wird dir wiedergeben‹, heißt es in einem ... Sprichwort. Es wird nun einsehbar, daß die Natur, indem sie der Logik des Gabentausches gehorcht und denen ihre Wohltaten gewährt, die ihr zum Tribut ihre Mühsal entrichten.«[89]

Es wird also dem traditionalen Bewußtsein zufolge nicht Arbeit verausgabt, wenn verschiedene Tätigkeiten verrichtet werden, ebenso wird im Gabenaustausch nicht Arbeit gegen Arbeit getauscht, sondern Mensch wie Natur verschenken. Der Bauer verschenkt Mühsal, die Natur Nahrungsmittel, die Pflege der Tiere wird mit Zugkraft belohnt, und der Gabe von Nahrungsmitteln durch den Hausvater steht die Verausgabung von Muskelkraft bei der Feldarbeit gegenüber.[90]

Der Verrechnungslosigkeit der Familienwirtschaft und der fehlenden Unterscheidung von rentabler und unrentabler Arbeit entspricht daher das Fehlen eines jeden Kalküls. Der Gabenaustausch ist moralisch fundiert: So wie in der Arbeit nur zwischen dem Fleißigen und dem Faulen unterschieden wird, kennt der Tausch nur den Redlichen und Unredlichen.[91]

Das fehlende Rentabilitätskalkül der moralischen, oder besser »sittlichen Ökonomie«[92] verweist auch auf Zeithorizont und Zeitdisposition. Die Kalkulation enthält ein explizites zukünftiges Ziel des Wirtschaftens, in der der Unterschied von Arbeitszeit und Produktionszeit offengelegt und berechnet werden muß. Nicht so beim »Warten« (Produktionszeit) als konstitutiver Bestandteil der traditionalen bäuerlichen Arbeitszeit. Hier ist der gesamte Produktionszyklus vorgegeben, in der sich die Produkte, die als Gaben aufgefaßt werden, erneuern. Zu ihm besteht keine Alternative, nur die Hoffnung, für die Mühsal belohnt zu werden.

Ganz analog zum »Warten« auf die zyklische Rückkehr von natürlichen Ereignissen als Bestandteil des Arbeitsprozesses gestaltet sich daher die »Planung« in der bäuerlichen Wirtschaft. Bourdieu macht auf die Bedeutung des Wirtschaftsstils für das Planungsverhalten aufmerksam. Er unterscheidet zwei Planungsbegriffe, den der traditionalen und den der kapitalistischen Ökonomie: Prévoyance und prévision. Während prévoyance soviel wie »Fürsorge« oder »Vorsorge« bedeutet, bezieht sich »prévision« auf die Verfügbarkeit über Zukunft im Sinne des »Voraussehens« oder des »Voranschlags«. Die »prévoyance« der mittelalterlichen Familienwirtschaft bedeutet nicht »Thematisierung von Zukunft«, sondern Imitation und Wiederholung des Vergangenen, Tradierten und Bekannten. Deshalb »gilt es säuberlich zu trennen zwischen dem Sparen, das einen Teil der Güter für den späteren Konsum aufhebt, Vorsorge und Verzicht darstellt und der kapitalistischen Akkumulation, dem ›schöpferischen Sparen‹, das die Güter als Produktionsmittel behandelt, die wieder der produktiven Verwendung zugeführt werden sollen«.[93]

In einem solchen agrarisch-gemeinwirtschaftlichen Lebens- und Arbeitszusammenhang bedarf es weder einer exakten Chronologie noch der Synchronisation verschiedener lokaler Zeiten. Der Grad der Arbeitsteilung und die Art der Aufgabenerledigung, die von der organischen Zyklizität von Aussaat und Ernte, dem Fertigen von Gebrauchsgegenständen geprägt ist, kommt mit sehr vagen Vorstellungen über Zeitabschnitte und Zeitbestimmungen aus. Auch die Bedeutungsgehalte verschiedener Zeitabschnitte werden nicht scharf differenziert.[94]

Bis in das 17. Jahrhundert läßt es sich anhand von Quellen aus dem fränkischen Raum nachweisen, daß ein großer Teil der ländlichen Bevölkerung das eigene Lebensalter nicht zu datieren vermag. So mußte vor Gericht zugegeben werden: »Es seye ime onmeglich zu sagen, wie alt er seye, konte auch auch nit sagen, wann es ime schon sein leib costet.«[95] Die »Sicherung« der Zeit erfolgt über mythische Projektionen und naturale Größen, wie wir dies auch in anderen »primitiven« Sozialformen vorfinden.[96]

Die Ordnungsleistung der Kirche in bezug auf die »Vereinheitlichung« der Zeit bestand nur darin, daß sie dieses »archaische Verhältnis zur Zeit weniger ausgemerzt, als in den Hintergrund gedrängt (hat)«.[97] Speziell der Katholizismus kommt mit den Bräuchen der Heiligenverehrung und seinen stark kultischen Elementen den mystisch-magischen Bedürfnissen der mittelalterlichen Volkskultur entgegen. Volk und Niederpriester dachten in Bildern, nicht in Abstraktionen.

Auf der Ebene der Herrschaftssicherung trug die Kirche daher nicht unwesentlich zur »sozialgeschichtlichen Kontinuität des Adels von der ›Antike‹ zum ›Mittelalter‹ bei«, indem sie »die Adelsherrschaft als göttliche legitimierte. Stärker als die christliche Leugnung adliger magnanimitas als eines weltlichen Höchstwertes wirkte die christliche Anverwandlung an das weltlich Gegebene, das christlich legitimiert oder christlich ›veredelt‹ wurde. In diesem Zusammenhang steht vor allem die Sakralisierung des ›Heils‹ großer Geschlechter.«[98]

Zum Bauerntum und zur bäuerlichen Arbeit entwickelte die Kirche ein stark ambivalentes Verhältnis. Der Bauernstand wird einerseits als tragender »Nährstand« und damit mit Hochachtung begriffen. Andererseits ist er der Stand der tölpelhaften pauper (wobei pauper nicht im wirtschaftlichen Sinne zu verstehen ist), die das gering geschätzte opus servile im Schutze und unterhalb der potentes verrichten. Die Lehre der status vitae wurde zum Herrschaftsinstrument der aristokratischen Reichskirche. »Got hat driu leben geschaffen, gebure, ritter und pfaffen«,[99] heißt es in einer volkstümlichen Dichtung des 13. Jahrhunderts.

Doch nicht nur mit der christlichen Bekräftigung des Standes von Herrschenden und zur Herrschaft Unfähigen stützte die Kirche das feudale Sozialsystem. Indem sie dem archaischen Zeitverständnis ihre Kultur oktroyierte, besaß sie auch ein Instrument zur Regelung der Herrschaftsbeziehungen zwischen Adel und Bauerntum sowie ein Instrument zur Sicherung und Disziplinierung der Arbeit. Ebenso wie Geschichte auf Heilsgeschichte bezogen wurde und die weltliche Geschichte damit eine Abwertung ihrer Geltungskraft erfuhr, überwand die Kirche auch die segmentäre Zersplitterung zahlreicher Familiengruppen – spezifischer oder an mythische Riten gebundene Zeitmaße, indem sie Tages- und Jahresrhythmen der himmlischen Ewigkeit unterordnete. Da Zeit als Problem oder reiner Begriff dem Klerus und Philosophen vorbehalten war, erlebte die Masse der Bevölkerung Zeit naturgebunden und genealogisch, also primär zyklisch. Diese zyklische Zeit konnte jedoch in einen sakralen Bezug eingebunden werden. So wurde der heidnische Kalender, der die natürlichen Rhythmen des Jahresablaufs widerspiegelte, den Bedürfnissen der christlichen Liturgie angepaßt. Zwar gingen die Wendepunkte, die den Jahreszyklus markierten, auf heidnische »Zeitmaße« zurück, doch wurden sie unter dem Einfluß der Kirche zu christlichen Feiertagen. Die »Agrarzeit« wurde der »liturgischen Zeit« untergeordnet.

Das Kirchenjahr symbolisiert die periodische Wiederholung der Geburt, des Leidens, Sterbens und der Auferstehung Jesu. Durch die Markierungspunkte in Form von Festtagen, Arbeitsverboten oder Fastenzeiten reaktualisiert sich somit für den Gläubigen beständig der sakrale Charakter des Zeitablaufs, da im Jahreszyklus selbst die Heilsgeschichte repräsentiert ist.

Indem die Kirche den heidnischen Kalender an die Bedürfnisse der Liturgie anpaßte, gelang ihr eine »Christianisierung« der Markierungs- und Wendepunkte des Jahreszyklus. Damit war ein »Kompromiß« geschlossen zwischen dem Zeitbewußtsein der religiösen Eliten, das aus der linearen Heilsgeschichte resultierte, und der Vorstellung einer zyklischen Erneuerung der Zeit in den bäuerlichen Unterschichten. Das Jahr repräsentierte zwar die Heilsgeschichte, schloß aber die Vorstellung der Vernichtung der Zeit und ihrer Erneuerung mit ein.[100] Infolgedessen war auch das bäuerliche Leben auf das sakrale Bezugsschema orientiert.

Mit der sakralen Normierung des Zeitablaufs war jedoch nicht die Synchronisation des Jahresbeginns gewährleistet. In verschiedenen Ländern begann das Jahr zu verschiedenen Zeiten, so z. B. mit Weihnachten, Ostern oder Mariä Verkündung. Ähnlich verhält es sich mit dem Gebot der Sonntagsruhe, das erst sehr spät einheitlich geregelt wurde.[101]

Im Verlauf des Mittelalters dringen nach und nach immer mehr religiöse Feiertage in den Jahresablauf ein und gestalten die ländliche Lebens- und Arbeitsweise nach der katholischen Lehre. »Im europäischen Mittelalter wurde etwa jeder dritte Tag in irgendeiner Form zum Feiertag.«[102] Es ist dabei nicht zu übersehen, wie Arbeitszeit und kirchliche Zeit sich arrangieren. So kumulieren die Feiertage in der durch den landwirtschaftlichen Rhythmus arbeitsfreien Zeit, oder einzelne Festtage werden zu Markierungspunkten von Arbeitsabschnitten. Hierin hatte der mittelalterliche Agrarkalender aber auch seine Herrschaftsfunktion. Er regelte die Termine zur Eintreibung der Feudalrenten und die Pflichten der Bauern. Steuerkalender, Polyptycha und Kapitularien bedeuten die ständige Erinnerung an die wichtigsten Feiertage, die Beginn oder Ende der Abgabe von Zwangszinsen oder der Fronarbeitsperiode markieren. Der christliche Kalender hatte so *quasi arbeitsrechtliche* Funktion: Die Abgaben an den Grundherrn waren z. B. im mittelfränkischen Raum an Fastnacht (Hühner), Ostern (Eierzins) und Martini (Gänse) fällig.[103]

Die zeitliche Dimension ist auch im Bezug auf die Bindung an Werte von Bedeutung. Immer wieder stößt man auf Formen, die sich auf das Alte, Überkommene und Tradierte berufen, und der Bevölkerung ein Bekenntnis zum »Leben in der überlieferten Ordnung abverlangen«.[104] Indem Zeitperioden durch sakrale Bedeutungsinhalte normiert werden, tragen sie nicht nur zur »kognitiven Ordnungssicherung« des Zeitablaufs bei, sondern normieren auch die Inhalte und die Beziehung zur Arbeit. Die Disziplinierungsfunktion und »innere« motivationale Regelung durch die sakralmystische Zeitsicherung kommt in dem folgenden Zitat zum Ausdruck:

»Die ganze Zeit der Aussaat gilt als heilig. Aller Übermut und alle rauschenden Lustbarkeiten werden eingestellt. Man enthält sich sogar der ehelichen Freuden... Aufs sorgfältigste sucht man die zum Säen geeignete Zeit zu ermitteln. Der Mond spielt dabei eine besondere Rolle, auch die Planeten und die Zeichen des Tierkreises, sowie bestimmte Tage..., die Zeit vor Sonnenaufgang und nach Sonnenuntergang. Das Säetuch verlangt sorgfältige Herrichtung, damit die Saat gedeihe. Es muß von einem Mädchen... gesponnen, es muß rein und weiß und nicht etwa als Bettuch benutzt worden sein... In einem Zipfel bindet der Bauer Brot und Geld, die Körner der letzten Erntekrone, oder geweihte Palmkätzchen... Auch wird die Saat mit Weihwasser besprengt.«[105]

Indem die Beziehung zur Arbeit mystisch-sakral geregelt wird, ist nicht nur sichergestellt, daß überhaupt und den christlichen Normen entsprechend gearbeitet wird, darüber hinaus wird auch das Reziprozitätsverhältnis »christianisiert« und vergöttlicht. Die Mühsal, die die Natur als Tribut für ihre Produkte erlangt, wird letztlich Gott entrichtet, denn wird sie »als ›Gottesdienst‹ getan, so ruht der ›Segen‹ Gottes auf ihr«.[106] Der Gabentausch wird in dieser Weise als Gabentausch mit Gott organisiert; und somit die Arbeit als Gottesdienst und das feudale Herrschaftssystem durch das göttliche Heil der Geschlechter unhinterfragbar sakralisiert.

Auch die Tageseinteilung wurde in den religiösen Bezug eingebunden. Der täglich wiederkehrende Rhythmus von Morgenandacht, Vormittagsarbeit, Mittagsgebet und Mittagsruhe, Nachmittagsarbeit, Vesper und Feierabend wurde durch das Glockengeläut der ländlichen Klöster bestimmt. Die Klöster richteten sich dabei nach den kanonischen Horen, Prim, Terz, Sext usw. des liturgischen Gebetes. Diese Zeiten waren an der Sonnenbewegung orientiert oder wurden – mehr oder minder willkürlich – durch die Lebensanforderungen der Mönche festgelegt, die aus religiös-asketischen Motiven auf einen regelmäßigen Tagesablauf bedacht waren.[107] Da die »Uhren« des Frühmittelalters ungenau und unverläßtlich arbeiteten, maß man die Horen innerhalb der Klöster z. B. nach der Brenndauer von Kerzen oder nach der Anzahl von gelesenen Buchseiten. Die Horen umfaßten also keinen genauen Zeitraum, sondern waren in sich heterogen und variierten mit der jahreszeitlich abhängigen Länge des Tages und vor allem nach lokalen Besonderheiten.

Auch die tägliche Arbeit folgte, wie die jährliche, dem natürlichen Arbeitsrhythmus. Die Horengeläute waren keine Methode der Fremdbestimmung des bäuerlichen Arbeitstages, sondern die akustisch-symbolische Bekräftigung des gottgewollten natürlichen Rhythmus von Arbeit und Ruhe. Die traditionale Arbeit wurde weder nach exakten Stunden, geschweige Minuten oder Sekunden ausgerichtet. Entsprechend den normativ-religiösen Lehren der Kirche war die Arbeit dem Tag vorbehalten; Nachtarbeit – der traditionalen Arbeitsorientierung ohnehin fremd – unterlag ebenso der religiösen Ächtung wie die Arbeit an Sonn- und Feiertagen.[108]

Wenn man das Verhältnis von traditionaler Wirtschaftsweise, kirchlicher Normierung der Arbeit und feudaler Herrschaft zusammenfassend charakterisiert, so scheint uns, daß, unter dem Blickwinkel einer *arbeitswirtschaftlichen Betrachtungsweise* gesehen, die Einheitlichkeit des Arbeitsprozesses, d. h. die Einheit von kirchlicher Zeit, Arbeitszeit und natürlicher Zeit, das hervorstechendste Merkmal der mittelalterlich-agrarischen Arbeit zu sein.

Das primäre Merkmal von kirchlicher Zeitnormierung und ländlicher Arbeitszeit besteht in der hohen Kompatibilität und gegenseitigen Durchdringung des liturgischen – und des Arbeitsjahres. Darüber hinaus bedeutet die feudal-aristokratische Herrschaft unter arbeitswissenschaftlichen Gesichtspunkten eine nur suboptimale Ausbeutung von Arbeitskraft.

Wir können uns hier auf die Beziehungen zwischen der gesellschaftlichen Organisation der Arbeit und dem Grad der Exploitationseffizienz beziehen, die speziell Weber im Auge hat, wenn er von der »Irrationalität unfreier Arbeit« spricht. Den höchsten Grad dieser irrationalen Arbeitskraftausbeute bildet die Sklaverei,[109] aber ebenso irrational (unter dem Bezugspunkt der Ausbeutbarkeit freier Lohnarbeit) ist der uns beschäftigende Fall der grundherrschaftlichen Unfreiheit.

Die leibeigene Unfreiheit kann zwar schon historisch als »Fortschritt« der sozialen Arbeitsorganisation gelten, da sie im Gegensatz zur Sklavenarbeit die Risiken insbesondere der familialen Reproduktion den Produzenten selbst überlastet,[110] doch verliert der Herr mit der grundherrschaftlichen Nutzung des Bauern als Rentenquelle die Kontrolle über den Einsatz der Arbeitsmittel. Ebenso bestehen nur geringe Einflußmöglichkeiten auf die Arbeitsdisziplin und den Grad der Intensität der Verausgabung von Arbeitskraft. Da zudem die adelige Lebensführung selbst traditional gebunden und der Grundherr als Krieger zumeist auf seine vasallischen Verpflichtungen orientiert war, galt sein Interesse nicht der Akkumulation und Verzinsung seiner Einkünfte. Die bäuerlichen Abgaben, ob in Form von Arbeits- oder Naturalrente, wurden unproduktiv konsumiert.

Die dabei auffällige, relative Stabilität des feudalen Ausbeutungs-verhältnisses beruht nicht zuletzt auf der fehlenden Abstraktions-leistung, soziale Abhängigkeitsverhältnisse »in terms of Ökono-mie« zu begreifen. So wie im Reziprozitätsverhältnis der Dorf- und Hauswirtschaft den sozialen Deutungen nach nicht Leistungen ausgetauscht werden, sondern die Gabe und Widergabe an Krite-rien der Ehre und Achtung gebunden sind, gestaltet sich auch die feudale Herrschaft als ein zum Gehorsam verpflichtendes Treue-verhältnis.

Schon vorfeudale Gesellschaften kannten dieses Organisationsprin-zip anstelle direkter Sklaverei. Im europäischen Mittelalter wird dieses Prinzip in der karolingischen und nachkarolingischen Zeit dominant.

»Der Überlegene gewährt seinen Schutz und verschiedene mate-rielle Vorteile, die die Subsistenz der Abhängigen direkt oder indirekt sicherstellen; der Unterlegene verpflichtet sich zu verschie-denen Abgaben oder Diensten und war generell zur Hilfeleistung angehalten.«[111]

Der Gehorsam gegenüber dem Herrn ist dieser Vorstellung zufolge die gerechte Gabe für das Geschenk des Schutzes.

Kirchliche Wirtschaftsnorm, feudales Herrschaftsverhältnis und traditionale Arbeitsgesinnung standen damit in einem Verhältnis einer weitgehenden hierarchischen Übereinstimmung. Sie ergänz-ten eher einander, als daß sich hieraus Konfliktstoffe von sozial-struktureller Reichweite hätten ergeben können.[112]

Darauf beruht das, was Legoff[113] »L'unité du temps dans l'Occi-dent médiéval« nennt, da die Eigenlogik der traditionalen Ar-beitsorientierung durch die Einheit von Arbeitszeit, natürlicher Zeit und der Zeit der Kirche gewährleistet war.

Dennoch ist diese Epoche nicht nur das Zeitalter der Statik und des sozialen Immobilismus. Es existiert auch »un autre Moyen Age«,[114] ein Mittelalter des sozialen Wandels, in dem die Zeit schon zur abstrakten und kommerziellen Größe wird.

3. Der Wandel des Zeitbewußtseins im ›zweiten‹ Feudalismus

Für den heutigen Sozialhistoriker – stellt Salas[115] fest – markiert das Hochmittelalter einen Wendepunkt in der Evolution sozialer Zeitstrukturen. In der Tat häufen sich in der einschlägigen Literatur Figuren wie »erlebte« versus »gemessene« Zeit[116] oder »theologische« versus »technologische« Zeit.[117] Mit diesen Schlagworten soll auf den Beginn eines Prozesses aufmerksam gemacht werden, den wir als *Linearisierung der gesellschaftlichen Zeitstruktur* bezeichnet haben.

Die katholische Prophetie hatte insofern einen evolutionären Beitrag zur Linearisierung der Zeit erbracht, als daß sie das antike, speziell platonische Kreislaufmodell durch den linearen Endzeitbegriff der Geschichte ersetzt hatte. Auf der Ebene der Geschichte war damit der Zyklizitätsgedanke überwunden. Andererseits führte die Vorstellung der Geschlossenheit der Heilsstrecke zum Desinteresse an der weltlichen Zeit. Der Begriff »Linearität« bezieht sich im hier verfolgten Kontext also nicht mehr nur auf das Geschichtsverständnis, sondern primär auf die Ebene der sozialen Generalisierung von Zeit in ihrer Funktion der Koordination, Synchronisation und Sequenzialisierung von (alltäglichem) Handeln.

Fragt man nach möglichen Impulsen für die »Entzauberung« der Zeit, so stoßen wir auf die in der Säkularisierungstheorie oft diskutierte These, daß die monotheistische Lehre selbst die Grundlage der Rationalisierung bildet.[118] Durch den rigorosen Anspruch, alleiniger Gott zu sein, soll gerade die »Entzauberung« der Welt eingeleitet worden sein. Insbesondere durch die zeitweilige »Intensivierung der Suche nach Heilsgewißheit« durch den Puritanismus sei jene »Paradoxie der Rationalisierung« erfolgt.[119] Wir können, was den Wandel des Zeitverständnisses anbelangt, das gleiche Muster verfolgen: Indem gerade durch die dialogische Beziehung zwischen

Gott und Gläubigem ein irdisches »Wohlverhalten« notwendig wird, wird auch die Möglichkeit des Scheiterns bewußt; und dies um so mehr, je stärker profane Ereignisse eine Eigendynamik erhalten. In dem Bemühen, durch eigene Anstrengung die Harmonie zwischen Göttlichem und Weltlichem aufrechtzuerhalten, können soziale Prozesse als von variablen Faktoren und damit als Problem der Zurechnung erlebt werden. In dem Maße wie es möglich wird, Profanes als durch profane Prozesse bedingt zu begreifen, lockert sich auch die normative Verbindlichkeit der sakralen Zeit und gibt Spielräume frei für die Entfaltung einer weltlichen Eigendynamik. Geschichten können zur Geschichte werden.

Gerade durch die dual-hierarchische Konstruktion des Zeitbegriffs und die dialogische Beziehung des Gläubigen zu Gott wird auch auf der Ebene der Identifikation von Zeitpunkten und der Differenzierung von Vergangenheit und Gegenwart ein »Schritt« zur Linearisierung vollzogen. So setzt z. B. die Institution der Sünde eine schon sehr scharfe, vom sachlichen Inhalt getrennte Vorstellung über die Zeitrichtung von Vergangenem und Gegenwärtigen voraus. Die moralische Verpflichtung des Christen vor Gott zwingt ihn im gewissen Umfang zur »Verzeitlichung« seines Handelns, da einmal Geschehenes vor Gott nicht ungeschehen und aufhebbar ist. Sünden können zwar durch die Beichte vergeben, aber nicht ungeschehen gemacht werden. Schon dies verweist auf Datierungszwang.[120]

Abgesehen davon, ermöglicht die *Erinnerung* an die *Voraussage* der Ankunft des Herrn die gedankliche Antizipation einer Zukunftsperspektive, die in der Vergangenheit formuliert wurde. Welch hohes reflexives Auflösungsvermögen von Zeithorizonten damit verbunden sein kann, läßt sich schon bei Augustin selbst nachweisen. Die entsprechenden Stellen geben klare Belege dafür ab, daß mit der Vorstellung doppelter Zeitebenen schon über variable Zeithorizonte verfügt, und Gegenwart als eine zukünftige Vergangenheit, Vergangenheit als vergangene Gegenwart, die eine Zukunft hatte, präsentiert werden kann.

Unterhalb der »Ewigkeitsebene« ist schon ein historisch bewegter Wechsel von Zeithorizonten möglich, der aber, weil er sich hierarchisch unterhalb der primären Zeitebene bewegt, nicht als eigenständige Punkt-für-Punkt-Abfolge in eine Richtung und gedanklich umkehrbar begriffen werden kann.[121] Die religiöse Fundierung der Zeit als Heilsereignis bleibt zugleich ein Hindernis zur vollständigen Abstraktion der Zeit als einer linearen Zeitpunktreihe, solange die diesseitige Heilserfahrung mit der zukunftsbezogenen Eschatologie identisch bleibt. Der bloße Monotheismus erklärt also noch nicht den Übergang zu einem linearen Konzept sozialer Zeit. Die christliche Theologie leistet für diesen Wandel »Geburtshilfen und Übergangsformeln«.[122] Hinzu treten müssen sozialstrukturelle Erklärungsvariablen, denn »es ist vor allem der historische Ort, der diesen Monotheismus seine Rolle spielen läßt«.[123] Der »historische Ort« des Hochmittelalters ist nun von einem tiefgreifenden sozialen Wandel geprägt; der Herausbildung einer neuen Form der ständisch-herrschaftlichen Gesellschaft. »Gewiß war es keineswegs ein Bruch, eher ein Richtungswechsel, der trotz aller unvermeidlichen Verschiebungen je nach den betroffenen Ländern oder Erscheinungen Zug um Zug fast alle Kurven der gesellschaftlichen Entwicklung erreichte. Mit einem Wort, es gab zwei aufeinanderfolgende ›Feudal‹-perioden, deren Wesen sich gänzlich unterschied.«[124]

Am Anfang des 11. Jahrhunderts existierten im wesentlichen nur zwei Klassen von Freien, die Krieger und die Geistlichkeit, darunter nur Leibeigene und Unfreie. Um 1200 hat sich ein dritter Stand von Freien neben Adel und Klerus etabliert. Handwerker und Kaufleute, die sich vornehmlich in den aufstrebenden Städten konzentrieren, haben sich Privilegien und Autonomierechte erkämpft.

Zugleich tritt an die Stelle der bisherigen christlichen Einheit von päpstlicher und kaiserlicher Herrschaft ein Machtkonflikt, der zentrifugale wie zentripetale politische Kräfte gleichermaßen freisetzt und in den folgenden Jahrhunderten fortwirkt. Schlagwortartig läßt sich dieser Prozeß als »christliche Einheit, feudale Aufspaltung, monarchische Zusammenfassung«[125] bezeichnen. Es ist der Beginn der langsamen Herausbildung politischer Zentren; die Feudalisierung der wirtschaftlichen und politischen Verfügungsgewalten, von der Elias annimmt, daß hier die Entwicklung des bürgerlichen Staates mit den ihn kennzeichnenden Monopolen der Gewaltausübung, Normsetzung und Steuererhebung vorbereitet wird.[126] In England und Frankreich gelingt die »monarchische Zusammenfassung« bekanntlich besser als in Deutschland und Italien, wo sich eine Aufspaltung der politischen Herrschaft vollzieht. Doch so unterschiedlich die Entwicklungen auch im einzelnen verlaufen, so sehr sind sie ihrer Struktur (der Formierung der europäischen Nationalstaaten) und ihrer Brennpunkte nach (Feudalwelt und Städte) gleich.

Daneben zeichnen sich im wissenschaftlichen bzw. technologischen Bereich Entwicklungen ab, die zum einen auf eine Emanzipation des Denkens von religiösen Dogmen hindeuten, zum anderen eine für das Mittelalter bislang nicht erreichte wirtschaftliche Dynamik forcieren. Insbesondere mit der letztgenannten Entwicklung, der Expansion des Handelns und der Erschließung von Weltmärkten, erodiert auch die kirchliche Zeitnormierung zugunsten eines ökonomischen Umgangs mit Zeit. Im Zuge dieser Lockerung der sakralen Zeitnorm bilden sich »soziale Nischen« aus, die vornehmlich dem aufkommenden Stand der Kaufleute Handlungsspielräume für die Ausübung ihrer wirtschaftlichen Interessen schaffen. Die religiös-partikularistische Zeitstruktur weicht damit partiell einer »merkantilen Zeitstruktur«, die die wesentlichen Voraussetzungen einer neutralisierten, rechenhaften und universalistischen Zeitauffassung mit sich führt.

Bis zur Durchsetzung des linearen Zeitkonzeptes als dem vorherrschenden Strukturprinzip sozialer Zeit ist es historisch noch ein »langer Weg«, den erst die bürgerliche Gesellschaft zu vollenden vermag. Doch die Grundlagen für dieses Zeitkonzept bilden sich schon im Hoch- und Spätmittelalter aus: durch den »Konflikt der Zeit der Kirche und der Zeit der Kaufleute im Herzen des Mittelalters«.[127]

Für die einsetzende Linearisierung der Zeitstruktur erscheinen uns vor allem vier Ebenen wichtig:

1. Die Öffnung der Geschichte für weltliche Prozesse: Der Gedanke einer irdischen Zukunft und infolgedessen eine Emanzipation der Politik und des Wirtschaftens von sakralen Normen (vgl. S. 53 ff.).

2. Die »Entzauberung« der Zeit im Sinne ihrer Entsubstantialisierung, Objektivierung und Neutralisierung (vgl. S. 63 ff.).

3. Der Verlust des kirchlichen Normierungsmonopols und ihrer Kontrollmacht über den Umgang mit der Zeit, und damit einhergehend:

4. Die Herausbildung zeitbezogener »Rationalitätsinseln« durch die Entbindung der Kaufleute vom religiösen Veto ökonomischer Zeitnutzung (vgl. Kapitel 4).

Die »Durchführung« dieses Gedankens wird nicht auf allen Ebenen systematisch und diese Ebenen systematisch verknüpfend geleistet werden können. Wir werden uns an einigen Stellen mit einer eher plausibilisierenden Argumentation begnügen müssen. Die Verknüpfung ideengeschichtlicher Entwicklungen mit sozialstrukturellen Wandlungen erscheint uns deshalb erlaubt, da beide in die gleiche evolutionäre Richtung weisen. Um die partielle Desintegration der religiös bestimmten Zeitstruktur zu skizzieren, dienen uns zunächst auf der ideengeschichtlichen Ebene Veränderungen in der Historiographie[128], da der Zerfall der christlichen Einheit und die beginnende Formierung der Nationalstaaten nicht ohne Auswirkungen auf das Geschichtsverständnis bleiben.

Sakrale und profane Geschichte: der Zerfall einer Einheit

In Kapitel 2 dieser Arbeit haben wir versucht, den mittelalterlichen Geschichtsbegriff zu rekonstruieren, und die Auswirkungen der eschatologischen Geschichtsdeutung auf das soziale Verständnis und der gesellschaftlichen Kontrolle von Zeit zu untersuchen. Aus Gründen der Darstellung haben wir bislang die grundlegende Ambivalenz des heilsgeschichtlichen Zeitverständnisses nicht aufgegriffen und nur den Aspekt der Einheitsgarantie von Gegenwart und Ewigkeit focussiert. Aus dieser Garantie haben wir mit Marc Bloch auf die mittelalterliche »Indifferenz der Zeit gegenüber« geschlossen; oder wie Poulet dies ausdrückt: auf die Neigung des mittelalterlichen Christen zum Nichts (habitudo ad nihil).[129] Das Gefühl des »bloßen Vorhandenseins«, nicht der Veränderung, haben wir mit der »Zielgeschichte« zu erklären versucht, die in der schon geschehenen Ankunft Gottes und der Ewigkeit aufgehoben ist. Betrachtet man nun den Begriff »Zielgeschichte« genauer, so wird die implizite entgegengesetzte Tendenz, die das teleologische Bewußtsein von Geschichte mit sich führt, deutlich: die Erwartungshaltung zum Urgrund (habitudo ad causam primam).[130]
Dem Frühmittelalter die »habitudo ad nihil« als dominante Tendenz der religiösen Haltung zu unterstellen, erscheint uns als hinreichend belegbar. Nicht so für die Entwicklung im 11. und 12. Jahrhundert. Ohne Zweifel lösen hier sozialgeschichtliche Ereignisse einen Bruch in der historischen Reflexion aus, in dessen Folge die Tendenz, das Irdische nicht zu negieren, sondern nach den Urgründen, dem Wirken Gottes in der Welt zu suchen, an Bedeutung gewinnt. Christus hat die Gewißheit des Heils in die Welt gebracht, daher muß der Christ die Welt sowohl bejahen wie

verneinen. Verneinen als nur vorübergehende Bleibe; bejahen, anerkennen und verändern, da sie gleichzeitig der gottgewollte Rahmen des Heilsgeschehens ist. Die Deutung der Welt als gottgewollter Rahmen des Heilsgeschehens wird im Spätmittelalter zum zentralen Punkt theologischer Auseinandersetzungen. Damit erhält der Aspekt des *irdischen Zeitablaufs* eine Eigenständigkeit gegenüber der Ewigkeit.

Das Endgeschehen der apokalyptischen Prophetie bekommt eine *neue Wendung:* Der erste Reiter geht als endzeitlicher Sieger über Hunger, Seuchen und Kriege im Jenseits *wie im Diesseits* hervor. Dies ist die »entscheidende Wendung der abendländischen Geschichte, (sie) bringt auch eine Renaissance eschatologischer Häresien und einen Aufschwung des Millenarismus, der für bestimmte soziale Gruppen, darunter Kaufleute, neben individuellen Hoffnungen in tiefem Maße auch unbewußte Klassenreaktionen ausdrückt«.[131] Die Unterordnung profaner Geschichte unter die Heilsgeschichte war, wie wir gesehen haben, der zentrale Grund der mittelalterlichen »Indifferenz der Zeit« gegenüber, und Legitimationsprinzip der sakralen Zeitordnung.

Diese hierarchische Einheit von sakralem und profanen Geschichtsprinzip hatte in der politischen Ordnung ihre Entsprechung: Im frühen Mittelalter sind Kirche und Welt eng miteinander verflochten. Der Herrscher gilt als Kleriker und die Königsweihe ist ein Sakrament. Seine Stellung ist die des Königs als Stellvertreter Gottes auf Erden. »Noch den deutschen Kaiser Heinrich II. priesen auch die Geistlichen als den ›rex vicarius Christi‹. Das antike Gedankenerbe ist in der Theologie patristischen Stils eingeschmolzen. Die ›Fides‹ im kirchlichen und weltlichen Sinn, ›Glaube‹ und ›Treue‹ durchwaltet diese Welt als einheitliches Prinzip. Es ist deutlich, daß eine Veränderung der Beziehung von Kirche und Welt dieses scheinbar geschlossene Gefüge erschüttern mußte.«[132]

Das prominenteste Ereignis, das diese »Erschütterung« im 11. Jahrhundert markiert, ist der Investiturstreit, der für das Bestreben reformerischer Kräfte steht – namentlich der cluniazensischen Mönche, die aus den Benediktinern hervorgegangen waren –, die Kirche von der weltlichen Vorherrschaft zu befreien und die kirchliche Ordnung zu einer von Laien und weltlichen Herren unabhängigen Ordnung zu machen. Die römische Kirche war während des frühen Mittelalters durch ihre enge Verflochtenheit mit der Reichsherrschaft und durch das Institut des Königstums von Gottes Gnaden in die politische Abhängigkeit des Königs und des Adels geraten. Nicht zuletzt entsprach sie deshalb kaum dem augustinischen Ideal der Geistkirche als vielmehr einer weltlich-aristokratischen Anstaltskirche. Hier setzt die Gegenbewegung der Mönche an, die die Entwicklung der Kirche zur reinen Geistkirche fordern, die von staatlich-weltlichem Einfluß befreit ist. Dies mußte sich natürlich vor allem gegen den deutschen Kaiser richten, denn er stützte seine Reichsmacht auf den Klerus und verfügte mit der Ernennung des Papstes über das höchste kirchliche Amt.

Mit Papst Gregor VII. erringen die radikalen reformerischen Kräfte den Sieg innerhalb der Kirche. Mit der sog. gregorianischen Reform, die neben der Abschaffung der Simonie (Ämterkauf durch Priester und Bischöfe) und dem Zölibat das Verbot der Laieninvestitur einschließt, beginnt ein Machtkampf zwischen Papsttum und weltlich-politischer Herrschaft, der bis in das 14. Jahrhundert anhält. Das »Ergebnis« dieser Auseinandersetzung bestand in der Differenzierung von geistlicher und weltlicher Sphäre. Politisch gehen aus dieser Entwicklung der »eine« Papst und eine Vielfalt weltlicher Territorial- und Lokalgewalten hervor. Dadurch konnten neue gesellschaftliche Kräfte an Bedeutung gewinnen. So stieg das deutsche Bürgertum in der Zeit zu politischer Macht auf, in der die Staufer im Kampf mit der Kurie um die Machtmittel des Reiches lagen.[133]

Die Kirche unterstützte wiederum in wechselnden Koalitionen die Unabhängigkeit nationaler und lokaler politischer Gewalten, wenn sie sich ihr anschlossen. Frankreich ist der »Modellfall« dieser Entwicklung, die schließlich in einem nationalen »institutionellen Flächenstaat« mündet, in dem die Stände autonome Rechte entwickeln, und über deren Leistung gegenüber dem Herrscher Verhandlungen stattfinden. Hier liegt der Ansatz zu dem Prozeß, den man die Säkularisierung der Herrschaft nennen könnte, da nun eine Umformung der Herrschaftsprinzipien einsetzt, die schließlich im Begriff der Souveränität formuliert wurde.[134] Damit zeichnen sich in der Folgezeit zwei Grundstrukturen des späteren Gebildes »Staat« ab. Zum einen der von Fachbeamten getragene Verwaltungsapparat, aus dem die Polizei schließlich als das Instrument des Gewaltmonopols hervorgeht, und zum anderen die »Stände«, die aus lokalen Herrschaften und den Vertretern der Gerichtsgemeinden bestehen.

Einem nicht unbeträchtlichen Teil der Literatur gilt daher das

11. Jahrhundert als Aufbruchs- und Aufklärungsepoche,[135] von der aus, ausgelöst durch den Konflikt zwischen Papst und Kaiser, die im engeren Sinn europäisch-rationalistische Entwicklung ihren Ausgangspunkt nimmt. Mobilität, intellektuelle und religiöse Erneuerung – so stellt z. B. Bosl fest – sind in engem Zusammenhang mit der Machtverschiebung und Neudefinition gesellschaftlicher Herrschaft im 11. Jahrhundert zu sehen. »Durch den totalen Wandel der herrschaftlichen Grundstruktur wurde die archaische Periode der europäischen Gesellschaft und Kultur beendet, und die neue entscheidende Periode europäischer Expansion, des Aufbruchs, der Aufklärung, die tiefgreifendste vertikale Mobilität und Aufstiegsbewegung konnte sich entfalten.«[136]

Gleichzeitig mit der gregorianischen Reform der römischen Kirche entfaltete sich eine intellektuelle Bewegung, die als erste europäische Aufklärung gelten darf, die Scholastik. Ihr Ziel war es, den mystisch-magischen Glauben an die Gottähnlichkeit der Könige und des Adels durch eine rationale Religiosität zu ersetzen. An die Stelle der »Wunderbeweise« traten erstmals die ontologischen Gottesbeweise. »Vor allem klerikale Intellektuelle... erkannten die dringende Notwendigkeit, dem Volke zu zeigen, daß sein Glaube rational war und einen rationalen Sinn hatte, unabhängig von der Repräsentation durch besondere Menschen und Symbole in einer handgreiflichen Welt.«[137]

In unserem Kontext ist es zunächst von Bedeutung, daß mit der Trennung von Kirche und Welt, besser von »Anstaltskirche« und »Staat«, auch die Einheit von Heils- und Weltgeschichte betroffen ist. Die im frühen Mittelalter mögliche und gegebene Verknüpfung der historia sacra und historia profana wird im späten Mittelalter brüchig. Die Einheit von Heilsgeschehen und weltlicher Geschichte ist damit nicht mehr bedingungslos garantiert. Zudem geht mit der sich abzeichnenden Eigenständigkeit der Weltgeschichte eine Verschiebung der politischen Brennpunkte einher. Nicht mehr die Einheit des Christentums wird das Zentrum des zweiten Feudalzeitalters, sondern die politischen Kräfte konzentrieren sich um den Handel, die Städte und Feudalwelt. Wir wollen im folgenden argumentieren, daß mit dem Auseinandertreten von Kirche und Staat, sakraler und profaner Geschichte auch eine Desintegration der sakralen Normierung von Zeit verbunden ist, infolgedessen das kirchliche Verbot der ökonomischen Zeitnutzung an Geltungskraft verliert und die Zeit der Handelsleute an sozialer Bedeutung gewinnt. Zu diesem Zweck greifen wir in diesem Abschnitt zunächst auf die Geschichtsschreibung zurück, um die Voraussetzungen der o. g. Prozesse zu erhellen.

Im 12. Jahrhundert entstehen zwei Typen der Geschichtsschreibung,[138] die man von ihrem »Erkenntnisinteresse« ausgehend als eher »monastisch« bzw. eher »wissenschaftlich« motiviert unterscheiden kann.[139] Entscheidend für unsere Überlegungen ist dabei weniger die methodische Innovation in der Geschichtsschreibung als vielmehr die Tatsache, daß die Kirche ihr Interpretationsmonopol auf das Verhältnis von Weltende und Zukunftszeit verliert. Von seiten einflußreicher Kleriker, Theologen und Philosophen wird der Identität von Kirchengeschichte und Weltgeschichte widersprochen. Darüber hinaus, und hier liegt der folgenreiche Bruch mit der mittelalterlichen Prophetie des Katholizismus, können wir eine Erosion der Endzeitvorstellung beobachten: den Glauben an ein neues Zeitalter.

Da die apokalyptische Vorstellung des nahen Weltendes nicht eine esoterische Idee religiöser Sektierer war, sondern die Hoffnungen und Ängste einer ganzen Gesellschaft bestimmte, kann die Sprengkraft dieser neuen Geschichtsinterpretation kaum überschätzt werden. Zu den Trägern des neuen Geschichtsbildes werden vor allem die Mönchsorden. Sie repräsentieren mit ihrer Kritik an der Verweltlichung der Kirche und des Klerus eine religiös-asketische Gegen- und Reformbewegung kluniazensischer Prägung. Die aufkommenden reformerischen Mönchsorden werden in der Folge zu *dem* Träger eines neuen Zeitverständnisses, das mit den bisherigen Deutungen des Katholizismus von Zeit und Geschichte radikal bricht.

Hier setzt sich der Gedanke durch, daß die Geschichte aus »Übertragungen« besteht, die als »Entwicklungsstufen« interpretiert werden. Der Begriff der »translatio« ist schon während der Karolingerzeit als »translation studii« bekannt, wo er den Übergang der Wissenschaft von Athen nach Rom ausdrücken sollte. Jetzt erhält er einen neuen Sinn: Als raum- und kulturbezogener Fortschritt wird »translationes studii et imperii« zur Lehre des Überganges der Kultur von Ost nach West.[140] Politisch wird die Übertragungslehre zum Indiz des aufkommenden Nationalbewußtseins. Die Weltchronik des Freisinger Bischofs Otto (gest. 1158), die wohl die konsequenteste Universalhistoriographie des Mittelalters darstellt,[141] repräsentiert zugleich in ihrer »staufischen Reichsmeta-physik« deutsches Nationalgefühl. Weltgeschichte ist nicht mehr nur Kirchengeschichte. Am deutlichsten wird dies in der Lehre von der »translation imperii ad Teutonicos«, nach der das Kaisertum unmittelbar von Petrus und Paulus den Deutschen zum ewigen Besitz gegeben sei.[142]

Es liegt nicht in der Aufgabe dieses Buches, Ergebnisse der For-schung über mittelalterliche Geschichtsschreibung zu refereien, dennoch sind einige Hinweise auf ideengeschichtliche Entwicklun-gen, die sich im 12. Jahrhundert vollziehen, unerläßlich, um der Frage nachzugehen, wie sich die kirchliche, sakral normierte Zeit mit einer weltlichen, ökonomisch nutzbaren Zeit arrangiert. Als »Zeugen« des Auseinandertretens der historia sacra und der histo-ria profana dienen uns die Theologen des sog. Symbolismus An-selm von Havelberg (gest. 1158) und Joachim von Fiore (gest. 1202). Insbesondere Brunner[143] sieht im Symbolismus des 12. Jahrhunderts die ideengeschichtlichen Wurzeln des Historis-mus und des spezifisch okzidentalen Fortschrittsdenkens. Gleich-zeitig entsteht eine feudal »aufgeklärte« Staats- und Wirtschafts-lehre, die mit dem Namen Johannes von Salisburg (gest. 1180) verbunden ist und von der Chenu[144] annimmt, daß sie unter dem Einfluß der demokratischen und wirtschaftlichen Entwicklungsten-denzen der italienischen Städte steht, von denen auch Otto von Freising wußte, sie sich aber nur eschatologisch als gegen Gottes Ordnung gerichtet erklären konnte.[145]

Das Ende der Endzeit

Das Geschichtsbild des Symbolismus, für den Anselm von Havel-berg einen der frühesten und wichtigsten Vertreter darstellt, kenn-zeichnet insgesamt, daß er in das geschichtliche Denken ein neues Element, den Fortschrittsgedanken, hineinträgt. Anselm unter-scheidet in seiner Periodisierung der Geschichte acht Stadien. Den Verlauf der Weltgeschichte interpretiert er als aufeinanderfolgende Etappen in der Entwicklung der Kirche, die jeweils ein »höheres Stadium« bedeuten. Das geschichtsphilosophische Kernstück bil-det dabei die vierte Stufe, die sich mit der Geschichte *seiner Zeit* deckt: Das Zeitalter des Mönchtums. Die Mönchsorden repräsen-tieren den Fortschritt schlechthin, geleitet vom heiligen Geist prägen sie die Kirche und retten sie vor dem Untergang. Der angesichts des Machtkonflikts zwischen Papst und Kaiser vorherrschende geschichtliche Pessimismus bei Otto von Freising weicht mit der Betonung der Mönchsorden als Retter des Gottesstaates einem heilsgeschichtlichen Optimismus. Das Mönchtum erscheint als »Nova religio, als Novus ordo«. Das »Neue« gewinnt hier erstmals einen positiven Sinn und tritt konkurrierend neben das »Alte«, das immer so Gewesene und daher Richtige. Die eigene Epoche wird als *»neue Epoche«* gedacht, als ein notwendiges Fortschreiten in der Weiterentwicklung der Welt.[146]

An die Stelle des Begriffs »modernus« zur Bezeichnung und Diskriminierung des Ketzertums tritt jetzt eine positive Begriffsbestimmung im zeitlichen Sinne. »Novus« wird ein »Parteiname« namentlich im »Investitutstreit«, als zum ersten Mal im Mittelalter auf sehr breiter Front versucht wurde, über die Tradition der Kirchenväter, der klassischen Autoren und des herkömmlichen Rechts hinauszukommen.[147] Der Begriff des gegenwärtigen Zeitalters, hoc saeculum, erhält hier einen neuen Inhalt: Aetas nostra *est* Aetas nova; die Betonung liegt also auf dem Zeitgenössischen.[148] Damit ist eine für das Mittelalter künftige Kernfrage formuliert, die sich auf das Verhältnis von »Tradition und Fortschritt« bezieht. Thematisiert sind damit aber auch nachhaltig die Unterschiede eines theologischen bzw. historischen Denkens und eines statischen bzw. dynamischen Zeitverständnisses.

Die Entwürfe Anselms sind ein halbes Jahrhundert später von Joachim von Fiore aufgegriffen und radikalisiert worden. Bei ihm erscheint die Geschichte als Heilsgeschichte, die sich in drei Zeitalter gliedert, das des Alten Testaments (des Vaters), des Neuen Testaments (des Sohnes) und in das dritte, bevorstehende Zeitalter des hl. Geistes in Gestalt der Geistkirche, die die sakramentale Anstaltskirche ablöst. Der Joachimismus, wie diese Lehre aufgrund ihres langwirkenden Einflusses genannt wurde, prägte nach der Augustinischen wie keine andere die nachfolgende kirchliche Literatur, aber auch das Lebensgefühl. »Augustin und Joachim beherrschten vollständig, zwei geistige Großmächte, die Eschatologie und somit ... in der Tat die religiöse Welt- und Geschichtsbetrachtung des Mittelalters.«[149]

Das entscheidende Faktum des Joachimismus, auf das wir uns beschränken können, besteht in der neuen Zukunftsprophetie, in der nicht mehr die Negation der bestehenden Zustände ausschlaggebend ist, sondern ihre Vervollkommnung. Das Bestehende findet seine historische Rechtfertigung in der Dreizeitenlehre. Seine Überwindung wird nicht mehr in einem zeit- und raumtranszendenten Jenseits erwartet, wie Augustin lehrte. Die Vervollkommnung findet in *zeitlich-irdischer Zukunft* statt, »in der wir nicht mehr per speculum in aenigmate sehen, unser Wissen nicht mehr Stückwerk ist und unsere Beziehung zu Gott nicht mehr der Vermittlung von Priestertum, Sakramenten und Schriften bedarf«. Und wichtiger noch: »Damit ist dem Anspruch des Katholizismus widersprochen, irdisch endgültig, relativ vollkommen und in dieser Welt unüberbietbar zu sein.«[150]

Der Joachimismus transponiert, wenn man so will, die Heilsgeschichte in die weltliche Geschichte und hebt damit deren Entwertung auf. Damit wird das alte christliche Geschichtsbild gesprengt. Mit dem Verweis auf eine Zukunft der Welt verliert der sakrale Ewigkeitsbezug von Gegenwart seine normative Kraft, und die Hierarchisierung der Zeiten, für die die Kirche die alleinige Definitionskompetenz besitzt, wird »brüchig«.

In diesem Zusammenhang ist eine weitere Richtung der Historiographie von Bedeutung, die sich neben der spiritualistisch »deutschen« Denkweise entwickelt und die Formen einer Staats- und Wirtschaftslehre annimmt. Sie steht unter dem Einfluß der in Frankreich aufblühenden Scholastik, die auf das biblizistische Geschichtsbild mit wissenschaftlichen Methoden einwirkt.

Göttliche Herrschaft und weltliche Wirtschaft

Neben dem Symbolismus, der als Vorbereiter der franziskanisch-geistlichen Geschichtsphilosophie des 13. und 14. Jahrhunderts gelten kann, findet sich auch eine Strömung, die mit »Naturalismus« bezeichnet wurde[151] und starke Züge des modernen Wissenschaftsverständnisses trägt. Die Prägung dieses Naturalismus durch die scholastische Methode ist unverkennbar. In seiner Lehre über das Verhältnis von Kirche und Staat finden sich für das Mittelalter ungewöhnlich deutliche rationalistische und säkularisierte Elemente. Der Naturalismus vor allem mit dem Namen Johannes von Salisburg verbunden, dessen Schriften sich durch eine in diesem Ausmaß von der traditionellen Methode der Geschichtsschreibung abweichende Konzentration auf die historische

Gegenwart auszeichnen.[152] Ebenso wie Otto und Anselm steht auch Johannes unter dem Eindruck des Investiturstreits und der daraus resultierenden Dualität von Kirche und Staat.[153]

Im Zentrum des historischen Weltbildes steht die Institution des Papstes, der er die Funktion zuweist, Einheit und Freiheit der Kirche zu wahren. Um ihre Funktion erfüllen zu können – und hierin liegt die wesentliche Neuerung –, muß das Papsttum *von allen weltlichen Belangen entlastet* werden und sich auf seine eigentliche Aufgabe als »Hüter des Geistigen« konzentrieren. Der Staat ist aufgrund seiner territorialen Begrenzung für eine solche Aufgabe ungeeignet; ihm obliegt es, das Leben der Menschen miteinander zu ermöglichen (eine zutiefst bürgerliche Idee), als Garant der ständischen Ordnung. Zum Vorbild wählt Johannes die römische Staatsverfassung und überträgt sie auf das feudale System: Kaiser und Fürsten sollen die Form und Möglichkeit der politischen und sozialen Integration garantieren; eine Verknüpfung des religiösen und politischen Prinzips im Sinne ihrer Gleichordnung wird abgelehnt.

Die wichtigste Staatstugend ist die Disziplin, die Einfügung in und Erhaltung der Gesamtheit. Der Staat, den Johannes von Salisbury entwirft, ist folgerichtig ein Organismus, dessen Glieder und Funktionen der menschlichen Anatomie vergleichbar sind: Der Fürst bildet den Kopf, der Senat das Herz und der Bauernstand als unterstes Glied der Funktionshierarchie die Füße. Analog zum Dualismus Geist – Gesellschaft wird die Seele durch die Priesterschaft repräsentiert.

In dieser von theokratischen Begriffen entlasteten Organismusvorstellung darf weder die Kirche weltliche Macht akkumulieren, noch weist die Lehre dem Fürsten eine gottähnliche, omnipotente politische Stellung zu. Es handelt sich vielmehr um einen Staatsbegriff, in dem alle Stände, die den Corpus bilden, nach Funktionen, Rechten und Pflichten nach ständischem Prinzip säuberlich getrennt werden.[154]

Mit der »Entzauberung« der politischen Macht geht auch eine rationale, weltzugewandte Interpretation der Apokalypse einher: »Nicht das Weltende ist die letzte Lösung, sondern die Hoffnung, mit realen und rationalen Mitteln das irdische Geschehen zu korrigieren. Anstatt der metaphysischen Idee des Gottesstaates findet sich bei Johannes von Salisbury ein anderes Motiv: der Mensch als geschichtemachender Faktor.«[155]

Damit ist ein Freiraum geschaffen für weltliche Aktivitäten, die einer eigenen, religiös entbundenen Logik folgen. Der Wert der Wissenschaften und ihrer Methoden werden nicht mehr danach beurteilt, ob sie »alt« oder »neu« sind, sondern ob sie zur Erkenntnis der göttlichen Vernunft beitragen. Dieses Denkmuster gilt auch für das wirtschaftliche Handeln. Die Wirtschaftslehre des frühen Katholizismus war – wie erwähnt – eher implizit und immer auf ›letzte Gründe‹ bezogen, von denen sich die Normen für Arbeit und Verteilung herleiteten. Der erste Entwurf zu einer positiven politischen Ökonomie findet sich in der Schrift »Polycraticus« von Johannes von Salisburg. »Il dépasse le moralisme des ›miroirs des princes‹, pour amorcer une sience du pouvoir, dans un Etat concu comme un corps objetif, dans une administration à base de fonctions plus que d'hommages féodaux.«[156] In dem ideengeschichtlichen Übergang von der einzigen Theokratie zur Polykratie reflektiert sich – zu einer Zeit, da in Deutschland noch das Gottesurteil die vorherrschende Rechtsform war – die »Entdeckung« der Ökonomie als Basis des Staatskörpers. Wirtschaftliche Aktivitäten sind nicht mehr nur bloße Abwendung der Not, sondern sind ein Teil der Staatsform, »die dem Körper das Gehen allererst ermöglichen«.[157]

Wenn wir die Ergebnisse dieser eher skizzenhaften Ausführungen über den Wandel der Geschichtsschreibung im 12. Jahrhundert schlagwortartig zusammenfassen, so lassen sich drei Tendenzen festhalten: Erstens zeichnet sich eine *Politisierung* des Geschichtsdenkens ab, zweitens löst ein *Fortschritts- bzw. Entwicklungsgedanke* die traditionelle Endzeitvorstellung ab, drittens findet eine gewisse *Rationalisierung* und Verweltlichung des Zeitverständnisses statt, in der auch Staat und Ökonomie eine neue, von sakralen Normen befreite Rolle spielen.

Damit soll nicht behauptet werden, daß die Zeitvorstellung von ihrer religiös-sakralen Gebundenheit emanzipiert sei; doch bewirken diese zumeist innerhalb des Klerus verbreiteten und diskutierten Entwicklungen eine Lockerung der normativen Verbindlichkeiten des sakralen Zeitbezugs. »Auf jeden Fall war hier eine theoretische, eine zugleich theologische, metaphysische und wissenschaftliche Grundlage vorhanden für eine Begegnung der Zeit der Kirche mit derjenigen der Menschen, die in der Welt, der Geschichte und in erster Linie in ihrem Gewerbe handeln.«[158]

Wenn Gegenwart nicht mehr als identisch mit der Ewigkeit konzipiert und Handeln als Veränderung und Innovation begriffen werden kann, gestaltet sich die normative Integration über das hierarchisch sakrale Verweisungsschema zunehmend prekärer. Es gibt denn auch zahlreiche Hinweise darauf, daß in anderen Bereichen die sakrale Zeit einer objektivierten Vorstellung und neuen Deutungen weicht. Dieser »Aufweichungsprozeß« sakraler Normierungskraft begünstigt vor allem die Handelsleute, indem er Freiheitsgrade schafft, die Zeit – wenn auch »mit schlechtem Gewissen« – geschäftsmäßig nutzen.

Sozialstrukturell ist das Hochmittelalter ein Ort des Aufbruchs und der Mobilität. Aber auch im Denken dieser Epoche vollzieht sich eine semantische Veränderung, die man auf eine Formel gebracht als »von perfectus zu procurrere« bezeichnen könnte. Die Redewendung »Wir sind Zwerge und stehen auf den Schultern von Riesen«, die R. K. Merton in einem wohl der unterhaltsamsten Werke der Soziologie untersucht, charakterisiert sehr präzise die Geisteshaltung in den kirchlich-intellektuellen Eliten. Die Tradition ist einerseits zu gewichtig und groß, um sie einfach hinter sich lassen zu können. Andererseits merkte der Zwerg, daß er ein Stück weiter sehen kann als sein gewichtiger Träger. Merton jedenfalls schreibt diesen Aphorismus Bernhard von Chartres zu, dem Lehrer von John of Salisbury.[159]

Bevor wir nun auf die merkantile Nutzung der Zeit eingehen, wenden wir uns kurz wissenschaftlichen und technologischen Entwicklungen zu, die mit den Veränderungen im geschichtlichen Zeitverständnis insofern koinzidieren, als Zeit ihre substantielle Eigenschaft verliert und instrumentell »verfügbar« wird. Aus dem religiösen und theologischen Bereich selbst – so hoffen wir zeigen zu können – gehen damit entscheidende Impulse zur »Vermenschlichung« und rationalen Nutzung von Zeit aus. Betrachten wir zunächst kurz die wissenschaftliche Diskussion.

Die objektive Zeit im Diskurs der Scholastik

Die eingangs erwähnte »Aufbruchstimmung« des 11. und 12. Jahrhunderts widerspiegelt sich auch in der beginnenden wissenschaftlichen Reflexion. Ganz allgemein kann man behaupten, daß die wissenschaftlichen Methoden und Ergebnisse des antiken Denkens wiederentdeckt werden. Hinzu tritt das arabische Wissen, das der europäischen Christenheit durch die Moslems, vor allem über Spanien, vermittelt wird. Die großen Städte erweisen sich in bezug auf das wissenschaftliche Denken als Mittelpunkte. Sie lösen nach und nach die religiös-intellektuelle Klosterkultur des Frühmittelalters ab. Ihren Ausgangspunkt nimmt die Entwicklung zu rationalen Methoden anstelle kirchlicher Dogmen durch die Frühscholastik, die insbesondere in Paris das intellektuelle Leben prägte.

In der Folge ihrer Verbreitung bringt die Scholastik eine tiefgreifende Umwandlung der bisher in der Wissenschaftshierarchie an oberster Stelle stehenden Theologie mit sich, da es den Scholastikern hauptsächlich um die rationale Erklärung des göttlichen Wirkens geht. Dies führte nicht nur zur Intensivierung bestehender, sondern auch zur Entwicklung neuartiger Disziplinen, die den überkommenen Kanon der »sieben freien Künste« sprengten. So erlebt z. B. die Rechtswissenschaft mit dem römischen und kanonischen Recht einen bislang unbekannten Aufschwung. Daneben entstehen jedoch auch Disziplinen wie die Grammatik, Physik und sogar die Wirtschaft wird in den Rang der Wissenschaft erhoben.

In unserem Zusammenhang können wir auf eine Darstellung der Entwicklung der Scholastik und ihrer Methoden verzichten,[160] denn neben dem Beitrag, den sie für die Entwicklung des modernen Wissenschaftsverständnisses lieferte, sind für unseren Zweck vor allem die Änderungen, die sie in der mittelalterlichen Zeittheorie initiierte, von Bedeutung. Die scholastischen Zeittheorien orientieren sich an der aristotelischen Definition der Zeit:

»Tempus est numerus motus secundum prius et posterius.«[161] Zeit ist hier also ein Bewegungsbegriff, die Sukzession ist das logisch und sachlich Vorgeordnete. Das Problem, das mit dieser Definition aufgeworfen ist, liegt in der Einheit und Einzigkeit der Zeit. Wenn die Zeit abhängig ist von der Bewegung, wie dies die aristotelische Definition vorgibt, so bedeutet dies, daß es ebenso viele verschiedene Zeiten geben muß, wie es verschiedene Bewegungen gibt. Aristoteles selbst hatte dahingegen ausdrücklich erklärt, die Zeit sei überall dieselbe; Bewegungen, die zugleich beginnen und aufhören, haben nicht zwei verschiedene, sondern numerisch ein und dieselbe Zeit. Die Begründung dafür hatte er allerdings offengelassen.

Zur Lösung dieses Problems entwickelte die Scholastik zahlreiche und oft sehr subtile Theorien,[162] von denen für uns nur wichtig ist, daß sie zu einer Spaltung von philosophisch-spekulativem Denken und naturwissenschaftlich-physikalischem Denken führten. »Zwischen 1277, dem Jahr, in dem der Kommentar des Aegidius von Rom zur Aristotelischen Physik entstand, und 1377, jenes, aus dem der Traktat über Himmel und Welt von Nicolaus Oresme datiert, liegt das erste klassische Jahrhundert der Physik.«[163] Reflexion und Empirie stehen damit auf gleicher Ebene. In der Mechanik beginnt sich ein Begriff durchzusetzen, der alle Relativierungen der Zeit ablehnt. Die Scholastiker setzten in der Folge eine von jeder Veränderung unabhängige und jeder Bewegung vorgeordnete Zeit voraus. Damit wird es möglich, von einem relativen Zeitbegriff »unbelastet« Prozesse untereinander oder mit Hilfe einer fest definierten Bewegung, etwa einer Uhr, zu vergleichen. »Es ist das derselbe Zeitbegriff, der später in der klassischen Physik der herrschende wurde, und der dann in Newtons ›absoluter Zeit‹ seine philosophische Formulierung und Rechtfertigung erhielt.«[164]

Entscheidender aber noch als die Entstehung eines naturwissenschaftlich noch unbegründeten mechanischen Zeitbegriffs ist der Bruch mit der Augustinischen Zeitlehre von rein philosophisch-theologischer Seite. Dieser Bruch ist eng verbunden mit dem Namen Wilhelm von Ockham. »His conception of time, as a movement, is essentially empirical; its existence is a matter of universal experience which everyone shares.«[165] Der Hauptbeitrag Ockhams zur scholastischen Zeitdiskussion liegt in der kognitiven *Vereinbarung* der Zeit als einer objektiven Gegebenheit und der subjektiven Erfahrung. Einmal wird Zeit konzeptualisiert als das, dessen sich der Intellekt bedient, um die Dauer zu messen; Zeit ist »›immer da‹, für den Gebrauch *durch* den Intellekt«. Zum anderen, Zeit »das, durch welches der Seele Gewißheit gegeben ist«.[166]

Theologisch war damit die Rechtfertigung für die Zeitmessung gegeben. Die Zeit war »vermenschlicht«; subjektive und objektive Zeit konnte jetzt in Einklang gebracht werden, indem Zeit durch *Messung erfahrbar* wurde. Der Einfluß der ockhamistischen Zeitlehre führte nur wenig später zu einem theologisch fundierten Postulat einer absoluten Zeit. Der Franziskaner Geradus Odonis kam in Auseinandersetzung mit den Gedanken Ockhams zu der Einsicht, die Zeit sei eine objektive und unabhängige Größe, sie bestehe seit Ewigkeit her, also vor dem Beginn der Welt. Damit war der Weg für einen »Kollektivbegriff« der Zeit geebnet, einer für alle Individuen gleichermaßen gültigen Zeit, die durch Messung zudem intersubjektiv generalisierbar wird.

Zwar wurde dieser Zeitauffassung heftig widersprochen, doch »tatsächlich ist ja die Lösung, die Geradus Odonis vorschlägt, die gewesen, der die Zukunft gehören und die für die späteren Jahrhunderte die ›richtige‹ werden sollte«.[167]

Die gemessene Zeit im Leben des Mönchtums

Hand in Hand mit der Entwicklung eines objektivierten Zeitbegriffs in der Scholastik und der Hinwendung zur Mechanik geht ein kaum zu unterschätzender technologischer Innovationsschub. Wenn der Begriff nicht dem 18. und 19. Jahrhundert vorbehalten wäre, so könnte man mit Gimpel von einer »Révolution industrielle du Moyen Age« sprechen. »Im 11. bis zum 13. Jahrhundert erlebte das abendländische Europa eine Periode intensiver technologischer Aktivitäten. Es ist dies eine der an Erfindungen reichsten Epochen der Geschichte.«[168]

Die technischen Fortschritte liegen vor allem im Bereich der intensivierten Nutzung natürlicher Energieressourcen von Wasserkraft und Wind sowie im Nutzungsbereich tierischer Arbeit. Durch neue Geschirr- und Zugtechniken, insbesondere durch die Erfindung des Hufeisens wird es möglich, den Überlandtransport größerer Lasten über längere Strecken zu erschließen.

Die technologischen Umwälzungen – und dies gehört auch zu den Paradoxien der Rationalisierung – werden insbesondere von den Mönchsorden getragen. Unter dem Eindruck der politischen Turbulenzen und der Verweltlichung der Kirche propagieren die aufkommenden Mönchsorden ein weltabgewandtes, asketisches Heilsstreben durch Gehorsam und Arbeitsamkeit. Die Mönchs-Bewegung von Cluny belebt vor allem den benediktinischen Gedanken, Stabilität in der Arbeit zu finden, wieder. Die Klöster entwickelten sich infolge dieser Geisteshaltung nicht selten zu Wirtschaftseinheiten, die zwar noch nach dem Bedarfsdeckungsprinzip arbeiteten, aber einen ausgeprägten »Unternehmungsgeist« besaßen.[169] Es ist daher nicht übertrieben zu behaupten, daß »die Benediktiner, der große Arbeitsorden, vielleicht die ursprünglichen Erfinder des modernen Kapitalismus waren. Ihre Regel nahm mit Bestimmtheit den Weg der Arbeit und ihre tatkräftigen technischen Unternehmungen mögen sogar der Kriegführung etwas von ihrem Glanz geraubt haben.«[170]

Der in unserem Kontext wichtigste Beitrag, den die Mönchsorden zur Technologieentwicklung lieferten, liegt im Bereich der Zeitmessung. Für die Einhaltung unbedingter *Arbeitsdisziplin* und die genaue Einteilung des religiösen Lebens, das im Benediktinerorden angestrebt wurde, reichte die Genauigkeit und Zuverlässigkeit der verschiedenen »horologia«, mit denen man den Tag in ungleiche Zeitstrecken oder die erwähnten kanonischen Horen einteilte, nicht aus. Bei Bewölkung oder in der Nacht versagt die Sonnenuhr, im Winter gefährdet Frost den Mechanismus der Wasseruhren. Mit wissenschaftlichen Methoden wurde deshalb nach exakteren und zuverlässigeren Meßinstrumenten gesucht. Wenn auch die religiös motivierten Bemühungen lange ohne Erfolg blieben, so indizieren sie doch, daß sehr früh in den religiösen Eliten die exakte Zeitmessung als Mittel zur Disziplinierung und Intensivierung von Arbeit begriffen wurde. »Man wird den Tatsachen nicht widersprechen, wenn man behauptet, daß die Klöster... dabei geholfen haben, dem menschlichen Tatendrang den regulären kollektiven Takt und Rhythmus der Maschine zu verleihen.«[171]

Wann genau die erste mechanische Uhr erfunden wurde, ist ungewiß. Thorndike datiert ihre Konstruktion vorsichtig um 1271.[172] Dieses Datum ist umstritten, und es ist weiterhin unbekannt, wer die mechanische Uhr gegen Ende des 13. Jahrhunderts erfand.[173] Unbestritten ist jedoch der Anteil, den die Mönchsorden an der wissenschaftlichen und technologischen Entwicklung der Uhr haben. Gegen 1345 setzt sich dann nicht nur der 24-Stunden-Tag durch, sondern auch die Einteilung der Stunde in 60 Minuten und der Minute in 60 Sekunden. Die neuen Chronometer finden zunächst Verwendung in den Klöstern und Kirchen, wo sie zur präziseren Bestimmung von Arbeits- und Gebetszeiten dienen. Doch sie bleiben nicht lange den Mönchen, Klerikern und Wissenschaftlern vorbehalten, wie Mumford unter Verweis auf zahlreiche schriftliche Belege betont, und er fügt hinzu: »The clock, not the steam engine, is the key machine of the modern industrial age.«[174]

Der Beitrag, den die religiösen Eliten zur Säkularisierung der Zeit lieferten, blieb nicht ohne sozialstrukturelle Folgen. In dem Maße, wie sich das Bürgertum von den religiös-normativen »Fesseln« der Kirche emanzipierte, setzte es den objektivierten Zeitbegriff sozialstrukturell um. Zunächst »entdeckt« das Bürgertum die Kostbarkeit seiner eigenen Zeit und entwickelt Technologien der Temposteigerung und Zeitkalkulation. Mit der Expansion seiner Handelsaktivitäten bleibt es nicht dabei; die Händler werden auf die Zeit anderer, besser: auf die Arbeitszeit anderer aufmerksam. Diesen Prozeß versuchen wir im folgenden Kapitel zu skizzieren.

4. Handel, Arbeitsteilung und die Zeit der Kaufleute

Auf der ideengeschichtlichen, wissenschaftlichen Ebene und in den religiösen Eliten der Mönchskirche zeichnet sich also schon im hohen Mittelalter ein Umbruch im Zeitverständnis ab. Die traditionelle katholische Prophetie des bevorstehenden Weltendes weicht einem neuen Gedanken, der Zielgeschichte in irdischer Zukunft. Wir können mit Spörl[175] davon ausgehen, daß das mittelalterliche Geschichtsbild keineswegs so einheitlich und kirchlich-sakral gebunden war, wie dies oft unterstellt wird.[176] Vor allem solche Ereignisse, wie die Folgen des Investiturstreites, die kluniazensische Reform und das Aufkommen des Nationalgedankens haben bereits im 11. und 12. Jahrhundert die Deutungsgrundlage für die »Indifferenz der Zeit gegenüber« zerstört. Das statische Zeitverständnis des Frühmittelalters wird historisch in Gang gesetzt[177]. Denn wie konnte die Kirche diejenigen reformerischen Kräfte weiterhin in das traditionelle Heilsschema integrieren, qui »se sentent modernes«. »Comment y intégrer le déoulement moderne qui se semble pas près de finir?«[178]

Wir wollen nicht die ideengeschichtlichen Entwicklungen des spezifisch okzidentalen, teleologischen, auf Rationalismus und Perfektionismus hinauslaufenden Geschichtsdenkens nachzeichnen, dessen Wurzeln vermutlich in der Übertragung der Heilsgeschichte auf die Weltgeschichte liegen,[179] sondern die wirtschaftlichen Konsequenzen der Entsakralisierung der Zeit verfolgen.

In welchem Bedingungszusammenhang die wissenschaftlichen, ideen- und sozialgeschichtlichen Ereignisse des 12. und 13. Jahrhunderts auch immer stehen, so dürfte es nicht übertrieben sein, diese Epoche als einen »zivilisatorischen Wendepunkt« zu bezeichnen. »Kennzeichen des Westens im zwölften und dreizehnten Jahrhundert ist die Herausbildung von Orientierungen und Institutionen, die gleichzeitig auf der doppelten Verpflichtung gegen die *konkrete individuelle Person* und das *objektive Universelle* beruhen. Der zentrale Gedanke, auf dem die Institutionen errichtet sind, besagt, daß die individuierten Personen die Träger von Rechten sind und rationalisierte Universalien zum Brennpunkt der herrschenden Normen werden. Eine solche Erweiterung der Anschauung macht neue Sanktionen und eine neue Wendung zur Zukunft erforderlich.«[180]

Wissenschaftlich wie wirtschaftlich markiert das 12./13. Jahrhundert das Ende des »stationären« Mittelalters. Mit dem »Ende der Endzeit« und den scholastisch »aufgeklärten« Deutungen der Gesellschaft als »Corpus«, der »nicht vom Geist allein« lebt, weicht wirtschaftsethisch die Idee der »Abwendung von Not« zunehmend der »idea of usury«, mit der der Übergang von der »tribal brotherhood to universal otherhood« eingeleitet wird.[181] Noch in der Summa Aurea des Guillaume d'Auxerre (1160–1229) findet sich unter Berufung auf den sakral-substantialistischen Zeitbegriff die religiöse Begründung des Zinsverbots und, damit verbunden, die Ächtung des Handels:

»Der Wucherer handelt gegen das universelle Naturgesetz, weil er die Zeit verkauft, die allen Kreaturen eigen ist. Augustin lehrt, daß jede Kreatur dazu verpflichtet wurde, von sich selbst zu geben; die Sonne ist verpflichtet sich hinzugeben, um zu leuchten; desgleichen ist die Erde dazu verpflichtet, alles von sich zu geben, was sie hervorzubringen vermag und so das Wasser. Aber nichts gibt sich in einer Weise hin, die der Natur gemäßer ist als die Zeit; wohl oder übel, die Dinge haben Zeit. Daher verkauft der Wucherer doch das was notwendig zu allen Kreaturen gehört, er schädigt die Kreaturen allgemein, daraus folgt, daß selbst die Steine sich wie die Menschen vor den Wucherern fürchten, die Steine schrien wenn sie es könnten; das ist einer der Gründe, deretwegen die Kirche die Wucherer verfolgt.«[182]

Doch verlieren solche Argumentationen zunehmend an sozialintegrativer Kraft. Angesichts des innerkirchlichen Wandels und der Dynamik, die der Handel entfaltet, werden sie von kompromißfähigeren Formeln abgelöst. Die Beispiele der scholastisch geprägten Gelehrten Joachim von Fiore und Anselm von Havelburg zeigen deutlich den Bruch mit der Tradition in Geschichtsprophetie, Herrschaftslegitimation und insbesondere Wirtschaftsethik.

Man wird deshalb Pirenne[183] widersprechen müssen, der annimmt, daß der Handel auf eine geschlossene Ächtung durch die Kirche während des gesamten Mittelalters traf. Sogar ein Franziskaner des 13./14. Jahrhunderts vertritt die Ansicht, daß die traditionelle Lehre von der Unverkäuflichkeit der Zeit nicht länger haltbar sei, und in dem Traktat »De regulis Juris« erklärt ein Johannes Andereae (1270–1348) entgegen aller frühkatholischen Wirtschaftsgesinnung, daß das Argument, wonach die Zeit nicht verkauft werden dürfe, »frivol« sei, denn zahlreiche Verträge ließen einen zeitlichen Aufschub zu, ohne daß sie deshalb mit einem Verkauf der Zeit verbunden seien.[184] Nicht zuletzt bei Thomas von Aquin finden sich in den »Untersuchungen über die Zinssünde« seitenlange Rechtfertigungen des Zinsnehmens. Aus dem ethischen Prinzip, daß jeder »auf seine Schadlosigkeit bedacht sein« dürfe, leitet er weiter ab:

»Jeder ist gehalten, aus einer gewissen Schuldung der Ehrenmäßigkeit etwas dem zu entgelten, der ihm eine Gunst erwiesen hat... Nun erweist aber, wer einem in Not Befindlichen Geld darleiht, eine Gunst, weshalb ihm auch eine Dankerzeigung geschuldet wird. Der Empfänger ist also durch eine natürliche Schuldung gehalten, irgend etwas als Entgeld zu geben.

... Ferner: Es kommt zuweilen vor, daß einer seine Dinge unter dem Titel einer Darleihe teuer verkauft oder, was dem anderen gehört, billiger einkauft; oder das er für einen Aufschub den Preis steigert oder für eine Beschleunigung vermindert; in all dem scheint eine Bezahlung gewissermaßen für das Darlehn des Geldes zu geschehen. Das erscheint nun aber nicht offenkundig unerlaubt. Es scheint also erlaubt zu sein, irgend einen Vorteil von dem verliehenen Gelde zu erwarten oder auch aufzuerlegen.«[185]

Die hier vorgetragene Argumentation steht zwar in einem augenfälligen Mißverhältnis zum kirchlichen Imperativ der Armenfürsorge; sie orientiert sich aber an den realen Entwicklungen. Der Handelskredit hatte sich in Italien schon seit dem 10. Jahrhundert entwickelt, und eine beträchtliche Zahl von Kaufleuten verfügte über flüssiges Kapital. Die kontinentalen Händler schlossen spätestens im 11. Jahrhundert auf.

Die Kaufleute hatten lange Zeit die kirchliche Strafe zu fürchten und deshalb Praktiken des versteckten Zinses entwickelt. Diese Tendenz war nun an einem Wendepunkt angelangt: Für das gesamte 13. Jahrhundert sind die Versuche, Kredit und Zins theologisch zu rechtfertigen, charakteristisch.

Die kirchlichen Verbote des Zinsnehmens und des Abhandelns von Geschäften an religiös normierten Feier- oder Festzeiten bleiben zwar weiterhin in Kraft und werden gelegentlich sogar erneuert. Doch innerhalb der Kirche bildet sich eine gegenüber dem Handel aufgeschlossene Richtung aus, die auch den Zins rechtfertigt. Das Bestreben, dem Handel mehr Freiraum zu gewähren, zeigt sich am auffälligsten in den »Handbüchern für Beichtväter«, in denen die Theologen und Scholastiker eine subtile Handelskasuistik entwickeln, die in immer mehr Einzelfällen gottgefällige Rechtfertigungen findet. Die ehemaligen Verbote und Vorschriften nehmen immer mehr den Charakter von Empfehlungen und Ermahnungen an.[186]

Le Goff konstatiert daher: »Ainsi le marchand peut désormais – à une époque où, sans les structures économiques soient fondamentalement changées, l'essor quantitativ recule ses horizons et dilate son action – user et abuser du temps.«[187]

In der Tat haben sich die ökonomischen Strukturen zum Zeitpunkt der beginnenden Emanzipation des handeltreibenden Bürgertums nicht fundamental, nicht qualitativ verändert, doch bleibt diese Emanzipation in der Folge nicht ohne Auswirkungen auf die Struktur der mittelalterlichen Wirtschaft. In diesem Zusammenhang kann nun auch der Frage nachgegangen werden, wie das lineare Zeitkonzept sozialstrukturell an Bedeutung gewinnt.

Im Bereich der Kirche verliert die Zeit ihre – wenn auch modifizierte – religiöse Symbolik nicht.[188] Sie selbst konnte zunächst kaum ein Interesse daran haben, eine neue Zeitordnung zu etablieren, wie Bilfinger anhand der Verbreitung der mechanischen Uhr nachweist.[189] Denn wenn sich auch ein mentaler Wandel im Zeitverständnis vollzogen hatte, so bedeutete dies keine soziale Umsetzung. Mit der Regulierung des sozialen Rhythmus war die Kirche im Besitz eines Herrschaftsinstrumentes in einer von ihr geprägten Kultur und gestützten Sozialstruktur. Sie blieb daher bei den Glockenzeichen der antiken Stundenaufteilung, mit denen sie während des gesamten Frühmittelalters den Tagesrhythmus nachvollzog und kollektiv bekräftigte.

Ein anderes Interesse lag bei den Handelsleuten und der aufkommenden Stadtwirtschaft vor, die zunehmend der wirtschaftlichen Logik von Markt und Tausch folgten. Sie leiten – wie wir zeigen wollen – den Bankrott der kirchlichen Herrschaft über die Zeit ein.

Es wäre analytisch und historisch überzogen, das frühe Handelswesen in rein kapitalistische Termini zu fassen, wie es überhaupt problematisch ist, verkehrswirtschaftliche Entwicklungen und die Bildung von Handelskapital als im *strengen Sinne* kapitalistisch zu bezeichnen. »Das Kaufmannskapital erscheint lange bevor das Kapital sich die Produktion selbst unterworfen hat.«[190] Die Entwicklung des Handels übt noch keinen unmittelbaren Einfluß auf die Produktionsstruktur aus und zerstört noch nicht sozialstrukturell die hauswirtschaftliche Einheit von Arbeit und Reproduktion.

Die Form des mittelalterlichen Handels revolutioniert nicht den traditionalen Wirtschaftsstil, sie sitzt vielmehr der feudalen Wirtschaft »parasitär« auf. Indem sich aber der Handel des traditionalen Wirtschaftsstils »bedient«, gehen von ihm auf verschiedenen Ebenen Impulse aus, die sich als Voraussetzungen der kapitalistischen Entwicklung erweisen lassen.

In Anlehnung an die Bedingungen, die Weber für das Entstehen des kapitalistischen Fabrikwesens formuliert,[191] läßt sich zeigen, daß sich mit der Expansion des Handels auch Elemente der kapitalistischen Zeitordnung herausbilden. Dies ist im Folgenden auf zwei Ebenen zu belegen:

a) Analog zu der von Weber genannten Voraussetzung der Existenz stetiger Märkte für das Fabrikwesen können wir formulieren, daß mit Märkten eine »merkantile Zeitstruktur« ausgebildet wird, die in Konkurrenz zur agrarisch-zyklischen Zeit tritt und somit eine »duale Zeitstruktur« etabliert.

b) Eng damit verbunden ist eine zweite Webersche Bedingung, das Vorhandensein »hinlänglich vieler freier Arbeiter«. Wir werden die These vertreten, daß das Handelskapital eine symbiotische Beziehung mit der traditionalen Familienwirtschaft eingeht, in dessen Folge genau diese Bedingung erfüllt wird.

Infolge dieser Entwicklungen entstehen nicht nur Vorformen des Lohnarbeiterverhältnisses; der »Kampf um Arbeitszeit« setzt schon in dieser Formationsphase des Kapitalismus ein, in der »Industrialisierung vor der Industrialisierung«.[192]

Zunächst sollen die Entwicklungsbedingungen und -tendenzen des Handelskapitalismus skizziert werden, um dann die Auswirkungen der Marktorientierung auf das Zeitbewußtsein zu untersuchen.

Wir wissen, daß im hohen Mittelalter sich die »autarke Arbeitsteilung«, die sich innerhalb der geschlossenen sozialen Teilbereiche
der Fron- und Dorfwirtschaft entwickelt hatte, zugunsten einer
marktvermittelten Arbeitsteilung zwischen Stadt und Land auflöst.
Die Ursachen für diesen Prozeß sind allerdings nicht völlig geklärt
und strittig. Es lassen sich etwa zwei Grundpositionen herauskri-
stallisieren, die beide plausible Argumente mobilisieren können.
Die eine Richtung gruppiert sich etwa um die Wirtschaftsstufen-
lehre Büchers[193], während neuere Arbeiten eher auf die Sichtweite
von Pirenne[194] rekurrieren. Die Stufenlehre geht von einer allmäh-
lichen »endogenen« Herausbildung einer landwirtschaftlich-hand-
werklichen Arbeitsteilung aus, die sich dann zur Stadt-Land-Arbeitsteilung entwickelt. Dagegen macht Pirenne die Freilegung
großer Handelswege und die Entwicklung des Fernhandels durch
»neue Männer«, meist der Leibeigenschaft entflohene Abenteuer-
existenzen, also »exogene Faktoren«, für die Entwicklung zur
Arbeitsteilung zwischen Stadt und Land verantwortlich.
Die, wenn auch bescheidene, Belebung der Wirtschaft vor der
Erschließung der Fernhandelswege läßt vieles für die Stufentheorie
sprechen.[195] Andererseits waren die Restriktionen für den lokalen
Detailhandel zu groß, als daß sich von dort aus genügend starke
Impulse für die Neubelebung und Herausbildung der Städte als
Handelszentren hätten ergeben können. »Bei der Regelung der
Nahrungsmittelversorgung kamen solche Methoden zur Anwen-
dung, wie die zwangsweise Öffentlichkeit der Transaktionen und
der Ausschluß von Mittelsmännern, zum Zweck der Kontrolle des
Handels und zum Schutz gegen hohe Preise.«[196] Diese Vorschriften
galten allerdings nur für den lokalen Handel. Der Fernhandel war
davon unbelastet und entzog sich den örtlichen Vorschriften. Der
Anreiz für Handelsgewinne lag also nahezu ausschließlich im
Fernhandel. Wir können also für diesen Fall mit Kofler[197] davon
ausgehen, daß eine ansonsten problematische Kombination verschiedener Meinungen weiterführt.
Demnach hatte schon vor dem Fernhandel sich das Handwerk zu
verselbständigen begonnen und der städtischen Entwicklung den
Boden bereitet. Die »neuen Männer« waren bereits städtisch sozia-
lisiert und fanden Elemente marktvermittelter Verteilungsformen
vor, die dann durch sie forciert und zum Mittelpunkt des städti-

schen Lebens wurden. Der ökonomische Aufschwung im 13. Jahrhundert, der bei den Mediävisten regelmäßig die Begriffe Blütezeit, Zenit etc. wiederkehren läßt, kann aber nur vor dem Hintergrund des Fernhandels als dem Motor der mittelalterlichen Stadtwirtschaft gesehen werden.[198] Die aufkommende Verkehrswirtschaft war darüber hinaus an zwei weitere, demographisch initiierte Voraussetzungen gebunden:

Zum einen mußte ein Bevölkerungswachstum eintreten, das Bewohner für die entstehenden Städte »bereitstellte«. Zum anderen bedurfte es der Erwirtschaftung eines landwirtschaftlichen Überschusses, der den nicht mehr im Agrarsektor tätigen Teil der Bevölkerung ernähren konnte. Beide Prozesse, Bevölkerungswachstum und Nahrungsmittelgleichgewicht, konnten vor allem durch die großen Rodungen seit dem Ende des 11. Jahrhunderts aufrechterhalten werden. Damit erwiesen sich demographische und wirtschaftliche Entwicklungen als funktional koinzident und gaben die Grundlage ab für die Stadtwirtschaft und dort eines Rückganges der Natural- gegenüber der Geldwirtschaft.

Da die europäischen Länder nahezu alle das gleiche produzierten, so daß kein Bedürfnis nach einem weitläufigen Austausch bestand, wurden die Handelsverbindungen mit dem Orient zum wichtigsten Impuls für die Forcierung der Arbeitsteilung. Dies klingt zunächst paradox, da ja gerade der Einbruch des Islams im 7. Jahrhundert das wirtschaftliche Gleichgewicht der Antike, den regen Handel zwischen Orient und Okzident unterbunden und das Mittelmeer zur Schranke »zweier Welten« gemacht hatte. Wir wollen deshalb kurz die geopolitischen Machtverschiebungen umreißen, die zur Wiederherstellung der großen Handelswege führten.

Die Anfänge der Handelsentwicklung[199]

Die Wiederbelebung des Handels wird forciert von den norditalienischen Städten, wo sich – im Gegensatz zum nördlichen Europa – während des gesamten Mittelalters ein bescheidener Fernhandelsverkehr aufrechterhalten hatte. Der Erschließung von Fernmärkten durch die italienischen Kaufleute geht die Befreiung von der Sarazenenherrschaft voraus, die während des 9. Jahrhunderts zu einem fortdauernden Kriegszustand zwischen dem okzidentalen Christentum und dem Islam geführt hatte. Allerdings war Venedig, das von den Sarazenen nie ernstlich bedroht wurde, während des ganzen Mittelalters in rege Handelsbeziehungen mit Byzanz eingebunden. Über Venedig waren auch Genua, Pisa und Florenz an diesen Austausch angeschlossen.

Durch Kriegserfolge eröffnete sich für Venedig im 10. und 11. Jahrhundert fast der gesamte Mittelmeerraum.[200] Im byzantinischen Reich erhält Venedig dadurch eine ausgesprochene Monopolstellung für seinen Handel, wodurch nun die kontinentalen Handelsverbindungen gesichert sind.

Zur Wiederherstellung und Absicherung der Fernhandelswege trägt auch nicht zuletzt die Kirche bei. Die alte Idee der Kreuzzüge wird im Jahre 1095 wieder aufgegriffen und auf dem Konzil von Clermont beschlossen. Der erste Kreuzzug wird zwischen 1096 und 1099 durchgeführt. Die Flotten Venedigs, Genuas und Pisas spielen dabei eine wichtige Rolle. Sie übernehmen die Sicherung der Seewege und erhalten dafür wirtschaftliche Privilegien, wie z. B. das Recht, in den eroberten Städten Handelsniederlassungen zu gründen, oder werden von Zöllen befreit. Die neu eroberten Gebiete werden vor allem durch den französischen Adel besetzt, der der arabischen und syrischen Bevölkerung das Feudalsystem Frankreichs oktroyiert. Diese Tatsache sollte später für die europäische Wirtschaft von hoher Bedeutung werden.

Der zweite Kreuzzug, der das Hinterland sichern sollte (1146 bis 1148), traf auf den erbitterten Widerstand der Moslems und wurde zum Mißerfolg; der dritte (1189–1192), als Antwort auf den Verlust Jerusalems gedacht, zum Desaster. Was aber die Kirche durch ihre Kreuzzüge einbüßte, gewann der Handel. »Sind die Kreuzfahrer die großen Verlierer der christlichen Ausbreitung, so sind die großen Gewinner letzten Endes die Händler, die sich immer weiter von ihren westlichen Ausgangspunkten hinauswagen.«[201]

Obwohl Venedig an den Kreuzzügen aktiv beteiligt war, hatte es stabile Handelsbeziehungen geknüpft, und »die europäischen Handelsgesellschaften haben bereits überall festen Fuß gefaßt, sich mit den mohammedanischen Nachbarn verständigt«.[202] Die christliche Expansionsbewegung hatte der kommerziellen den Weg bereitet.

Nicht nur im Mittelmeerraum, sondern auch im Norden Europas läßt sich ein Prozeß beobachten, der sich in die gleiche Richtung bewegt wie die Handelsentwicklung im Süden. Pirenne zufolge kommt vom Norden sogar der Hauptanstoß für die Neubelebung des Handels, der sich erst später mit dem mediterranen verbindet:

»Die zwei Binnenmeere Nord- und Ostsee, die als Gegenstück zum Mittelmeer im Süden die Küsten des nördlichen Europas umspülen, bieten vom 9.–11. Jahrhundert ein Bild, das, so sehr es sich auch vom eben gezeichneten unterscheidet, diesem wiederum in einigen wesentlichen Zügen nahekommt. Auch hier finden wir an der Küste, gewissermaßen am Rande des Kontinents, eine maritime und kommerzielle Aktivität, die im krassen Gegensatz zu dessen bäuerlicher Wirtschaftsform steht.«[203]

Die Normannen, die nicht Eroberungen zum Ziel hatten, sondern methodische Raubzüge veranstalteten, beherrschten lange Zeit die beiden Meere und legten dadurch Handelsaktivitäten lahm. Das Karolingerreich besaß keine schlagfertige Flotte, die gegen die Plünderungen hätte eingesetzt werden können, und mußte so die Zerstörung des Verkehrs in den Häfen und die Handelsblockade in der Nordsee durch die Normannen hinnehmen.

Die Entwicklung der Normannen nimmt jedoch eine geradezu ironische Wendung: »Die Wikinger sind ... im ganzen Piraten und man weiß, daß Piraterie die erste Stufe des Handels ist. Das trifft so sehr zu, daß sie sich seit dem Ende des 9. Jahrhunderts, mit dem Nachlassen der Plünderungszüge, in Kaufleute verwandelten.«[204]

Pirenne sieht also in der »Befriedung« der Normannen durch die Übernahme der christlichen Kultur, insbesondere der Schriftsprache und Verwaltungstechniken die Anfänge des skandinavischen Handels. Die Dänen und Norweger beginnen die karolingischen Staaten, England, Schottland und Irland anzusegeln. Die Schweden orientieren sich nach Rußland, wo sie zunächst befestigte Waffenlager (»gorod«) errichten, um »ihre Herrschaft über die wenig kriegerischen Völkerschaften ihrer Umgebung (zu) befestigen und diese aus(zu)beuten ... Doch ihre beherrschende Stellung mußte bald zum Tauschhandel führen ... Südrußland, wo die Skandinavier sich festgesetzt hatten, lag damals zwischen zwei Kulturzentren. Jenseits des Kaspischen Meeres im Osten breitete sich das Kalifat vor Bagdad aus; im Süden erschlossen die Wellen des Schwarzen Meeres das Byzantinische Reich und Konstantinopel. Die Skandinavier des Dnieprbeckens erlagen sofort dieser zwiefachen Anziehung. Arabische Händler, Juden und Byzantiner waren ihnen vorangegangen, zeigten ihnen den Weg, und sie zögerten nicht, diesen einzuschlagen.«[205]

Über die Ostsee erreichte der skandinavische Handel Anschluß an den orientalischen. Dorthin wurden wiederum die Handelswaren ausgeführt – Gewürze, Wein, Seide, Goldschmiedewaren –, die die skandinavischen Händler für ihre Produkte – Honig, Pelze und Sklaven – eingetauscht hatten.

Das »Welthandelsvolumen« hatte also schon beachtliche Ausmaße angenommen, bevor sich das kontinentale Europa, an dessen südlicher und nördlicher Peripherie sich diese Entwicklung vollzog, voll anschloß. Ausgangspunkt der westeuropäischen Handelsunternehmungen war einmal London, wo die Hanse im 12. Jahrhundert eine Niederlassung gründete. Daneben wurde Brügge zum zentralen Umschlagplatz für den hanseatischen Handel. Hierhin lieferten auch die italienischen Handelsgesellschaften ihre Waren. Der Handel im Mittelalter war zuallererst *Welthandel.* Von ihm gehen die entscheidenden Impulse für die Expansion und Stabilität des lokalen, städtischen Handels aus. Es lassen sich grob zwei Phasen der frühbürgerlich handelskapitalistischen Entwicklung unterscheiden. Die frühe Phase datiert vom 11.–13. Jahrhundert und umfaßt die Etablierung des Handels und die Herausbildung der städtischen Wirtschaft. Das 14. und 15. Jahrhundert kann als eine Epoche gelten, in der die »neue warenproduzierende und marktmäßig organisierte Gesellschaft die... feudalen Fesseln sprengt.«[206] Über das genaue Ausmaß und die Art des Handels in seinen Anfängen ist wenig bekannt. Ein besseres Bild bietet sich ab dem 12. Jahrhundert, und man darf ab dann von einer Dynamik sprechen, die durchaus mit der sozialen Mobilität, die von der Industrie des 19. Jahrhunderts ausgelöst wurde, vergleichbar ist.

Die Träger dieser Entwicklung waren jedoch in der kommerziellen Revolution im Gegensatz zur industriellen Revolution nicht die Produzenten; diese waren immobil und erlaubten deshalb hohe Handelsgewinne, die wiederum die Handelsdynamik forcierten. Der mittelalterliche Handel war auch deshalb Welthandel, weil keine Volkswirtschaften existierten. Gerade indem er für die feudale Gesellschaft eine Innovation darstellte, für die sie keine Adaptionsmechanismen bereitstellen konnten, war der Handel in seiner Wirtschaftspolitik völlig autonom und in seinen Wirkungen auf die Sozialstruktur entfeudalisierend, d. h. verbürgerlichend.

Rörig[207] spricht im Zusammenhang mit dem Handel von der »mittelalterlichen Weltwirtschaft«, die die Impulse für die frühbürgerliche Stadtwirtschaft liefert. Demnach ist in bezug auf die mittelalterliche Wirtschaftsentwicklung eine Stufenfolge wie etwa: Stadtwirtschaft, Volkswirtschaft, Weltwirtschaft schlicht falsch.

»Die wirkliche Stadtwirtschaft des Mittelalters war zugleich auch immer Weltwirtschaft; als sich Volkswirtschaften bildeten, war es mit der Weltwirtschaft zunächst einmal vorbei.«[208]

Welthandel und Stadtwirtschaft

Die Stadt des frühen Mittelalters ist völlig verschieden von der bürgerlichen Stadtwirtschaft, deren Anfänge im 11. Jahrhundert zu datieren sind. Die Zahl der frühen städtischen Siedlungen ist sehr gering, und ihre Bedeutung lag darin, daß sie klerikale Zentren der kirchlichen Verwaltung und der Ausbildung des priesterlichen Nachwuchses waren. »Überdies hatten sie auch noch vorwiegend militärische Bedeutung, und noch keine ›staatsrechtliche‹, wie Wenzelburger sagt, was ins Soziologische übersetzt soviel heißt wie noch nicht strukturell bestimmte, gesellschaftliche Eigenexistenz.[209]« Diese »Eigenexistenz« erhält die mittelalterliche Stadt, indem sie Sitz eines berufsmäßigen Handwerks und Ausgangspunkt des Handelns wird, das an Marktchancen orientiert ist.

Das literarische Volumen in der Mediävistik über die Art und einzelne regionale Entstehungsbedingungen der Stadtwirtschaft ist sehr umfangreich.[210] Für unseren Kontext ist es belanglos, ob es sich bei den aufblühenden Städten um Neugründungen oder um Neubelebungen der römischen Siedlungen handelte. Soziologisch relevant ist der Umstand, daß mit der durch den Handel induzierten Stadtwirtschaft sich eine regionale Arbeitsteilung herausbildet bzw. vorangetrieben wird, die das Land zunächst fast ausschließlich auf die Agrarwirtschaft verweist, während Handel und Handwerk sich in den Städten konzentrieren.

Die ersten Städtegründungen des Handels sind vermutlich nichts anderes als Niederlassungen von Kaufleuten, die hinter Stadtmauern Schutz vor damals üblichen Plünderungen suchen.[211] Diese Kaufmannssiedlungen übten einen starken Sog-Effekt auf das Handwerk aus, das in der Folge eine bislang unbekannte Dynamik und Mobilität entwickelte. Für Flandern und die dortige Tuchindustrie ist dieses Phänomen am besten nachgewiesen. Wenn wir uns die oben gemachten Modifikationen der Pirenneschen Sichtweise vor Augen halten und mit Wittfogel[212] von einer vorliegenden Arbeitsteilung in Landwirtschaft und einem »technisch reifen Handwerk« ausgehen, so liefert uns Pirenne eine plausible Vorstellung darüber, wie die Stadt-Land-Differenzierung infolge der Handelsexpansion forciert wurde:

»Während der Karolingerzeit war die Anfertigung der Stoffe von den leibeigenen Dienerinnen in den Gynäceen der großen Domänen betrieben worden. Als nur für die Produktion, infolge der Anforderung des Handels, eine Periode des Fortschritts begann, entstand inmitten der ländlichen Bewohnerklasse allmählich eine Handwerkerklasse. Der Tuchmacher löste sich von der ackerbetreibenden Bevölkerung los, gleich wie sich vor ihm der Kaufmann losgelöst hatte. Er gab die Bestellung seines Bodens auf, um sich gänzlich dem Handwerk widmen zu können. Er wanderte vom platten Land in die Ortschaften, wohin sich die Handelstätigkeit konzentrierte und wo er für sich und seine Erzeugnisse auf einen gesicherten Absatz sowie für seine eigene Person auf Gefährten rechnen konnte, welche dieselbe Lebensweise wie er führten und dieselben Interessen wie er besaßen.«[213]

Im Zusammenhang mit der Entwicklung der Städte ist es unerläßlich, auf die politisch-herrschaftlichen Umbildungen in Europa hinzuweisen, denn der Handel und die massenhafte Landflucht leibeigener Bauern oder Handwerker ist nur vor dem Hintergrund des herrschaftlichen militärischen Schutzes der Städte zu verstehen. Der bekannte Rechtssatz »Stadtluft macht frei nach Jahr und Tag« führt dann in die Irre, wenn nicht berücksichtigt wird, daß er auf dem feudalen Rechtsgrundsatz beruht: »Luft macht eigen.« Die Entwicklung der Städte baute also nicht zuletzt auf der internen Konkurrenz der Aristokratie auf.

Unter der Herrschaft des starken König-Kaisertum, im Bündnis mit der Reichskirche, konnte sich die Adelsmacht entfalten, »bis für sie die Stunde der revolutionären Entscheidung im Bunde mit dem reformierten Papsttum kam«.[214] Durch den Machtverlust des Reichskönigs und der feudalen Aufsplitterung der Reichsherrschaft infolge des Investiturstreits hatte der Adel an Macht gewonnen.

Bei der adeligen Führungsschicht läßt sich damit in Zusammenhang stehend ab dem 11. Jahrhundert eine interne Differenzierung feststellen. Aus der feudalen Kriegerschicht geht ein »Herrenstand« hervor. Man kann daher von der Entwicklung eines *Dynastenadels* sprechen, der sich über kleinere Adelsgeschlechter erhebt und seine Freiheitsrechte gegenüber dem König geltend macht. Er wird hierin von der Kirche unterstützt und damit auch lehens-rechtlich abgesichert. Der Hochadel erhält mehr und mehr die Stellung einer aristokratischen Führungsschicht, die nicht in der Leibeigenschaft des Königs steht, sondern sich als Freie unter dem politischen Schutz des Herzogs stehend betrachtet.

Zugleich entsteht eine neue Adelsschicht, der Niederadel, der aus der königlichen Ministerialität hervorgeht und vielfach mit Lehen bedacht wird.[215] Diese interne Differenzierung trägt als äußere Bedingung zur Beschleunigung der Städtebildung und der Ent-wicklung des Bürgertums als autonomen, homogenen Stand bei. Im Kampf um Bodenchancen und in der Rivalität zwischen Terri-torialherren und übrigem Adel gehen die Landesherren dazu über, die Ansammlungen von Handwerkern, Händlern und flüchtigen Bauern unter ihren militärischen Schutz zu nehmen und fiskalische Abgaben zu erheben. Die Entwicklung der städtischen Wirtschaft und der urbanen Gesellschaft mit dem Aufbau einer städtischen Selbstverwaltung und eines Stadtregiments vollzieht sich also zu-nächst im Rahmen der feudalen Schutz-, Leib- und Gerichtsherr-schaft. Der Grundherr, »nicht der Bürger, erwirbt formell jene wichtigen Rechte, die tatsächlich den Bürgern direkt – ihm dem Stadtherrn aber indirekt, durch Abgaben der Bürger – zugute kommen«.[216]

Es hat sich also nicht in jedem Fall um Städtegründungen durch Kaufmannsgilden gehandelt. In Holland, dem typischen Beispiel europäischer Stadtbegründungen, entsteht eine Stadt auch durch Initiative der Grundherrn dadurch, daß der Fürst mittels schrift-lich fixierter Rechte, die Eigentum, Verwaltung und Schutz betref-fen, Anreize schafft und die Stadtbewohner zu regelmäßigen Abga-ben und zur Stellung von Soldaten verpflichtet.[217]

Wenn auch im einzelnen im unklaren bleibt, auf wessen Initiative hin eine Stadtentwicklung ihren Anfang nahm, so scheint es doch, daß immer die beiden Faktoren Fernhandel/Exportgewerbe und grundherrschaftlicher Schutz die ausschlaggebenden Entwick-lungselemente waren. Schon zu Beginn der Städtebildung zeigen sich die weltlichen Fürsten dazu bereit, Handel und Gewerbe den feudalen Gegenkräften gegenüber zu schützen. Die Stadt ist jeden-falls von Anbeginn eine Domäne des Bürgertums, der die adelige Lebensführung und die feudale Wirtschaftsgesinnung im Grund-satz fremd sind.[218]

In der Regel mischte sich auch der städtische Grundherr nicht in die inneren Angelegenheiten von Handwerk und Handel, wie überhaupt der nordeuropäische Adel nicht in die städtische Kultur integriert war, sondern im wesentlichen auf dem Land in seiner kriegerischen Konsumentenrolle verharrte. In Südeuropa lag dieser Sachverhalt anders, die Noblesse hatte die antiken urbanen Zentren auch während ihres Niedergangs nicht verlassen und beteiligte sich z. T. am Seehandel. Hier besaß auch zumeist der Grundherr die Regalienrechte über Markt und Polizei, doch werden bereits im 11. Jahrhundert die ersten bürgerlichen Aufstände gegen die aristokratische Bevormundung verzeichnet. Auch das nordeuropäische Bürgertum zeichnete sich durch Militanz aus, wenn es um die Unabhängigkeit der Städte ging. Im ausgehenden 11., im 12. und im 13. Jahrhundert kommt es zu langen Bürgerkriegen in Flandern, und selbst in England verlief der demokratische Streit keineswegs friedlich. »In Dunstable erklärten einmal die Bürger, als ihnen mit der Exkommunikation gedroht wurde, ›sie führen lieber alle zur Hölle hinab‹, als daß sie sich dem Willkürdiktat des Priors beugten.«[219]

Von den sich so etablierenden Städten, die bis in das 14. Jahrhundert wachsen, nimmt die Entwicklung der Zünfte, der bürgerlichen Freiheitsrechte, Selbstverwaltung und politische Partizipation ihren Anfang. Sie mündet in eine Teilung der Herrschaft in eine ländlich-feudale und städtisch-bürgerliche Sphäre.

Innerhalb der grundherrlich geschützten Stadtmauern entsteht ein neuer soziologischer Typus: der *Stadtbürger*. Der Begriff Bürger umfaßt gleichermaßen den Großbürger, Kleinbürger und Handwerker. Daher liegt das gemeinsame Kennzeichen des städtischen Bürgertums zunächst in den *politischen* Freiheitsrechten. Die Stadt war ein »anstaltsmäßig vergesellschafteter Verband von Bürgern, die einem gemeinsamen Recht unterstehen, also städtische Rechtsgenossen sind«.[220]

Von Beginn der Stadtbildung an vollzieht sich in der Bürgerschaft nicht nur eine ständische, sondern auch eine wirtschaftliche Differenzierung. Die handwerklichen Zünfte und die Kaufmannsgilden standen von Beginn der Städtebildung an in einem ökonomischen Konfliktverhältnis. Welche Bedeutung dieser Konflikt für unser Thema besitzt, versuchen wir im Abschnitt auf S. 135 ff. zu zeigen.

Zunächst wollen wir die These vertreten – und damit kommen wir auf das Thema des Wandels im Zeitverständnis zurück –, daß mit der Teilung der Herrschaft und des Wirtschaftsstils in einem ländlichen und städtischen Bereich auch die Herausbildung eines neuen Zeitverständnisses einhergeht. Mit der Entfaltung des Handels »im Schutz der Städte« sprengt das Bürgertum das traditionale Zeitkonzept und ordnet die vormals geheiligte Zeit seinem Gewerbe unter.

Markt und Zeit: die Genesis des bürgerlichen Zeitkonzepts

Sakrales Zeitregime und die »selbstgenügsame« Wirtschaftsmentalität des traditionalen Oikos standen während des Mittelalters in einem Verhältnis der »Wahlverwandtschaft«. Nichts war dieser traditionalen Form von Produktion, Reproduktion und normativer Zeitregulierung fremder, »als die Vorstellung der Zukunft als eines Feldes von Möglichkeiten, das dem Kalkül zur Erkundung und Beherrschung vorgegeben ist,«[221] und man sollte hinzufügen, daß der traditionalen Wirtschaftsweise es daher ebenso fremd war, Zeit als eigenständige Größe gegenüber der Sach- und Sozialdimension zu isolieren.

Traditionale Sozialsysteme verfügen über sehr vage, räumlich gebundene und unscharfe Zeithorizonte, ähnlich wie Piaget[222] dies für entwicklungspsychologische Stadien von Kindern beobachtet hat.

Historisch wird die zeitliche Dimension erst dann sozialstrukturell ausdifferenziert, thematisierbar und zum Selektionsinstrument, wenn im Hinblick auf die Steigerung von Interdependenzen, zunehmende Arbeitsteilung und der dominanten Orientierung an der Ökonomie höhere Ordnungsleistungen notwendig werden. Zeit kann deshalb soziologisch als eine Abstraktion verstanden werden, die soziale und sachliche Komplexität nach der Logik einer Folge »auflöst«, d. h. durch Synchronisation und Sequentalisierung soziales Handeln ordnet. Diese Ordnungsfunktion beruht ihrerseits auf der kognitiven Trennschärfe der Zeithorizonte von Vergangenheit, Gegenwart und Zukunft, die sich auf einer linearen, irreversiblen Zeitachse verallgemeinern lassen. Zukunft erhält dabei den Status der primären zeitlichen Orientierung, da mit dem dominanten Stellenwert der Ökonomie nicht mehr in »gegebenen« naturalen Ressourcen, sondern in Potentialen gedacht wird.[223]

Es erscheint uns plausibel, aber empirisch schwer zu belegen, daß die Herausbildung eines solchen Konzeptes von Zeit schon im

Mittelalter durch den Handelskapitalismus vollzogen und im Bereich von Handel und Stadtwirtschaft verankert wird. Unsere Argumentation stützt sich nicht auf ein Quellenstudium, sondern besteht in einer Kombination von historisch bekannten und belegten Entwicklungen mit oft »spekulativen« Rückschlüssen. Anhand solcher »Indizienbeweise« soll gezeigt werden, daß der merkantile Zeitbegriff schon die wesentlichen Elemente mit sich führt, die das kapitalistische Zeitregime charakterisieren.

Innerhalb der mittelalterlichen Gesellschaft bilden die Kaufleute »Inseln ökonomischer Zeitrationalität«, weshalb es überzogen wäre, von einer umfassenden selektiven Kraft der merkantilen Zeitstruktur zu sprechen. Diese Selektionskraft entfaltet erst das Fabrikwesen. Doch schon gegen Ende des Mittelalters werden Tendenzen der »Subsumption« der traditionalen Arbeitszeit unter die bürgerliche Zeit erkennbar. Um diese These begründen zu können, bedarf es zunächst der Charakterisierung der handelsbürgerlichen Wirtschaftsgesinnung.

›Strebsame Kaufleute‹: das Wirtschaftsmotiv des mittelalterlichen Händlers

Die Handelsbourgeoisie war ihrem ökonomischen Charakter entsprechend noch weit entfernt davon, jene Wirtschaftsgesinnung zu entfalten, die später der Manufakturkapitalismus und Calvinismus entwickelte. Dennoch erscheint die These Sombarts, daß die Tätigkeit des mittelalterlichen Kaufmanns kein Beruf gewesen sei, der Handel nicht am Gewinnstreben orientiert und nicht-rational geführt worden sei, heute unhaltbar. Sombart, der sich ansonsten ausführlich mit der Herausbildung von Marktsiedlungen beschäftigt, unterstellt dem mittelalterlichen Händler ein marktfremdes Motiv:

»Es gibt in der Tat nichts Törichteres, als das Mittelalter mit kapitalistisch empfindenden und ökonomisch geschulten Kaufleuten zu bevölkern. Das handwerksmäßige Wesen des Händlers alten Schlages tritt vor allem in seiner Zweckrichtung zutage. Auch ihm liegt im Grunde seines Herzens nichts ferner als ein Gewinnstreben im Sinne modernen Unternehmertums; auch er will nichts anderes, nicht weniger, aber auch nicht mehr, als durch seiner Hände Arbeit sich recht und schlecht den standesgemäßen Unterhalt zu verdienen; auch seine ganze Tätigkeit wird von der *Idee der Nahrung* beherrscht.«[224]

Die Behauptung eines nicht vorhandenen Gewinnstrebens und fehlender ökonomischer Rationalität trifft sicher nicht für die Handelsorganisation des 13. Jahrhunderts zu, und sie gilt in nur eingeschränktem Maße für den Wirtschaftsstil der frühen Fernhändler.[225]

Es besteht nur wenig Aufschluß über die frühen Formen des Fernhandels und dessen Entwicklung vom 11. Jahrhundert bis zum etablierten Handelskapitalismus. Die erste Epoche dürfte sehr verschieden gewesen sein von den straff organisierten Formen der Handelsgesellschaften in der Renaissance. Doch trotz der fehlenden organisatorischen Technologien ist auch der frühe Handel nicht von der »Idee der Nahrung« beherrscht.

Zunächst muß eingeräumt werden, daß die Technik des Handels nicht kapitalistisch-rational geprägt war; sie konnte es auch nicht sein, denn: »Seehandel ist ursprünglich überall gleichzeitig *Seeraub*; Kriegsschiff und Handelsschiff sind anfänglich nicht voneinander unterschieden.«[226] Dementsprechend kann vermutet werden, daß die »neuen Männer« des Fernhandels anfänglich in einer Art Kombination von »Beute- und Spekulationserwerb« eher die Risikobereitschaft handeltreibender Hasardeure aufwiesen als rationales Wirtschaftsgebaren. Dennoch stellt sich schnell ein »Lerneffekt« ein, der auch klar über die »Idee der Nahrung« hinausweist.

Auf diesen Sachverhalt deutet jedenfalls die wahrscheinlich einzige überlieferte Vita eines frühen Händlers des 11. Jahrhunderts, Godrich von Finchal, hin, dessen Karriere repräsentativ für die Wirtschaftsgesinnung der frühen Fernhandelskaufleute sein dürfte. Der »Vertreter jenes Geschlechts städtegründender Kaufleute und Seefahrer«[227] kam aus ärmlichen ländlichen Verhältnissen und stieg über Hausierertum zum Marktwarenhändler und schließlich zum Fernhandelskaufmann auf. Aus seiner Biographie geht hervor, daß es sich bei seiner Tätigkeit zunächst um handwerklich-muskulöse Geschicklichkeit und abenteuerliche Risikobereitschaft gehandelt haben muß. Eine Aufgabenteilung liegt im Handelsgewerbe seiner Zeit noch nicht vor. Beschaffung, Begleitung, Sicherung der Waren vor Piraten und Verkauf obliegen derselben Person. Die übliche Reiseform bestand im Zusammenschluß mehrerer Kaufleute, die das gleiche Reiseziel hatten, um das Risiko jedes einzelnen zu mindern.

Aus den zufällig aufgespürten Gewinnchancen wird bald eine von der Erfahrung geleitete, stetige Form des Handelsgewinns. »Ebenso naiv wie treffend schildert Godrichs Biograph Wesen und Zweck des Handels, dem der geschäftskundige Engländer oblag: er kaufte in den verschiedenen Ländern Waren, von denen er wußte, daß sie anderswo selten und daher um so teurer waren, auf, brachte sie nach anderen Gegenden ... erwarb für den Erlös neue Waren, nach denen wieder an anderen Stellen Nachfrage herrschte, und brachte so in beständigem Hin- und Herreisen, indem er *hier* billig einkaufte, *dort* teuer verkaufte ... ein bedeutendes Vermögen zusammen.«[228]

Einmal zu Reichtum gekommen, gründete er mit »besonders strebsamen jungen Kaufleuten« eine »wirkliche Handelsgesellschaft«.[229] Aus der Gründung einer Handelsgesellschaft läßt sich auf ein Gewinnmotiv schließen. Der Übergang vom »Gelegenheitshandel« zur Handelsgesellschaft indiziert eine »dauernde« Organisation des Handels und damit, daß die Händler ihr Gewerbe zum Hauptberuf gemacht haben.

Spätestens ab dem 13. Jahrhundert tritt dann der Gelegenheitshandel vollständig in den Hintergrund und weicht der betrieblich-rationalen Organisationsform, wie sie für den italienischen und hanseatischen Handel gut belegt ist.[230] Maschke bezeichnet das Gewinnstreben des organisierten Handels als »grundsätzlich maßlos« und nur durch die hohen Risiken des Transportes der Waren eingedämmt. Paradigmatisch für das ausgeprägte, allen anderen Berufsständen fremde Gewinnmotiv ist der berühmte Ausspruch Jakob Fuggers, als ihm geraten wurde, sich aufgrund seines hohen Alters zur Ruhe zu setzen, »er hätte viel einen anderen Sinn, er wolle gewinnen, dieweil er könnte«.[231] Auch Rörig kommt in seinen Untersuchungen über die Handelsgesellschaften des Mittelalters zu dem Ergebnis, daß die These von der leitenden »Idee der Nahrung« in bezug auf die Händler nicht haltbar ist. Er bescheinigt z. B. dem Lübecker Handelsbürgertum wirtschaftliche und organisatorische »Genialität«, doch »es war rücksichtslos gegen die wirtschaftlich Schwächern«, wenn es um Marktchancen ging.[232]

Das »rücksichtslose« Konkurrenzverhalten findet seine Entsprechung in der utilitaristischen Grundhaltung auch im privaten Bereich. So rät eine »Ravensberger Anweisung für Kaufleute« dazu, seine Freunde unter »reichen Leuten zu wählen«, denn: »Haltent uech nun mit den lütten, dasß man gern von uech kuofft.«[233]

Die These einer handelskapitalistischen Gesinnung wird weiterhin gestützt durch die ausgeprägte individuelle Leistungsideologie, wie sie sich in der starken Betonung von sozialem Aufstieg, Prestigedenken und Besitzstolz in Briefen, Testamenten etc. dokumentiert.[234] Zudem kennzeichneten den mittelalterlichen Kaufmann nicht unähnliche Tugenden, wie sie dem puritanischen Fabrikanten eigen waren. Maßhalten, Selbstbeherrschung und Bedürfnisaufschub sind immer wiederkehrende Topoi im Wortschatz der überlieferten Briefe und Selbstdarstellungen. Diese asketische Geisteshaltung war nicht rein wirtschaftlich motiviert, denn das Bürgertum hatte seinen katholischen Glauben nicht abgelegt, sondern paradoxerweise intensiviert und orientierte sich in seinem Glauben an dem asketischen Ideal der Mönche.

Der Katholizismus hat nie zur weltzugewandten Askese der Prädestinationslehre geführt, dennoch scheint hier ein ähnlicher Zusammenhang zu bestehen, wie Weber ihn für den industriellen Kapitalismus und die Geisteshaltung des Protestantismus behauptet. Die Mönchsorden waren frühe Reformer, die die verweltlichte Kirche dem asketischen Heilsideal wieder näher zu bringen versuchten. Es ist daher nicht zufällig, daß es vor allem die strengen Orden der Zisterzienser und Prämonstratenser waren, die die ersten landwirtschaftlichen Großbetriebe schufen, und ihre Gewinne nach expansivem Muster *reinverstierten,* nicht unproduktiv konsumierten oder umverteilten.

Das Argument eines Zusammenhangs von religiös-asketischer Orientierung und kaufmännischer Gesinnung soll nicht überzogen werden, denn die katholischen Mönche blieben letztlich »Virtuosengläubige«, nicht diesseitig ausgerichtete Asketen. Dennoch ist die bürgerliche Bewunderung des asketischen Mönchtums bezeichnend für den wirtschaftlichen Geist des Handelskapitalismus, der in dem Mönchsorden ein Vorbild seiner eigenen, »anti-feudalen« Wirtschaftsgesinnung besaß.

»Die Begeisterung, die das Bürgertum im dreizehnten Jahrhundert für die Bettelmönche empfand, steht in einem gewissen Gegensatz zu seinem eigenen kapitalistischen Streben. Die Städte begeisterten sich für das Ideal der Armut, aber sie suchten nach Reichtum.«[235] In der Vereinbarung der Inhalte seines Gewerbes mit den Glaubensvorschriften der Kirche mußten die Handelsbürger denn auch erhebliche kognitive Dissonanzen ertragen. Auch dies belegen Briefe und andere schriftliche Überlieferungen. Ein beständig wiederkehrendes Thema, das gleichzeitig ein weiteres Indiz für das abstrakte Gewinnstreben liefert, ist die Divergenz zwischen Glaube und Gewerbe. Doch »die Kaufleute nahmen zu allem anderen Risiko auch das Risiko des Konfliktes mit dem Glauben« auf sich.[236] Die Reue kam, wenn überhaupt, zumeist erst gegen Ende des Lebens, indem das erworbene Kapital der Kirche oder Stiftungen testamentarisch hinterlassen wurde.

Diese Ausführungen können hier genügen, um das wirtschaftliche Motiv des mittelalterlichen Händlers zu charakterisieren. In den folgenden Abschnitten soll näher untersucht werden, an welche Bedingungen die Entwicklung des bürgerlichen Zeitverständnisses gebunden ist.

Knappheit, Konkurrenz und Kalkulation

Die Anforderungen, die der Fernhandel an die kognitiven Fähigkeiten des aufkommenden Bürgertums stellt, und die Wirtschaftsgesinnung, die die Handelsbourgeoisie entwickelte, sind aufschlußreich für den Wandel des Zeitverständnisses innerhalb dieser Gruppe. In seinem Gewerbe unterliegt der Händler zunächst ebenso wie der Bauer der meteorologischen Zeit, dem Jahreszyklus, dem Wetter und dem Einfluß nichtkalkulierbarer Ereignisse wie Naturkatastrophen. Ihm blieb also nur die Unterwerfung unter die natürliche und göttliche Ordnung und als einzige Handlungsmöglichkeit das Gebet oder abergläubische Praktiken.[237] Doch allein aus dem Zusammenhang des Überwindens großer Strecken, der Notwendigkeit, Konjunkturen an Orten, die weit entfernt lagen, für Investitionen und Warenabsatz, genau zu kennen und ihre voraussichtliche Entwicklung abzuschätzen, mußte die Schärfung und klare Differenzierung von Zeithorizonten hervorgehen. So wird denn auch in einem italienischen Vers dieser Zeit »weite Voraussicht« als Eigenschaft des »rechten und wahren Kaufmanns« genannt.[238]

Der naheliegendste Zusammenhang, auf den sich für die Tätigkeit der Kaufleute und deren Zeitbewußtsein schließen läßt, ist der von *Raum und Zeit*.

Die Trennung von Raum und Zeit als kognitiven Prozeß hat Piaget untersucht.[239] Demzufolge ist mit der kognitiven Fähigkeit, Zeit und Raum als unabhängige Größen zu fassen, auch die Möglichkeit der gedanklichen Loslösung von Gegenwart verbunden. Die Wahrnehmung von Zeit als Beschleunigung oder Verzögerung im

Raum ist mit der reflexiven Verfügbarkeit komplexer Zeithorizonte identisch. Bezogen auf den Handel bedeutet dies, daß mit der Entdeckung des Raumes und der Orientierung an der Länge von Schiffsfahrten, an die die Umschlagsgeschwindigkeit des investierten Kapitals gebunden ist, Zeit als formelle Denkgröße zunehmend wichtiger wird. Hinzu tritt, daß mit Handel und Marktallokation Handlungszwänge zeitlicher Art entstehen, die primär durch *Konkurrenzverhalten* bedingt sind. Die Ausnutzung des optimalen Augenblicks, zu dem ein Bedarf durch einen ersten und dadurch vielleicht einzigen Anbieter befriedigt werden kann, bedarf einer sehr genauen Zeitkalkulation und der ständigen Bereitschaft zu einem erhöhten Handlungstempo. Die potentielle oder aktuelle Steigerung des Handlungstempos wiederum läßt Zeit als knappe Ressource erfahrbar werden. Unter dem Einfluß von Zeitdruck entsteht Terminierungszwang und damit die *Identifikation kurzer Gegenwartsstrecken bzw. Gegenwartspunkten.*

»Daß die Gegenwart entschwindet und man deshalb handeln muß (und umgekehrt ›que l'action fait sentir le présent‹), ist dann nur eine andere Formulierung dafür, daß Zukunft und Vergangenheit divergieren und als Differenz aufeinanderdrücken und so Handlungen aus der Gegenwart herauspressen ... Dann bleibt immer weniger Zeit, um im Einklang mit den Gesetzen und Prozessen der Natur, sie immitierend und ergänzend, zu wirken, um dem, was geschieht zuvorzukommen oder das, was nicht von selbst geschehen würde so rechtzeitig zu erwirken, daß anderes anschließen kann.«[240]

Das Handlungstempo, das sein Gewerbe dem Kaufmann auferlegt, ist natürlich nicht an industrie-kapitalistischen Maßstäben zu messen. Der technologische Entwicklungsstand des Kommunikations- und Verkehrswesens beschränkte die Möglichkeit der Temposteigerung: Immerhin nahm der Überseetransport eines Briefes noch im 18. Jahrhundert ca. ein Jahr in Anspruch,[241] und auf den mittelalterlichen Handelswegen betrug die Dauer des Kapitalumschlages verkehrstechnisch bedingt ca. ein halbes bis ein Jahr.[242]

Insofern haben auch die »Zeitstreckeneinheiten«, die der Kaufmann identifizieren und einhalten muß, noch nicht die metrische Exaktheit und soziale Verbindlichkeit des industriellen Zeitregimes. Durch die noch weitgehende Abhängigkeit von Naturprozessen müssen Verzögerungen und Ungenauigkeiten als selbstverständlich in Kauf genommen werden.

Doch bedarf die Kommunikation unter den Geschäftspartnern schon eines hohen Grades der Verläßlichkeit. Sie läßt vage oder widerspruchsvolle Zeitorientierungen, mit denen das traditionale Zeitbewußtsein »auskommt«, nicht zu. Der Markt erfordert einen höheren *Koordinationsbedarf*, der der Zeitdimension die wichtigste Ordnungsfunktion zuweist: Tätigkeiten müssen synchronisiert und sequentalisiert werden, Verlade- und Ankunftszeiten vorausbestimmt, Anschlußtermine ausgehandelt werden. Wenn sich dies auch nicht in dem Tempo eines Sozialsystems vollzieht, in dem die Zuteilung der Güter durch den Markt (Marktallokation) dominant ist, so deutet allein die Tatsache einer berufsmäßigen Orientierung am Markt auf ein linearisiertes Zeitverständnis. Terminiertes Handeln kann sich nur »gegen den Strom der Zeit« identifizieren, indem der Zeitablauf – ohne notwendig wissenschaftlich-physikalisch reflektiert – als irreversible lineare Achse gedacht wird, auf der sich Zeitpunkte markieren lassen.

Die Funktion von Märkten bedingt geradezu eine Umkehrung der traditionalen Zeitorientierung von Vergangenheit und Zukunft. Für die religiöse Selbstthematisierung der mittelalterlichen Kultur ist das »Alte« und Überkommene Garant der Gegenwart, ähnlich wie die Vorsorge (prévoyance) der Familie sich auf den verläßlichen Zyklus stützt. Der Markt hingegen thematisiert beständig Zukunft und damit Ungewißheit. Ungewißheit entsteht temporal erst durch die Erfahrung einer Divergenz von Vergangenheit und Zukunft; sie ist als »Lebensgefühl« dem zyklischen Zeitbewußtsein fremd.

Die »Bewältigungsform« von Ungewißheit ist Entscheidungshandeln,[243] das Ungewißheit in Risiko umwandelt[244] und zu dem der Kaufmann, wenn er »im Markt« bleiben will, beständig gezwungen ist. Die »Bewirtschaftungsreform« des Risikos wiederum besteht in der Kalkulation (prévision). Das deutlichste und verläßlichste Indiz für ein linearisiertes Zeitbewußtsein und eine scharfe Trennung der Zeithorizonte Vergangenheit, Gegenwart und Zukunft ist daher der kalkulatorische Aufwand, mit dem die Handelsleute ihr Gewerbe betrieben.

Das Berufsbewußtsein des mittelalterlichen Fernkaufmanns zeichnet sich durch einen allen anderen mittelalterlichen Berufsständen fremden ökonomischen Rationalismus aus.[245] In einem während des 14. Jahrhunderts entstandenen Florentiner Kaufmannsspiegel wird Maßhalten, knappe Kalkulation und Selbstbeherrschung zur höchsten Kaufmannstugend erklärt. Der strengen Abgrenzung des äußeren Geschäftsbereichs entsprach die strenge Disziplin der Gesellschaft nach innen, die den einzelnen Gesellschaftern auch die Verfügung über ihr mobiles Kapital verbot.

Die kaufmännische rationale Kalkulation kommt aber vor allem in der Konten- und Rechenführung zum Ausdruck. Die doppelte Buchhaltung wurde im späten Mittelalter langsam und über viele Zwischenstufen in Italien entwickelt, von hier aus wurde sie später auch von den hanseatischen Kaufleuten übernommen. Doch längst vor der doppelten Buchführung existieren viele Statistiken, die von Kaufleuten stammen, und die geradezu als klassische quantitative Schilderungen von Handelsvolumen, Vermögensumschichtung und Inflationsentwicklungen gelten können.[246]

Bezeichnend in diesem Zusammenhang ist auch, daß die Kaufleute nicht nur »Werkzeuge« der Rationalisierung wie die Buchhaltung entwickeln. Der expandierende Handel trägt mit seinem organisatorischen Bedarf auch zur »Entzauberung« kultureller Elemente bei. Eindeutig zeichnet sich mit dem 13. Jahrhundert eine Tendenz zur Laisierung und Rationalisierung der Kultur des Mittelalters durch die Kaufleute ab. Die »kommerzielle Revolution« erfaßt auch die kulturelle Ebene und durchbricht in vielen Bereichen die klerikale Monopolstellung.[247]

Ebenso wie Rechnen und Buchführung zu den Fähigkeiten der Kaufleute zählte und damit ihr ökonomisch-rationales Verhalten indiziert wird, verhält es sich mit der Schriftsprache. Das Mittelalter ist ganz entsprechend zu seiner partikularistischen Struktur eine Kultur der »begrenzten Schriftlichkeit«.[248] Die Unterscheidung literatus-illiteratus, die wir zur Aufteilung von Priesterherrschaft und Volkskultur gekennzeichnet haben, trifft genau diesen Sachverhalt. Die Schrift war nahezu exklusiv dem Klerus vorbehalten. Allenfalls war sie noch gelehrten Laien zugänglich. Erst im 12. Jahrhundert kam die Schrift im Urkundenwesen wieder in Gebrauch. Der entscheidende Bruch mit dem geistlichen Bildungsmonopol wird jedoch mit der Verbreitung der Schrift durch die Kaufleute vollzogen. Zunächst bedienen sich die Fernhändler auf den Handelsfahrten des 11. und 12. Jahrhunderts eines »notarius«; meist eines Geistlichen niederer Weihe.

Doch spätestens seit dem 13. Jahrhundert wird in Italien das klerikale Monopol auf Bildung und Ausbildung gebrochen. »Jusqu'au XIIIe siècle l'histoire de l'école se confond avec l'histoire des monastères et des évêchés. A la fin du XIIIe siècle apparurent les écoles privées et laiques.«[249] Die Kaufleute schreiben selbst und achten auf eine *berufliche Ausbildung* ihres Nachwuchses, die neben den traditionellen Bildungsinhalten spezifisch kaufmännische Qualifikationen umfaßt. Damit war der Konflikt mit der Kirche auch auf diesem Gebiet ausgebrochen. Er beschränkte sich nicht auf Italien.

Schon »im 12. Jahrhundert (beginnen) in Flandern die Kämpfe um eine Schulwesen, das den Bedürfnissen der Oberschichten der städtischen Bevölkerung entsprach und unter ihrer Kontrolle stand. Seit der Mitte des 12. Jahrhunderts wird in Gent eine solche, höchst dramatisch verlaufende Kontroverse um das Recht auf weltliche Schulen ausgefochten. Hier wie in Ypern gewinnt schließlich die Bürgerschaft tatsächlichen Einfluß auf das Schulwesen, und zwar der scholare maiores, bei mehr formalen Konzessionen an das kirchliche Kontrollrecht. Ähnlich ging es in anderen flandrischen Städten.«[250] In Lübeck entsprachen die Vorgänge mit einem leichten zeitlichen Abstand vollkommen denen in Flandern. Funde des Lehrmaterials in einer Lübecker Schule dieser Zeit belegen auch den Wandel der Lehrinhalte durch die Bildungsemanzipation der kaufmännischen Oberschichten vom Klerus. Zwar handelte es sich weiterhin um eine Lateinschule, aber im Lehrprogramm finden sich nun Stilübungen für die Handelskorrespondenz, Ausstellungen von Geschäftsurkunden und der Unterricht in Verwaltungsführung.

»Es war die kaufmännische Oberschicht, die um die Mitte des 13. Jahrhunderts ihren Betrieb mit Hilfe der Schriftlichkeit bewußt rationalisieren wollte und ihn reichlich hundert Jahre später, um 1370... längst rationalisiert hatte.«[251]

Der Zusammenhang von Schriftkultur und Zeitorientierung ist nach ethnologischen Studien leicht rekonstruierbar.[252] In schriftlosen Kulturen spielt Zeit als formelle Denkkategorie keine Rolle, sie sind in ihrer Zeitorientierung an naturalen Größen orientiert. »There are no standardized durational units of alternating periods of light and darkness.«[253] Das Interesse an dem Gebrauch der Schrift als Kommunikationsmittel kommt erst mit dem Interesse auf, komplexe Sachverhalte für komplexe Zeitorientierungen *intersubjektiv* verfügbar zu halten. Schriftlichkeit indiziert eine abstrakte und rationale Generalisierung von Zeitorientierungen.

Die mittelalterlichen Kaufleute haben einen sehr extensiven Gebrauch des Rationalisierungsinstrumentes Schrift gemacht. In einem vollständig erhaltenen Archiv eines italienischen Kaufmanns sind über 150 000 Briefe überliefert. Allein diese Quantität läßt erkennen, daß die schriftliche Kommunikation unter den Handelsleuten nicht auf dyadische Beziehungen beschränkt war.[254] Insbesondere von Venedig aus wurde ein umfangreiches und regelmäßiges internationales Nachrichtenwesen betrieben, das die einzelnen Kaufleute oder Handelsgesellschaften, Kommissionäre und Geschäftsfreunde über die Lage auf einzelnen Märkten, Preisentwicklung, Konkurrenzverhalten, aber auch über politische Ereignisse unterrichtete.

Bezogen auf den sozialen Stand der Kaufleute kann also durchaus von einer Tendenz zur »Weltgesellschaft« durch Fernmärkte, Handel und internationale Kommunikationsverbindungen gesprochen werden. Die Kommunikationsmittel, die von den Kaufleuten benutzt wurden, um diese internationalen Kommunikationsbeziehungen herzustellen, lagen während des gesamten Mittelalters vor; sie bilden also keine Innovationen, die die Handelsleute selbst hervorgebracht hätten. Ihre neuartige Nutzung und Stellung in den Marktzusammenhang ist ein deutliches Zeichen für eine neue Wirtschaftsmentalität, mit der nicht nur neue Bewußtseinsformen einhergehen, sondern auch die Umgestaltung der sozialen Beziehungen verbunden ist.[255] Der folgende Abschnitt thematisiert daher den Unterschied merkantiler und traditionaler Rationalität, um zu untersuchen, welche Implikationen für die Regeln und den Zeitbedarf von wirtschaftlicher Interaktion und Kommunikation mit der kaufmännischen Wirtschaftsgesinnung einhergehen.

Geld ist Zukunft

Mit der Orientierung an zukünftigen Erwerbschancen durch rechnerische Kalkulation und schriftliche Fixierung ist ein neuer Begriff der *wirtschaftlichen Rationalität* verbunden. Rechnerische Kalkulation erschöpft sich nicht in der bloßen Notierung von Wirtschaftsdaten, sondern sie relationiert buchhalterisch Aufwand und Ertrag, d. h. sie operiert mit Nettogrößen, die für Erfolg oder Mißerfolg einer Transaktion stehen. Die kaufmännische Rationalität geht von *Knappheitsrelationen* aus, die der traditionale Wirtschaftsstil nicht vollzieht.

Natürlich kennt auch die bäuerliche Familienwirtschaft Güterknappheit, die oft genug physisch spürbar wird. Knappheit besitzt hier jedoch eine andere Bedeutung: Sie wird im Sinne absolut begrenzter Ressourcen begriffen, die allenfalls im natürlichen Rhythmus der landwirtschaftlichen Produktion variabel sind.

»Diese Orientierung ... ist nicht nur höchst rational in dem sie bestimmenden Zusammenhang, für die Aufrechterhaltung des Gleichgewichts der ›klassischen‹ bäuerlichen Gesellschaft ist sie unerläßlich.«[256]

Da die natürlichen Ressourcen als absolut begrenzt erachtet werden, würde auch jede individuelle oder familiale Steigerung des Ressourcenniveaus über ein durchschnittliches Maß als Bereicherung auf Kosten anderer interpretiert werden und das soziale Gleichgewicht stören.

Knappheit erscheint hier als eine Eigenschaft der Welt oder der Natur; nicht als Maxime des Wirtschaftens selbst. Dieser agrarischen Rationalität der Knappheitsorientierung entspricht die angesprochene Verrechnungslosigkeit von Aufwand und Ertrag in der Familienwirtschaft, in der nur Bruttogrößen gelten. Die traditionale Wirtschaftseinheit geht demnach vom Mengenkonstanzprinzip aus, das unmittelbar auf die Beziehung von Arbeitseinsatz und Produktmenge gerichtet ist.

Demgegenüber basiert unter sozial sanktionierten Konkurrenzbeziehungen die Knappheitsrelation auf dem Summenkonstanzprinzip, das garantiert, »daß im Bereich von Knappheit kein Gewinn oder Verlust, keine Selektion ohne entsprechenden Verzicht möglich ist«.[257] Dies impliziert, daß nicht normativ der kollektive Konsum geregelt wird, sondern eine individuelle Zuschreibung der Verwendung von Ressourcen erfolgt.

Die »Umstellung« auf Knappheitsrelationen nach dem Summenkonstanzprinzip als dominantem Wirtschaftskalkül bringt erst die bürgerliche Gesellschaft mit sich. Von diesem Stadium ist der Handelskapitalismus noch weit entfernt, es zeigt sich aber, daß er, der Logik der Knappheitsrelationisierung folgend, Zeit und Geld zu vergleichbaren Größen macht.

Das Denken in Summen, nicht in Mengen, setzt voraus, daß ein einheitlicher Nenner von Mengen existiert: Geld. Das Geld war auch im frühen Mittelalter nicht ganz außer Gebrauch gekommen, doch ist im wesentlichen »das Mittelalter eine Epoche der Münz-irrationalität«.[258] Insbesondere die Vielfalt der Geldsorten und die andauernden Münzverschlechterungen durch den Einzug und die Erneuerung von Münzen durch regional unabhängige Münzherren trugen zur Einschränkung des Handelsvolumens und Geldumlaufs bei.

Mit dem expandierenden Fernhandel wird Geld als Wertmesser und Tauschmedium schrittweise wieder aufgenommen: »Der Geld-umlauf des 12. und 13. Jahrhunderts ist unendlich viel größer, als er es je vom 9. bis 11. Jahrhundert gewesen war.«[259] Ein Grund für diese Steigerung liegt in der Vereinheitlichung der Zahlungsmittel und ihre Anpassung an die Bedürfnisse des Handels.

»Es wirkte daher als eine epochemachende Tat, daß Florenz 1252 einen 3½ g schweren Goldsolidus ausprägte (florenus, florin) und soweit technisch möglich, ihn in gleichem Gehalt wiederholte; überall gewöhnte man sich an die neue Münze, die zur allgemeinen Münze des Handels wurde.«[260]

In Deutschland, wo die Zerrüttung des Geldes am weitesten fortge-schritten war, kam der Heller auf, in Frankreich schuf 1266 Ludwig IX. den Groschen von Tours, »das wahre Heilmittel« (Pi-renne); und in England wird der Sterling verbessert. Damit waren recht zuverlässige Verrechnungs- und Tauscheinheiten geschaffen, die für die Interessen von Handel und Stadtwirtschaft unentbehr-lich waren.

Was bedeutet nun Geld als Tauschmedium im Kontext sozialer Zeitstrukturen?

Zunächst wirkt Geld als »Beschleuniger« sozialer Prozesse. Die »Wirtschaftlichkeit« des Geldnenners liegt hauptsächlich in der Reduktion von für Tauschprozesse irrelevanten Informationen. Geld abstrahiert von allen normativen oder affektiven Besetzungen von Gütern, wie sie sich z. B. im »Gabentausch« finden, und ordnet jeder Art von knappen Ressourcen – und ganz gleich welchen Ressourcen – einen numerischen Index zu. Prinzipiell ist damit jedes Gut mit jedem Gut kompatibel. Suchprozesse am Markt werden mit Hilfe des Geldalgorithmus abgekürzt und im Tempo gesteigert.

Auf diese Katalysatorfunktion des Geldes hat Simmel[261] im Zusam-menhang mit der Veränderung des Rhythmus im »Lebensstil« hingewiesen:

»Endlich muß die Geschwindigkeit, die der Zirkulation des Geldes gegenüber der allen anderen Objekten eigen ist, das allgemeine Lebenstempo unmittelbar und in demselben Maße steigern, in dem das Geld das allgemeine Interessenszentrum wird«, und daher »mit dem raschen Umsatz billigen Geldes... zuerst der moderne Begriff der Zeit durchdrang, als eines durch Brauchbarkeit und Knappheit bestimmten Wertes. Damals begannen die Turmuhren die Viertelstunden zu schlagen.«[262]

Die *Gleichsetzung von Zeit und Geld,* die beide als knappe Ressourcen miteinander relationiert werden, ist damit vollzogen. Knappe Kalkulation und die Orientierung an Kapitalumschlagzeiten setzen in ihrer Folge Gewinn und aufgewandte Zeit in Beziehung.
Es ist wichtig, an dieser Stelle nochmals darauf hinzuweisen, daß so wie die kaufmännische Rationalität eine individuelle Rationalität ist, d. h. noch keine sozialstrukturelle Selektionskraft besitzt. Auch die Formel »Zeit ist Geld« hat noch nicht die Eindeutigkeit und normative Verbindlichkeit etwa der Lehre Benjamin Franklins. Darauf insistiert in ähnlicher Weise auch Weber, wenn er die kaufmännische Rationalität Jakob Fuggers als »sittlich indifferent« bezeichnet, den »Geist« Franklins hingegen als ethisch bestimmte Maxime der Lebensführung charakterisiert.[263]
Worauf es uns jedoch ankommt, ist der Zusammenhang von Marktorientierung und Zeitbewußtsein bzw. -verwendung. Mit der Herausbildung »sozialer Rationalitätsinseln« erhält die Zeit einen ökonomischen Wert und wird dem Geld kommensurabel. »Zeitvergeudung« als integraler Bestandteil der bäuerlichen Produktion kann sich der gewinnorientierte, rechnende und berechnende Kaufmann nicht »leisten«. Dieser Zusammenhang von Geld- und Zeitressource wird insbesondere dann bestätigt, wenn wir die Funktion des Geldes auf die ihr zugrunde liegende Differenzierung von Zeithorizonten und den Implikationen für den Modus sozialer Beziehungen betrachten.
Neben der Temposteigerung und dem damit verbundenen Knappheitsgrad von Zeit kommt dem Geld eine zweite Funktion zu, die im Zusammenhang mit seiner Leistung steht, Güter auf einen Nenner zu bringen. Im Gegensatz zur beschränkten Menge und ihrer Art nach gleichbleibenden Produktionsergebnissen in der agrarischen Hauswirtschaft, in der die »Wiederkehr der Produkte« zudem zeitlich fixiert ist, repräsentiert Geld ein *abstraktes Potential,*

mit dem (tendenziell) zu jeder Zeit jedes Produkt in beliebig großem Umfang erworben werden kann. Die Präformation des zukünftig Möglichen wird durch Geld aufgehoben. Zukunft wird kontingent.

Geld kann schon als reines Potential wirken, indem Geld zu haben heißt, Zukunft zu haben. Geld wird zum »Potentialbegriff des Wirtschaftens, zum Ausdruck der Gegenwart ihrer Zukunft.«[264] Zugleich steigert der Potentialbegriff das Bewußtsein von Risiko. Bei einer als offen erlebten Zukunft wird durch die nur einmalige Verausgabbarkeit des Geldpotentials die Präformation von Zukünftigem in einem (irreversiblen) Akt vollzogen.

In bezug auf die Gegenwart liegt dabei ein analoger Mechanismus vor wie bei der Steigerung des sozialen Tempos: Je höher der Grad des sozialen Tempos, um so größer wird die Sensibilität für kürzere Gegenwartsstrecken. Ebenso: Je offener Zukunft empfunden wird, um so problematischer wird die Gegenwart, da mit jeder Handlung zukünftig Mögliches selektiert wird.[265]

»Geld erlaubt also eine richtige Buchhaltung der Erwartungen. Weil zweitens die verschiedenen Verwendungszwecke einer Summe sich in dem Augenblick, da man sie zu realisieren trachtet, gegenseitig ausschließen, setzt die rationale Nutzung einer begrenzten Geldmenge ein Kalkül voraus...«[266]

Aus der inhaltlichen Unbestimmtheit und nur quantitativen Begrenztheit des Geldes folgt weiter, daß Geldverwendung nicht an bestimmte Personen oder Handlungspartner gebunden ist. Ebenso wie es kontingent wird, welches Gut zu welcher Zeit erworben wird, setzt Geld die Tauschpartner kontingent. Damit kommen wir von der individuellen Ebene des Verhältnisses von Geld und Zeitbewußtsein auf die Ebene von sozialen Beziehungen. Die Modifikationen, die im Regelungsbereich von Interaktionen mit Geldverwendung einhergehen, liegen in der Umstellung von verrechnungslosen Reziprozitätsbeziehungen der traditionalen Wirtschaft auf Komplementaritätsbeziehungen im durch Geld vermittelten Tausch. Im Gegensatz zum verrechnungslosen Beitrag zu einem naturalen Bruttogesamteinkommen in der Konsum und Arbeitsleistung nicht trennenden Familienwirtschaft, impliziert die Geldrechnung, daß Entsprechungsleistungen getauscht werden, über die zeitlich disponiert wird. »Geldgebrauch orientiert sich notwendig an der Möglichkeit freibleibender, aber angebbarer und antizipierbarer Beeinflussung und Steuerung künftigen Verhaltens anderer.«[267]

Schon allein aus diesem Grund wird die Verständigung über partikulare und die Vereinbarung von intersubjektiven Zeitschemata notwendig. Die Zeitverwendungen der Tauschenden müssen gegenseitig synchronisiert und miteinander abgestimmt werden. Dies leitet sich aus der einfachen Tatsache ab, daß mit Geld die örtliche und zeitliche Gebundenheit des Tausches entfällt und die im Kauf begründeten gegenseitigen Leistungsbeziehungen Zeitdifferenzen in der Leistungserfüllung zu überbrücken haben. Der Umgang mit Geld löst daher die affektiv-diffusen Beziehungen der Familienwirtschaft ab, indem nun ego Erwartungen in bezug auf eine zukünftige Leistungsentsprechung eines anderen aufbaut. Leistungstausch kann nicht durch Reziprozität affektiver Beziehungen gesteuert werden, »sondern durch geregelten Perspektivenwechsel«.[268]

Ego muß also die Zeitverwendung Alters antizipieren, sowie in der »nächsten Runde« sich alter auf egos Zeitbudget einzulassen hat. Die Zurechnung und Verrechnung von Handeln wird als zeitliche Interdependenz thematisierbar, etwa durch die Fremdselektion des eigenen Zeitplans oder in der Verfügung über die Zeitgestaltung anderer. Ebenso in dem Maße, wie durch die Geldbeziehung »Abstimmungsleistungen« in bezug auf individuelle oder gruppenspezifische Zeitbudgets erforderlich werden, bedarf es auch der Ausdifferenzierung von Regelungs- und Ordnungsfunktionen, die die Geldkommunikation »abstützen«. Geldtausch – und so läßt sich Dobb interpretieren, wenn er von der »zersetzenden Wirkung des Geldes« spricht[269] – substituiert als Einflußmedium auf das Verhalten anderer in der sachlichen Dimension die Autorität (Geistlichkeit) und in der sozialen Dimension die Führerschaft (Aristokratie), also Einflußmedien, auf denen das feudale Herrschaftssystem aufbaut.

Geld neutralisiert diese Herrschaftsform insofern, als daß es im wirtschaftlichen Bereich Einflußerwartungen generalisiert, die durch die faktische Verfügungsgewalt über knappe Ressourcen begründet werden.[270] Ein Geldbesitzer braucht nicht auf Autorität zu rekurrieren, ebenso braucht er sozial keine Führerschaft zu beanspruchen, um Einfluß geltend zu machen. Das Verhältnis zwischen Tauschpartnern ist (idealtypisch betrachtet) egalisiert und affektiv neutralisiert. Die Berufung auf die göttliche Autorität oder den gottgewollten Status verliert in der Geldkommunikation ihren Sinn. Macht über die Sicherung fremden Verhaltens ist dann auch zunehmend nicht mehr über die Sakralisierung von Verhaltensnormen möglich, sondern wird über die asymmetrische Verteilung von Geld geregelt.

Dann aber bedarf es für die Aufrechterhaltung der Geldfunktion spezifischer Sicherungsinstitutionen, die das künftige Verhalten der Tauschpartner sicherstellen und die gegenseitigen Leistungsentsprechungen garantieren.

Die Entwicklung des positiven Rechts und das Ende der Vergangenheit

Bedeutsam im Zusammenhang mit der Funktion von Geld als abstraktem Potential, das nicht nur die eigene Zukunft kontingent setzt, sondern auch die Regeln sozialen Handelns modifiziert und soziale Beziehungen neutralisiert, ist nun die Tatsache, daß schon sehr früh in Handel, Geld- und Kreditwesen soziale »Sicherungsinstitutionen« entwickelt wurden, die als Reduktionsmechanismen der entstandenen Kontingenzen interpretiert werden können.

Die Entwicklung solcher »Gegeninstitutionen« zu einer offenen Zukunft und prekären Gegenwart läßt sich am Beispiel der organisatorischen Umgestaltung des Handels verfolgen.

Aus der »Gefahrengemeinschaft« der frühen Händler hatten sich – zuerst in Italien – neuartige Organisationen des Handels entwickelt, die in mehrfacher Hinsicht das neue Zeitbewußtsein im Handel belegen. Max Weber hat diese Organisationsformen auf ihre rechtlichen Aspekte hin untersucht, die auch in unserem Kontext von Bedeutung sind. Demzufolge stammen wesentliche moderne vermögensrechtliche Grundsätze aus der Regelungsbedürftigkeit der wirtschaftlichen Beziehungen in den Handelsstädten.[271]

Der uns primär interessierende Fall ist die Entstehung der »commenda« als geschäftliche Organisation. Die commenda unterscheidet sich von früheren Handelsstadien durch die Differenzierung von Kapitalgeber und Händler.

Die Geldgeber waren zumeist Berufshändler oder auch Adelige, die dem reisenden »socius« Handelskapital zur Verfügung stellten, das nach der Umschlagsfrist nach festen Regeln aufgeteilt wurde.

»Das Charakteristische dieses Geschäftes war: zum ersten Mal findet sich hier kapitalistisch Abrechnung; dem Anfangskapital steht ein Endbetrag gegenüber, dessen Überschuß als Geldgewinn festgelegt und verteilt wird.«[272]

Anfangs bildete die commenda eine Art »Gelegenheitsunternehmung«, für deren Abwicklung es schon eines hohen planerischen Aufwands bedarf, da mit der Kreditform eine Kapitalrechnung entsteht, die zukünftige Erträge über weite Zeitstrecken relationiert.

Mit der »Bewährung« und Ausweitung des Kommendageschäftes entwickelt sich die dauernde Betriebsunternehmung; meist indem einzelne Familienverbände zum Handel übergehen. Damit wird ein Schritt vollzogen, der das Organisationsprinzip der traditionalen Familienwirtschaft durchbricht:

Zunächst rechnete die Unternehmung nur für familienfremde Kommendanehmer ab, innerhalb der Hausgemeinschaft blieb sie beim Prinzip des Gesamteinkommens. Wenn die commenda jedoch einem Familienmitglied übertragen wurde, so wurde auch dieses Geschäft getrennt abgerechnet; es kommt also schon zu einer individuellen Zuschreibung des Beitrags zum Gesamteinkommen.

Der entscheidende Schritt wird mit dem Aufkommen langfristiger und hoher Kredite vollzogen, da sich nun die Frage nach der Kreditgarantie stellte. Diese Garantie wurde im mediterranen Handel vornehmlich durch zwei Strategien gesichert: einmal durch die Erhaltung des Vermögens der Gesamtfamilie, was auch die Aufrechterhaltung der Hausgemeinschaft mit entfernten Verwandten einbezog und in der späteren Entwicklung auch auf Nichtfamilienmitglieder ausgedehnt wurde. Hieraus folgt die zweite Sicherungsstrategie: die Solidarhaftung der Zusammenwohnenden.

Die Solidarhaft ist wahrscheinlich aus strafrechtlichen Gründen entstanden, doch mit der Expansion von Handelsverflechtungen und dem Kreditwesen geht sie in Zivil- und Handelsrecht über und bildet damit eine der frühbürgerlichen Formen rechtlicher Sicherung.

Um nach außen kreditwürdig zu bleiben und um sich nach innen gegen die Mißwirtschaft einzelner Familienmitglieder zu schützen, entsteht ab dem 13. Jahrhundert in Italien und seit dem 14. Jahrhundert im Norden die *Trennung von dem Vermögen der Handelsgesellschaft und dem Familienvermögen*. Aus dem »corpo della compagnia ... entwickelt sich der Kapitalbegriff« und gleichzeitig die vertragsmäßige Festsetzung über den dem einzelnen zustehenden Verbrauch und die Vertretung des Hauses nach außen.[273]

Das »ungeteilte Bruttogesamteinkommen« der traditionalen Familie wird nun in »produktive« und zum Konsum bestimmte Teile nach vertragsrechtlichen Prinzipien aufgespalten. Die Entwicklung im nördlichen Europa nimmt einen ähnlichen Verlauf. Hier gestalten sich die Verrechnungsprinzipien zunächst anders, da die doppelte Buchhaltung erst später übernommen und lange Zeit jedes Geschäft einzeln abgerechnet wird. Dies darf über die Kontinuität des nördlichen Handels jedoch nicht hinwegtäuschen.

So unterschiedlich die Entwicklung der Handelsgesellschaften auch im einzelnen gewesen sein mag, immer findet sich die Tendenz zur Verrechtlichung und vertraglichen Gestaltung der sozialen Beziehungen. Wir finden in den Städten schon im 11. Jahrhundert das »ius mercatorum«, ein embryonales Handelsrecht, das – politisch-herrschaftlich – noch nicht abgesichert war, sich aber schon von den archaischen Rechtsformen des Zweikampfes etc. losgelöst hatte und das die Rechtssicherheit des Handels, nicht göttliche Urteile, anstrebte.[274]

In dem Bestreben nach Rechtssicherheit koinzidierten die bürgerlichen Interessen mit den Interessen der städtischen Fürsten. Auf die Garantie objektiver Normen »wirken ökonomische Interessen hin, welche der Fürst... zu begünstigen und an sich zu fesseln wünscht, weil dies seinen fiskalischen und politischen Machtinteressen dient. Vor allem natürlich bürgerliche Kräfte, welche ein eindeutiges, klares... vor allem die Rechtsverbindlichkeit von Kontrakten sicher garantierendes und infolge aller dieser Eigenschaften berechenbar funktionierendes Recht verlangen müssen. Ein Bündnis von fürstlichen und von Interessen bürgerlicher Schichten gehörte daher zu den wichtigsten treibenden Kräften formaler Rechtsrationalisierung.«[275]

Was kann nun Rechtssicherheit im Zusammenhang mit der zeitlichen Struktur der frühbürgerlichen Gesellschaft heißen? Es wurde schon darauf hingewiesen, daß »Sicherheit als Wertidee« in Form der Sozialversicherung als eine bürgerliche Gegeninstitution zur Öffnung von Zukunft und als Reduktionsmechanismus von Ungewißheit interpretiert werden kann, die aus der Futurisierung des Zeitbewußtseins resultiert.

Wir finden im Handelskapitalismus das gleiche Grundmuster wieder. Noch bevor sich Versicherungsgesellschaften als Institutionen herausbilden, war das Versicherungsprinzip längst in die Praxis des Fernhandels eingegangen.[276]

Soziale Sicherheit, Versicherung oder Rechtssicherheit folgen dem gleichen temporalen Muster. Es handelt sich bei diesen »künstlichen« spezifisch bürgerlichen Konstruktionen um Folgeinstitutionen oder funktionale Äquivalente für die traditionale »Existenzsicherheit im Schoße der Familie«.[277] Übersetzt man die Funktion rechtlicher oder vertraglicher Regelungen, derer die traditionale Wirtschaftsweise nicht bedurfte, in zeitliche Termini, so erfüllen sie die Funktion der Abstraktion von der Zeit oder der *»Entzeitlichung von Zukunft«*.[278]

In der Rechtstheorie findet sich ebenfalls diese Konstruktion, wenn auf die temporale Konstitution von Recht rekurriert wird. Abstraktes Recht ist »ohne Zeit«, d. h., daß die Funktion von Recht – G. Husserl folgend – darin besteht, Zukunft vorwegzunehmen und Kontingenzen zu vernichten:

»Das Recht hat eine abstrakte Zeit... Seine Geltung ist Geltung ein für allemal. Das Recht ist selbst ein Ende... Es will nichts wissen vom Vielleichtsein der Welt, dem seine Normen diktatorisch Widerspruch entgegensetzen.«[279]

Bereits Thomas Hobbes hatte die zeitliche Struktur der Vertragsgesellschaft zum Ausgangspunkt seiner ideenpolitischen Reflexionen gemacht. Es läßt sich daher mit Willms[280] der »garantierte Vertrag« zeitlich durch die fundamentale »Besorgnis hinsichtlich der Zukunft« rekonstruieren. Die Hobbessche Wolfsmetapher ist demzufolge der ideenpolitische Reflex einer sozialstrukturell längst vollzogenen Differenzierung von Vergangenheit und Gegenwart, die sich politisch-theoretisch in der Frage formuliert, wie das Vertragsmodell wirksam sein könne, trotz der Zukünftigkeit, die der Vertrag einschließt.[281]

Im Falle einer gleichzeitigen Leistungserfüllung wäre jeder seines Vorteils im Tausch unmittelbar sicher. Diese Fiktion entfällt aber spätestens mit dem Kredit als »expliziten Zeittausch«. Deshalb könnte es ohne eine allgemeine Zentralgewalt, die die Zukunft garantiert, nicht zum Vertrag kommen. »Denn wer zuerst erfüllt, kann nicht sicher sein, daß der andere daraufhin erfüllen wird. ... Und deshalb gibt sich der zuerst Erfüllende nur seinen Feinden preis.«[282] Der Bezugspunkt des garantierten Vertrages ist deshalb die Sicherstellung des zukünftigen Verhaltens anderer, indem an die Stelle der »schwachen Bande des Versprechens« die »Stabilität der Verpflichtung« durch die »Furcht vor den Folgen der Nicht-

Einhaltung« gesetzt wird.[283] Das bürgerliche Recht strukturiert seinem zeitlichen Sinne nach normativ Erwartungen. Es verfährt also »umgekehrt« wie das archaische Recht, das wir im Kapitel 2 auf S. 23 ff. angesprochen haben. Nicht das Vergeltungsprinzip »keine Strafe ohne Schuld«, sondern das Kausalprinzip, nach dem die Schuld Strafe nach sich zieht, wird nun maßgeblich. Abstraktes Recht gründet demnach auf der zeitlichen Divergenz von Vergangenheit und Zukunft. Indem Recht auf die normative Sicherung der Zukunft ausgerichtet ist, ist auch der Zeithorizont von Vergangenheit einer sozialen Umdeutung unterworfen.

»Die Vergangenheit wird damit nicht abgeschüttelt, sie bekommt aber einen anderen Stellenwert im Rechtsgefüge. Sie bindet nicht mehr durch die Selbstverständlichkeit der Tradition oder durch die Kontinuität der Schuld und auch nicht mehr durch ein konservatives Werturteil in dem Sinne, daß das Alte normalerweise besser sei als das Neue. Aber sie leistet eine Ordnungsvorgabe ... Vergangenheit scheint in der Gegenwart nunmehr als status quo der Systeme, von dem jede sinnvolle Änderung ausgehen muß, also nicht mehr zu verhindernder Aspekt der Zukunft.«[284]

Damit ist durch Recht die Vergangenheit als ein Möglichkeitshorizont, wie sie sich noch dem mittelalterlichen Christen als Vorstellung der faktischen Teilnahme am vergangenen Heilsgeschehen präsentierte (vgl. S. 23 ff.), eliminiert. Recht setzt abgeschlossene Tatbestände voraus, über deren Stellung in der Zeit exakte und intersubjektiv teilbare Vorstellungen existieren müssen. Wenn die Vergangenheit als »abgeflossen« interpretiert wird, ist sie invariant, dann erlaubt nur noch die Zukunft, Geschehenes zu modifizieren.

Indem mit der zunehmenden Regelmäßigkeit und Normalität des Tausches in sozialen Beziehungen komplementäres, auf Recht gestütztes Handeln an die Stelle der traditionalen Reziprozität tritt, »verkehrt« sich die Maßgeblichkeit der Zeithorizonte. Vergangenheit wird nur noch als Kapital, Wissen oder Erfahrung »in die Zukunft« mitgenommen.

Darin erfüllt Recht eine weitere zeitliche Funktion. Recht vernichtet nicht nur Kontingenzen, sondern es hält auch Zukunft offen. Vertragliche Regelungen entbinden die Tauschenden von der Dauerhaftigkeit und affektiven Besetzung ihrer Beziehungen, indem der Tauschakt punktualisiert wird, nur der Inhalt der gegenseitigen

Leistungserbringung festgehalten wird und nicht Personen durch Treue, Vertrauen, Gehorsam etc. aufeinander verpflichtet werden. Vertrauen und Verpflichtung braucht nur noch dem indifferenten Recht selbst, nicht bestimmten Personen gegenüber erbracht zu werden.

Es mag nun trivial klingen, daß Verträge und rechtliche Regelungen Zukunft normativ strukturieren und Vergangenheit durch Recht den Status irreversibler Zukunftspräformation erhält. Weniger trivial erscheint dieser Sachverhalt aber dann, wenn wir uns vor Augen halten, daß sich diese komplexe Zeitstruktur innerhalb eines Gesellschaftssystems formiert, in dessen religiöser Kultur die Verbindlichkeit der Tradition, die Wertschätzung des Alten und der kollektive Schuldbegriff noch vorherrscht und die ländliche Bevölkerung einer zeitindifferenten Zyklik folgt. Wir können daher für den Zusammenhang von expandierendem Handelskapitalismus, der frühen bürgerlichen Sozialformen und dem gesellschaftlichen Zeitbewußtsein von einer Herausbildung und Verschärfung gleichzeitig ungleicher Zeitstrukturen sprechen, die auch regional ihre Entsprechung finden.

Zum einen ist das Bestreben nach und die Schaffung von Rechtsinstitutionen – ähnlich wie das Beispiel der Buchführung und der Schriftlichkeit der Handelskaufleute – eine »confirmation a contrario« für ein zukunftsoffenes, linearisiertes Zeitbewußtsein des frühen Bürgertums.

Zum anderen – und dies ist der wichtigere Punkt – gewinnt mit der Rationalisierung des Rechts infolge der »Umstellung« sozialer Beziehungen von der traditionalen »Wechselseitigkeit« zur »Entsprechungsleistung« die lineare Zeitstruktur an sozialstruktureller Selektionskraft.

Mit anderen Worten: Hatte sich die bürgerliche Zeitorientierung durch die Expansion und die kognitiven Anforderungen des Handels und internationaler Märkte »faktisch« durchgesetzt, so erhält sie mit dem Komplementärmechanismus Recht normative Geltung.

Ähnlich wie später Zukunftsbezug, Planung und Zeitdisziplin für das Proletariat in der industriellen Revolution *das* Selektions- und Disziplinierungsinstrument zur Ökonomisierung der Arbeit darstellte, wird in der kommerziellen Revolution für den mittelalterlichen Stadtbürger die lineare Zeitstruktur, Zeit als formelle und isolierte Denkgröße verbindlich. Zeit ist nicht nur mehr ein Thema

intellektueller Eliten oder als Orientierungsgröße einer kaufmännischen Avantgarde vorbehalten, sondern Zeit erhält mit den beschriebenen Implikationen der Geldkommunikation und der Verbindlichkeit von Verträgen und sanktioniertem Recht soziale Ordnungsfunktion. Vertraglich geregelte Termine z. B. besitzen nicht
nur Entlastungs- weil Sicherungsfunktion, sondern sie verpflichten
auch zur Zeitdisziplin in gesteigertem Handlungstempo.

Die Zeit der Stadt, die Zeit der Arbeit: Vorboten Taylors im 14. Jahrhundert

In welchem Ausmaß die lineare Zeitstruktur zur verbindlichen Zeit
wird, dokumentiert im 14. Jahrhundert der Übergang in den Städten von den kanonischen Horen zu den tag-nacht-gleichen Stunden.[285] Die städtisch-ländliche Arbeitsteilung im Hochmittelalter
führt auch zu einem zeitlichen Dualismus ländlicher Zyklik und
städtischer Linearität. Im urbanen Bereich tritt an die Stelle der
ökologischen und normativ-sakralen Zeitorientierung die metrisch-
gemessene Zeitstruktur des Marktes. Die in den Mönchsorden
forcierte Technologie der exakten Zeitmessung wurde von nun ab
zur Sozialtechnologie des städtischen Bürgertums.
Die mechanische Uhr[286] findet zunächst in den Klöstern Verwendung, doch die Turmuhr, wie sie ab dem 14. Jahrhundert in den
Städten auftaucht, ist ein ganz und gar bürgerliches Produkt. Dies
belegt eine schon ältere, aber erst neuerdings wieder Interesse
erweckende Studie von Bilfinger:
»Die Anfänge unserer modernen Räder- und Gewichtsuhr mögen
wurzeln, wo sie wollen, die *Schlaguhr,* welche den Übergang von der
antiken zu der modernen Stundenrechnung mit sich gebracht hat,
ist ein echtes einheimisches Erzeugnis des mächtig emporblühen-
den Bürgertums.«[287]

Zwar sind auch Kirchen im Besitz der Schlaguhren, doch geben die
Quellen und Bezeichnungen der Uhren Belege dafür ab, daß die
Initiative zur Beschaffung und Installation der Uhren von den
städtischen Bürgern ausging. Zuerst erwerben die reichen Städte
Italiens und der Niederlande die neuen Schlaguhren. Nach und
nach besitzen jedoch fast alle Gemeinden, die das grundherrlich
garantierte Recht der Selbstverwaltung haben, eine »Gemeinde-

glocke«, »Bannglocke« oder bezeichnender: eine »Bürgerglocke«, die von nun an den Lebensrhythmus der Stadtbürger regelt und ordnet.

»Die bisherigen Veranstaltungen, einzelne Zeitpunkte des Tages und der Nacht zu bezeichnen, teils weltlich-polizeilicher, teils religiös-kirchlicher Natur, konnten für die Bedürfnisse einer manchfach thätigen, von so verschiedenen Interessen geleiteten, reich gegliederten Bürgerschaft auf die Dauer nicht mehr ausreichen; das Bedürfnis einer genaueren Zeiteinteilung mußte sich immer mehr geltend machen, und dies umso mehr, je lebhafter das gewerbliche und kaufmännische Leben sich in den Städten entwikkelte, welches ein geordnetes, regelmäßiges Ineinandergreifen aller mitwirkenden Faktoren zur notwendigen Grundbedingung hatte. Ein Interesse an der Aufrechterhaltung der antiken Stunden war in diesen Kreisen nicht vorhanden, denn sie waren auch im Mittelalter niemals im Besitz der Zeitmesser gewesen, durch welche dieselben zugemessen wurden und kannten die antike Stundenmessung überhaupt mehr in theoretischer als in praktischer Weise. Dafür war das Bedürfnis nach einer Schlaguhr hier umso größer.«[288]

Der städtische Übergang von der »erlebten« zur »gemessenen Zeit« bildet das Ende des kirchlichen Vorrechts zur Bestimmung des sozialen Rhythmus. Die Horengeläute verlieren an Bedeutung, zumal die exakteren Turmuhren, die den 24-Stunden-Takt, schlugen, oft demonstrativ den Kirchtürmen gegenüber aufgebaut wurden. In einigen Fällen machte das Bürgertum seine Zeit gegenüber der Kirche geltend, indem die mechanischen Uhren gegen den Willen der Geistlichkeit an den Türmen der Stifts- und Klosterkirchen angebracht wurden.

Ein weiterer Beleg für den Übergang zur linearen Zeit durch das Bürgertum ist die Herstellung und Wartung der Uhren durch die handwerklichen Zünfte. Die Uhrmacherei entsteht als bürgerliches Gewerbe und übernimmt die Fabrikation der Zeitmesser, die bisher Klöstern und Klerikern vorbehalten war. Die Stunden, die für die einzelnen Orte angegeben wurden, waren allerdings noch unterschiedlich; die Ortszeiten noch nicht synchronisiert. So gab es Zeitangaben für Italien, Böhmen oder auch für einzelne Städte wie Ulm, Nürnberg, Basel. Doch innerhalb der Städte war die Zeit jetzt meßbar, und sie wurde auch teuer.

Mit der Knappheit und dem Wert seiner eigenen Zeit entdeckte das frühe Bürgertum auch den Wert der Zeit anderer. Die Uhr wird schon im 14. Jahrhundert zum Herrschaftsinstrument und zum Konfliktgegenstand in Arbeitsauseinandersetzungen.

Thompson hat in seinem schon klassischen Aufsatz über die Disziplinierung der Fabrikarbeiterschaft auf den Stellenwert der Uhr – in diesem Fall der Taschen- und Werkuhr – in Verbindung mit der zeitlichen Struktur der Marktallokation aufmerksam gemacht. Thompson geht es dabei vornehmlich um den Prozeß der Internalisierung der metrisch-rechenhaften Zeitdisziplin, derer der kapitalistische Industriebetrieb bedarf.[289]

Wie wichtig die Uhr zur Einhaltung der religiös motivierten Arbeitsdisziplin im reformierten Mönchtum der kluniazensischen Bewegung war, haben wir weiter oben auf S. 66ff. zu zeigen versucht.

Metrisch-lineare Zeitmessung erweist sich immer dann als funktional, wenn Arbeit nicht als ganzheitlicher Akt in der Auseinandersetzung mit der Natur begriffen wird, sondern als »rastlose«, abstrakte Tätigkeit, die ihrem Sinn nach nur noch instrumentellen Charakter hat, wie im Falle der Industriearbeiterschaft oder, wie im Fall des Mönchtums und intensivierter im Calvinismus, ihre Sinnstiftung durch die Theodizeeproblematik erhält.

Es ist daher nicht nur ein Kennzeichen des bürgerlichen Begriffs der Arbeit und der Zeit, sondern geradezu die »Vorankündigung« eines »sozialen und wirtschaftlichen Programms«, wenn sich im 14. Jahrhundert der entscheidende Durchbruch zur linearen, metrischen Zeitmessung vollzieht. Bilfinger nennt verschiedene Arten von Uhren, die je nach ihrer Funktion bestimmte Namen tragen, unter anderem taucht ein neues Instrument zur Bestimmung der Arbeitszeit auf: die *Werkglocke*, deren Erscheinen er allerdings nicht datiert.

Es ist jedoch zu vermuten, daß die mechanische Uhr dort zum ersten Mal zur Bemessung der Arbeitszeit in Flandern eingesetzt wird, wo sich mit der Tuchmacherei die wichtigste Exportgüterindustrie konzentrierte. Hier sind – wie in den italienischen Handelszentren – die ersten Manufakturen mit Arbeitszerlegung und Arbeitszeitvorschriften zu verzeichnen. »Zudem werden Tagelöhner angeworben – nicht in großer Zahl, da dies das Ausmaß der Produktion nicht erlaubt –, die ein weiteres untergeordnetes Element in den Werkstätten bilden.«[290] Die flandrischen Tagelöhner sind das nördliche Pendant der florentinischen »*ciompi*«, die noch keine freie Lohnarbeiterschaft darstellen, aber weitgehend rechtlos und ohne den Schutz der Zünfte sind.[291]

In einer Quellensammlung über die flandrische Tuchindustrie finden sich mehrere Hinweise auf die Einführung der Uhr in den Arbeitsprozeß.[292] Im Jahre 1335 gibt der königliche Stadtherr von Artois den Bürgern von Aire-sur-la-Lys die Erlaubnis zum Bau eines Glockenturms, der die Stunden des Handelsverkehrs und die Arbeitseinteilung der Tuchmacher bestimmen soll. Das Beispiel der Stadt Aire steht nicht alleine, überall, wo die Tuchmacherei als das wichtigste Exportgewerbe des Handels den vorherrschenden städtischen Erwerbszweig des Handwerks bildet, wird die Arbeitszeit zunehmend nach der Uhr bestimmt. Dieser Umstand wird durch die Feststellung bekräftigt, daß »là où la draperie n'a pas une position dominante, on ne voit pas apparaître de werkglocke«.[293]

1358 und 1362 werden die ersten Geldstrafen für den Verstoß gegen die metrisch-mechanische Arbeitszeit verzeichnet, und schon gegen Ende des 14. Jahrhunderts wird die Dauer der täglichen Arbeitszeit – nicht etwa der Lohn – zum primären Konfliktgegenstand im Arbeitskampf zwischen Händlern und Handwerkern.[294]

In dieses Bild fügt sich ein weiteres Datum bruchlos ein: Am 19. Januar 1322 autorisierte Philipe der Schöne das Pariser Bürgertum zur Einführung der Nachtarbeit in den Handwerksstätten.[295] Das städtische Bürgertum hatte also nicht nur ein neues Zeitbewußtsein entwickelt, Weltmärkte geschaffen und eine internationale Kommunikation ermöglicht, es hatte auch schon einen Dualismus von ländlicher und städtischer Zeit hervorgebracht und in den Städten die traditionale Einheit von Arbeitszeit, Arbeitshandlung und Lebenszeit zerstört, oder wie dies Legoff formuliert: »Das sind Anfänge von Arbeitsorganisation, ferne Vorboten des Taylorismus... Und bereits zeichnen sich die ›infernalischen Akkorde‹ ab.«[296]

5. Die traditionale Arbeitsorientierung als Schranke und Triebkraft der Zeitökonomie

Das Handelsbürgertum hatte schon im hohen und ausgehenden Mittelalter Formen der industriellen Zeitstruktur vorweggenommen. Schlagwortartig läßt sich die Zeitorientierung, die im Handel entwickelt wurde, als der Übergang zur Tauschwertorientierung bezeichnen, in dessen Verlauf sich schon Anzeichen einer Ökonomisierung der Arbeit andeuten.

Dieses »Programm« muß jedoch historisch so lange scheitern, wie die Arbeitsorientierung selbst nicht auf Tauschrelationen reduziert ist. Die »Vertaktung« der Arbeit ist erst der Organisationsform freier Lohnarbeit vorbehalten und bedarf eines langen »Lernprozesses« der Arbeitskräfte. Man kann daher Sweezy schwerlich folgen, wenn er der Stadtwirtschaft im Mittelalter eine generelle Tauschwertorientierung unterstellt, und dem »Tauschwert durch sein bloßes Dasein als ökonomisches Faktum« eine Selektionskraft zuspricht, die die »Einstellung der *Produzenten* verändert«. Sweezy überzieht in seiner ansonsten sehr zutreffenden Kritik an der Dobbschen Übergangsinterpretation das Tauschwertargument, indem er einen nicht näher qualifizierten psychologischen Mechanismus annimmt, nach dem in der Tauschwirtschaft abstraktes Gewinnstreben, »Reichtum bald ein Ziel an sich« wird.[297]

Die Produzenten selbst – obwohl tauschwirtschaftlich eingebunden – werden im Gegenteil zunächst zur Schranke der Tauschwertproduktion.[298] Erst der Industrialismus als die »Übertragung unbelebter Kraftquellen auf die Produktion mittels der Fabrikorganisation«[299] vermag den Widerstand der Arbeitskräfte, ihre Arbeitsorientierung dem ökonomischen Kalkül zu unterwerfen, zu brechen. Der Übergang zur Ökonomisierung »unbelebter Kraftquellen« vollzieht sich gerade nicht in den städtischen Marktsiedlungen, sondern wird durch die symbiotische Beziehung, die das Handelskapital mit der traditionalen Funktionsweise der agrarischen Hauswirtschaft eingeht, vorbereitet. In dieser Weise modifiziert, erhält dann das Konzept der »vorkapitalistischen Warenproduktion«, das Sweezy statt der »einfachen Warenproduktion« vorschlägt, für die Phase der Protoindustrialisierung hohe Plausibilität.

Die einfache Warenproduktion unterstellt den Tausch von Arbeitsäquivalenten zwischen unabhängigen Besitzern auf dem Markt. Wir hoffen hingegen zeigen zu können, daß der Dualismus von traditionalem Wirtschaftsstil und Handelskapitalismus die »Triebkräfte« der kapitalistischen Entwicklung freisetzte, indem das Handelskapital die »verdeckte Arbeitslosigkeit« der bäuerlichen Produzenten »entdeckte«. Die »sittliche Ökonomie« der ländlichen Arbeitskräfte wird dann wiederum zum destabilisierenden Faktor der kapitalistischen Entwicklung, die die Motivationsprobleme der Arbeitskraftnutzung erst mit dem Fabrikwesen lösen kann.

Zunft und Handel: der Gegensatz von Handwerkszeit und Handelszeit

Die frühen Formen kapitalistischer Arbeitsorganisation blieben vereinzelt und waren auf ein zahlenmäßig noch geringes Textilproletariat beschränkt. Arbeitszeitmessung und auch die Zerlegung des Arbeitsprozesses durch technologische Innovationen oder durch die arbeitsorganisatorische Entspezialisierung von handwerklichen Tätigkeiten waren nur dort möglich, wo sich die Handelsbourgeoisie gegen den Widerstand der Zünfte durchsetzen konnte. Die Zünfte erwiesen sich zunächst als Schranke der durch das Handelsbürgertum angestrebten Ökonomisierung der Arbeit. »Man hatte die berechtigte Angst, daß bei Querdurchschneidung des Produktionsprozesses der letzte, dem Markt zunächst stehende Handwerker die anderen zu Lohnarbeitern herabdrücken und in seine wirtschaftliche Gewalt bringen würde.«[300]

Lohnarbeit und ökonomische Arbeitsorganisation waren dem Zunfthandwerk infolge seiner wirtschaftlichen Grundhaltung fremd: der Konflikt mit den kaufmännischen Gilden daher vorprogrammiert.

Ihrer ökonomischen Motivlage nach standen sich Handel und Handwerk konfliktorisch gegenüber. Während der Handel an freien Marktbeziehungen interessiert war, betrieben die handwerklichen Zünfte eine »balkanisierende« Wirtschaftspolitik, indem sie die Technik des Gewerbes, die Ökonomik des Betriebs und den Verkauf regulierten.[301] Dies erreichten sie durch eine Monopolpolitik nach außen, d. h. jeder, der ein Handwerk betrieb, mußte der Zunft beitreten.

Die Orientierung der Zünfte steht im krassen Gegensatz zur Marktorientierung des Handelsbürgertums. Die Zunft verfolgt Nahrungspolitik und versucht »die Gleichstellung der Chancen für die Genossen (zu) erreichen und dauernd (zu) sichern«.[302]

Grundgedanke der Zunft war die Idee der ausreichenden und gesicherten Einkünfte, eines verbürgten und standesgemäßen Einkommens für die Mitglieder. Wirtschaftsethisch verfolgte die Zunft den Gedanken der Handwerks*ehre* und des *gerechten Preises*. Dementsprechend betrieben die Zünfte auch keine Investitionspolitik, die auf Expansion der Betriebe ausgerichtet gewesen wäre, sondern blieben beim Bedarfsdeckungsprinzip. Die Zünfte waren zudem keine reinen Zweckgemeinschaften. Als »künstliche Familien«[303] umfaßten sie den gesamten religiösen, kulturellen und sozialen Bereich der Zunftgenossen.

Der »unendlich zähe Widerstand« (Weber), den das Handwerk der Ökonomisierung der Arbeit entgegensetzte, resultierte aus der Verfassung des mittelalterlichen Zunfthandwerks, das keine Form der freien Lohnarbeit war, auch wenn sich Meister und Geselle gegenüberstanden. Zwar hat die Stadtwirtschaft dazu beigetragen, den »individuell gelernten Handwerker zu schaffen«,[304] doch existiert im Handwerk keine Trennung von Haushalt und Betrieb. Die Organisation des Handwerks bleibt eine städtische Form der Hauswirtschaft. Dementsprechend traditional ist auch die Arbeitsgesinnung, die der »hedonistischen« Logik der Familienwirtschaft analog ist.

Noch Leibniz schreibt im Hinblick auf die für ihn ungenügende Arbeitsmoral des Handwerks: »Man möchte sagen, die Handwerksleute arbeiten jetzt mehr aus Not. Wenn man ihnen alle Notdurff verschaffen wird, werden sie nicht arbeiten.«[305]

Arbeit und Arbeitszeit sind auch hier keine isolierten und abstrakten Größen, sondern in normative und zeremonielle Akte ganzheitlich eingebunden. Die affektive Besetzung des Arbeitsgegenstandes und der Arbeitsstolz im Handwerk sind bekannt, und der starke künstlerische Einschlag im mittelalterlichen Handwerk ist ein Beleg dafür. Die ausgesprochene »Brauchtumsmentalität«, die hier entwickelt wurde, steht in schroffem Gegensatz zur entqualifizierten Arbeitszeit des industriellen Betriebs.[306]

»Brauchtum aber, wenn es geübt wird, ist vollzogene Lebensordnung.«[307] Der große Wert, der auf Symbole nach außen gelegt wurde, diente der Aufrechterhaltung einer starken Gruppenkohärenz und relativ statischer Formen der Statusverteilung. Arbeit wurde nicht primär als eine ökonomische Tätigkeit betrachtet, sondern war an soziale Kriterien wie die Sicherung von Ansehen und Ehre, Ordnung und Unterordnung gebunden. Arbeit war ihrem Sinngehalt nach eher ein zeremonieller als erwerbswirtschaftlicher Akt. Im Handwerk finden sich deshalb nicht zufällig die gleichen Formen der anlaß- und aufgabengebundenen Zeitordnung der traditionalen bäuerlichen Kultur wieder.

Ebenso wie im agrarischen Bereich die Arbeitszeit ökologisch-zeremoniell gegliedert wurde, richtete sich im Handwerk Arbeitsanfang und -abschluß nach Bedeutungsgehalten, die nicht nach sozialen und arbeitsinhaltlichen Kriterien geschieden waren, sondern »in eins« fielen. Auf der semantischen Ebene zeigt sich dies in der thematischen »Vermischung« arbeitsgebundener und -ungebundener Zeiten, »am deutlichsten in jenen Festen, die Anfang und Abschluß der Lichtarbeit brachten: Lichtgans, Lichtbraten, Lichtbier usw.«[308] Wir können auf das Zunfthandwerk in den Städten eine analoge Zeitorientierung unterstellen, wie sie der bäuerlich-agrarischen Kultur eigen war. Jedenfalls war die Zeit des Zunfthandwerks nicht die der Handelsbourgeoisie.

Zeit ist für die Rationalität des mittelalterlich-städtischen Handwerks als wirtschaftliche Größe weitgehend irrelevant. Die Zünfte wehrten sich vor allem gegen eine Zerlegung des Arbeitsprozesses. Eine Differenzierung wurde nur durch die Spaltung verschiedener Handwerksbereiche zugelassen, d. h. der gleiche Arbeiter stellte ein spezialisiertes Produkt von Anfang bis Ende her. Zudem galt der städtischen Handwerksehre technischer Fortschritt als unlautere Konkurrenz und als Entqualifizierung der Tätigkeit. Das Tempo des Arbeitsprozesses richtete sich nach der individuellen Geschicklichkeit des Arbeitenden und nach dem »Widerstand«, den der Arbeitsgegenstand der Bearbeitung leistete.[309] Die handwerkliche Ehre und der Stolz auf seine Qualifikation verboten dem Handwerker, diesen »Widerstand« durch ein höheres Arbeitstempo auf Kosten der Produktqualität zu brechen.[310]

Nicht zuletzt auf der Ebene der zeitlichen Orientierungen »entstand der Gegensatz zwischen Händlerkapital und gewerblicher zünftiger Arbeit«, die die »Entwicklung der Hausindustrie sowie eines Gesellenstandes als eines Vorläufers des modernen Proletariats (vor)bereitete«.[311] Mit all den Maßregeln, die die Zunfthandwerker hinsichtlich der Verhinderung von Binnenkonkurrenz und zur Abwehr ihrer Abhängigkeit vom Handel entwickelten, konnten sie das Entstehen großer Betriebe mit Arbeitszerlegung verhindern. Was sie nicht verhindern konnten, war die Entstehung des Verlages, also Abhängigkeit des Handwerks vom Händler.

Die ökonomische Abhängigkeit der Handwerker wurde von der inneren Zersplitterung der Zünfte beschleunigt. Bedeutsamer ist aber, daß die großen Organisationen der Kaufleute die politische Macht in den Städten übernahmen, um die Monopolrechte der Städte zugunsten zwischenstädtischer Handelsmonopole zu brechen. Die städtischen Selbstverwaltungsgremien wurden zum Machtinstrument der Handelsbourgeoisie.[312] »Der alte ständische Lokalgeist war der Macht einer Klassenorganisation gewichen, die ein Großhandelsmonopol ausübte.«[313]

Die Anfänge der Machtauseinandersetzungen zwischen den Zünften und dem Handelsbürgertum liegen schon im 12. Jahrhundert. Seit dem 14./15. Jahrhundert beginnen die Zünfte in vielen Städten ihre politische und ökonomische Bedeutung zu verlieren. Diese Prozesse gestalten sich regional und ihren Verlaufsmustern nach sehr unterschiedlich. (Insbesondere dort, wo der Exporthandel vorherrschte, vollzog sich eine allmähliche Zersetzung der Zünfte, an deren Stelle das okzidentale frühkapitalistische Verlagssystem trat.)

Das Verlagssystem hatte sich nicht primär aus dem städtischen Handwerk entwickelt, sondern wurde forciert, indem die Händler dazu übergingen, ländliche Arbeitskräfte statt der hoch qualifizierten und schwer zu disziplinierenden städtischen Handwerker einzusetzen.

Mit der Ausweitung des Verlagssystems schrumpfte die handwerkliche Stadtwirtschaft fast zur Bedeutungslosigkeit herab.[314] Der Bedeutungsverlust der städtischen Produktion erklärt sich nicht etwa aus einer Handelskrise, sondern aus dem Umstand, daß zwischen dem ausgehenden 14. und dem 16. Jahrhundert die handelskapitalistische Entwicklung neue Dimensionen annahm. Die städtisch-ländliche Arbeitsteilung »wurde von der Dynamik des

113

sozialökonomischen Prozesses überspült, eines Prozesses, der schon die einfache Marktwirtschaft im hohen Mittelalter hervorgebracht und seitdem durch die Entstehung eines in der Zirkulationssphäre angesiedelten Handelskapitals noch zusätzlich an Durchschlagskraft gewonnen hatte«.[315]

Zünfte und Stadtmagistrate versuchten vergeblich das städtische Produktionsmonopol zu retten. Das für die Dynamik des Handels unzureichende Arbeitstempo und die fehlende Zeitökonomie des Handwerks führten zu einer Orientierung der Händler auf die bäuerliche Familienwirtschaft, die zwar kaum handwerkliche Qualifikationen aufweisen konnte, dafür aber ein »Capital das sie nichts kostet, und das, wenn es nicht benutzt, gänzlich für den Nichtarbeitenden verloren sein würde. Dieses Capital ist die Zeit.«[316]

Industrie auf dem Land: die Symbiose von Familienwirtschaft und Handelskapital

Im späten Mittelalter waren in England, den südlichen Niederlanden und in Oberdeutschland die ersten relativ verdichteten ländlichen Produktionsgebiete entstanden. Formell wurde die Stadt-Land-Arbeitsteilung zwar erst mit der Einführung der Gewerbefreiheit und dem Bruch der zünftischen Privilegien aufgehoben, praktisch war sie zu dieser Zeit längst außer Kraft. Neben die städtisch-handwerkliche Produktion tritt seit dem 14. Jahrhundert, in einer qualitativ neuen Dimension seit dem 16. Jahrhundert, die »Unternehmungsform« der ländlichen Hausindustrie.

Der Übergang vom Zunfthandwerk zur Hausindustrie war Gegenstand heftiger Auseinandersetzungen im Verein für Sozialpolitik, wo versucht wurde, die Hausindustrie systematisch in ihrer Bedeutung für die Entwicklung zum Kapitalismus zu begreifen. Nach Schmollers Urteil bildet die Hausindustrie die Hauptform der Produktion im 14.–18. Jahrhundert, als ein historisch neues System der Produktion, dessen Spezifikum im »Zusammenwirken zweier sozialer Klassen« liege, ohne das der wirtschaftliche Fortschritt in dieser Epoche kaum möglich gewesen wäre.[317]

Sombart radikalisierte diese These:

»Die Hausindustrie entstand nicht, weil das Handwerk aufgelöst, umgebildet wurde, sondern dieses wurde zersetzt, weil die hausindustrielle Betriebsform ins Leben trat ... Deshalb vor allem, weil

114

hier die Zunftschranken nicht in den Weg traten, weil hier zunächst nichtzünftige Personen – Kinder, Frauen – gewerblich beschäftigt werden konnten.«[318]

Er folgerte an erster Stelle daraus: »Die Geschichte der Hausindustrie ist die Geschichte des Kapitalismus.«[319]
Das Machtgleichgewicht zwischen Handwerk und Handel ging demnach in erster Linie durch die »Vermeidungsalternative« verloren, die das Handelskapital gegenüber den Zünften realisieren konnte.
Die Arbeitsteilung zwischen Stadt und Land, die sich in der ersten Phase der handelskapitalistischen Entwicklung herausgebildet hatte und ihr Niedergang seit dem 14./15., verstärkt seit dem 16. Jahrhundert, ist in der neueren Diskussion um die Genese des industriellen Kapitalismus in den USA wieder aufgegriffen worden.[320]
Hier wurde auch der Begriff der Proto-Industrialisierung als forschungsstrategischer Begriff des Übergangs geprägt und ist insofern von der Frühindustrialisierung der ersten Hälfte des 19. Jahrhunderts in Mitteleuropa zu unterscheiden.
Das Konzept der »Industrialisierung vor der Industrialisierung«[321] fußt auf der These Schmollers und Sombarts, daß das Handelskapital den Widerstand der zünftischen Handwerker gegen eine Ökonomisierung der Arbeit und die hieraus resultierende »Angebots-Unelastizität« nur durch die Verlagerung der Produktion von der Stadt auf das Land umgehen konnte. Dabei wird nicht bestritten, daß sich kapitalistische Produktionsverhältnisse in den frühen zentralisierten Betrieben schneller und vollständiger ausbildeten. Die ländliche Massenproduktion von Exportgütern (vor allem Textilindustrie) war jedoch was sowohl die Zahl der Beschäftigten angeht, als auch der Wertschöpfung nach quantitativ weitaus bedeutender.
Die Proto-Industrialisierung gehört »nicht allein von ihrer Datierung her in die zweite Phase des großen Transformationsprozesses, sondern sie war zugleich eine ihrer treibenden Kräfte. Der von ihr im Verein mit anderen Faktoren entwickelten Dynamyik ist es letztlich zu verdanken, daß den fortgeschrittensten und gewerblich am stärksten durchsetzten unter den europäischen Agrargesellschaften seit dem Ausgang des 18. Jahrhunderts der Ausbruch aus dem malthusianischen Zirkel von Bevölkerungswachstum, sinkendem Prokopfeinkommen und Hungerkrisen gelang.«[322]

Die ländliche Hausindustrie konnte vor allem dort Fuß fassen, wo sich das Feudalsystem gelockert hatte oder bereits in Auflösung begriffen war. Es erscheint deshalb weder zulässig, die Proto-Industrialisierung dem feudalen System zuzuordnen, noch ist sie eine entfaltete Form des Kapitalismus. Sie bildete vielmehr eine typische Konfiguration des Übergangs, indem sie einerseits die Auflockerung der feudalen Bindungen vorantrieb und andererseits das Handelskapital in die Produktionssphäre einzudringen beginnt.

Für unseren Kontext ist von Bedeutung, daß mit der Hausindustrie wesentliche Voraussetzungen des kapitalistischen Zeitregimes geschaffen werden, die allerdings vom proto-industriellen System nicht »durchgeführt« werden können, i. e. »the impact of protoindustry as an educational experience, exposing men to some features of industrial life before the concentration of wage-labor in factories.«[323]

Auf der »Suche nach Arbeitszeit« geht das Handelskapital eine symbiotische Beziehung mit der bäuerlichen Hauswirtschaft ein und transformiert die ländlichen Produzenten auf familienwirtschaftliche Basis mehr und mehr zu Lohnarbeitern. In diesem Prozeß verliert die gewerbliche Familie nicht nur die relative Autarkie des »ganzen Hauses« durch Spezialisierung und die Herausbildung einer ländlichen Arbeitsteilung in Agrarwirtschaft und Hausindustrie, sondern wird zudem mit unvollständigen Arbeitssituationen konfrontiert, in denen nicht mehr der Arbeitsprozeß selbst Anlaß für Arbeitsbeginn und -ende bildet. Die gewerblichen Produzenten arbeiten infolge des Verlagssystems nicht nach dem traditionellen Muster der Eigenwirtschaft. »Sie sagen in ihrer Sprache: wir müssen die Fäden für andere knüpfen.«[324]

Von nicht minder wichtiger Bedeutung ist das scheinbar thematisch fern ab liegende demographische Wachstum, das das proto-industrielle System hervorbringt. Doch wird eine Grundvoraussetzung des Fabriksystems, »das Vorhandensein hinlänglich vieler freier Arbeiter«,[325] mit der proto-industriell induzierten Zerstörung des Gleichgewichts von Bevölkerungsvolumen und Ressourcenspielraum erst geschaffen. Das Bevölkerungswachstum wird dabei zur Triebkraft der ökonomischen Entwicklung wie zur kritischen Größe des proto-industriellen Systems zugleich.

Bevor wir auf Funktionsweise und Verkaufsmuster der »Industrialisierung vor der Industrialisierung« eingehen, sollen die Bedingungen des Übergangs vom städtischen zum ländlichen Gewerbe angesprochen werden, da der Bedeutungsverlust des städtischen Handwerks und die neue Dimension der handelskapitalistischen Entwicklung nicht ohne den politisch-herrschaftlichen Rahmen zu verstehen sind.

Merkantilismus, die Entdeckung der Arbeitszeit

Aus der städtischen Wirtschaft hatte sich seit dem 14./15. Jahrhundert eine Klasse herausgebildet, die den zünftischen Partikularismus zu sprengen begann. Zum großen Teil sind es ehemalige Vertreter, Handelsagenten und gelegentlich auch reiche Handwerker, denen der stadtwirtschaftliche Protektionismus im Wege steht. Im Kampf gegen die städtischen Privilegien hatte die Handelsbourgeoisie machtvolle Koalitionspartner: Fürsten und Könige. »Der städtische Partikularismus ist den Fürsten aus politischen Gründen verhaßt, allen jenen aber aus wirtschaftlichen Gründen, deren Geschäfte und Interessen er stört.«[326]
Die Expansion des Handelskapitalismus und sein allmähliches Vordringen in die Produktionssphäre sind historisch an die Herausbildung zentraler Staatsgewalten gebunden, die rechtlich und politisch die Freizügigkeit von Märkten garantiert. Die Interessen von Handelskapital und Landesfürsten standen darin im Zeitalter der Protoindustrialisierung in einem Ergänzungsverhältnis.
Die Etablierung monarchischer Zentralgewalten in ganz Westeuropa etwa zwischen den Jahren 1450 und 1550 ist ein allgemeiner Prozeß, der auf das engste mit der kapitalistischen Entwicklung verknüpft ist. Es ist jedoch nicht angängig, die Bildung der europäischen Nationalstaaten, die Entwicklung rechtlicher Eigentumsgarantien und den polizeilich-militärischen Schutz vor »willkürlichen« Eingriffen Dritter, der es Käufern und Verkäufern ermöglicht, ihre Chancen zu kalkulieren, in terms kapitalistischer Klasseninteressen zu schreiben. Die erstarkenden Monarchien der Renaissance handelten vor allem in politischem Eigeninteresse. Die Rechte, die sich der Macht der Krone entgegenstellte, gründeten sich auf feudaler Tradition, so daß die positive Einstellung des »fortschrittlichen Absolutismus« gegenüber Reformation und Handelskapital primär Ausdruck eines politischen Vormachtstrebens ist.[327]
Dieses Vormachtstreben bezieht sich sowohl auf den Abbau der

Privilegien städtischer oder ländlicher Grundherren zugunsten eines zentralen Machtzuwachses nach innen, wie auf Machtausdehnung nach außen. Wirtschaftspolitische Erwägungen sind daher immer machtpolitischen und militärischen Interessen untergeordnet.

Die Notwendigkeit, neue Einnahmequellen zu erschließen, führte zu einem System von Steuern, Abgaben und Zöllen, das seinerseits wiederum weitreichende Konsequenzen für die Entwicklungsmöglichkeiten eines Landes hatte. Wo es möglich war, die Mitspracherechte von Ständeversammlungen zu überwinden und »absolutistisch« zu regieren, konnten auch die feudalen und städtischen Interessen auf die merkantilistische Idee des »Gemeinwohls« zentriert werden, als dessen Repräsentant der Landesfürst auftrat.[328]

Will man das Wirtschaftsprogramm des Merkantilismus, der das wirtschaftliche System des Nationalismus darstellt, schlagwortartig umreißen, so bietet sich hierfür die Formel *»erobernder Handel«* an. Kennzeichnend für die Wirtschaftsgesinnung des merkantilen Systems seit dem frühen 16. Jahrhundert ist die entmoralisierte Einstellung zu Handel und Arbeit, die im Dienste einer als Selbstzweck gedachten Staatsgewalt stehen. Beispielhaft für dieses Verhältnis steht der Ausspruch Colberts: »Der Handel ist die Quelle der Finanzen, und die Finanzen sind der Lebensnerv des Kriegs.«[329]

Im Dienste politischer Kalküle erfährt der Handel eine bislang unerreichte Aufwertung. Dies zeigt sich einmal daran, daß die merkantilistische Einstellung gegenüber dem Zinsnehmen rein durch ökonomische Motive bestimmt war, d. h. die wirtschaftliche Wirkung des Zinses und des Zinsverbotes in den Vordergrund gerückt wurde, ziemlich unabhängig von ethischen Auffassungen. In England trat schon 1545/46 eine Vorschrift über einen Höchstzinssatz in Kraft, die 1571 zum Gesetz wurde und ausschließlich außenpolitischen Zwecken diente.[330]

Zum zweiten wird die positiv-fördernde Einstellung zum Handel durch die soziale Aufwertung der Kaufleute deutlich. Seit der Mitte des 16. Jahrhunderts finden sich wahre Hymnen, wie »des Kaufmanns edler Beruf«, oder der Kaufmann als »das beste und nützlichste Mitglied der Gesellschaft« stereotyp wieder.[331] Im Jahr 1647 schreibt sogar ein katholischer Priester in Frankreich ein Buch mit dem Titel »Le commerce honorable«, in der er die Verdienste des Handels für die Armen, den Staat und die Kirche pries.

In welchem Verhältnis Politik und Ökonomie während der merkantilistischen Periode standen, müssen wir im weiteren undiskutiert lassen, da wir speziell die Auswirkungen der Protoindustrialisierung auf das Arbeitsverhalten der bäuerlichen Produzenten im Auge haben. Ebenso müssen wir auf eine Würdigung des Absolutismus in bezug auf seinen »Beitrag« zum bürgerlichen Individualismus und den modernen Demokratiebegriff verzichten. Für unsere Zwecke genügt die Feststellung einer Funktionalisierung des Handels in machtpolitischem Interesse. »Merkantilismus bedeutet die Übertragung des kapitalistischen Erwerbsbetriebs auf die Politik. (...) Zweck hat die Macht der Staatsleitung nach außen zu stärken. Merkantilismus bedeutet also moderne Machtstaatbildung.«[332]

Wenn wir – stark verkürzend – von regionalen Besonderheiten absehen, so zeichnen sich im westlichen Europa zwei funktional aufeinander bezogene Tendenzen ab:

a) Der politische Internationalismus des Mittelalters weicht einem territorialen bzw. nationalen merkantilistischen Protektionismus, nun nicht mehr auf der Ebene der Stadtwirtschaft, die dafür allerdings Vorbildcharakter besaß, sondern auf der Ebene zentralstaatlicher Gewalten. Der protektionistischen Wirtschaftspolitik nach außen entsprach eine regulative Marktpolitik nach innen. Die Wirtschaft ist im Merkantilismus noch kein »Spiel der freien Kräfte«, doch sind Parallelitäten und Anknüpfungspunkte zum Wirtschaftsliberalismus theoretisch und politisch unübersehbar.[333]

b) Die überseeische Expansion der europäischen Staaten kam den Exportbedürfnissen des Handelskapitals entgegen. Mit der Herausbildung der europäischen, zentralen Staatsgewalten und der expandierenden Auslandsnachfrage beginnen sich die Grundlinien eines asymmetrisch strukturierten Weltmarktes abzuzeichnen. Die westeuropäischen Metropolen zwangen den sich um sie gruppierenden, von Osteuropa bis nach Amerika reichenden Gebieten eine internationale Arbeitsteilung auf, die ihnen den Status peripherer Regionen zuordnete und eine autonome Entwicklung verhinderte.[334]

Die asymmetrische Strukturierung des Weltmarktes ist nur auf dem Hintergrund territorialer Zentralgewalten zu verstehen; »das kritische Merkmal der Peripherie war die Abwesenheit eines starken

Staates.«[335] Wiederum beispielhaft hierfür steht das östliche Europa, in dem eine volkswirtschaftliche Entwicklung durch die aristokratisch-gutshofwirtschaftliche Zersplitterung gehemmt wurde, da damit auch die Arbeitskräfte in feudaler Weise gebunden blieben. Der ökonomische Bedeutungsverlust des südlichen Europas hat ähnliche Ursachen. Spanien und den großen italienischen Städten »fehlte« eine zusammenfassende Staatsautorität, die die partikularen ökonomischen Interessen »bündeln« konnte.

»All dies führte zu einer Welt-Wirtschaft in dem Sinne, daß die verschiedenen Regionen durch ihre spezialisierten wirtschaftlichen Rollen voneinander abhängig wurden. Die Profitabilität einer spezifischen ökonomischen Aktivität wurde zur abhängigen Größe des reibungslosen Funktionierens des Gesamtsystems.«[336]

Im Kontext zu der Entstehung und ungleichgewichtigen Entwicklung des kapitalistischen Weltsystems kam dem vollzogenen bzw. nicht vollzogenen Übergang zur Produktionsform der ländlichen Hausindustrie, der »Industrialisierung vor der Industrialisierung« nicht nur für den europäisch-außereuropäischen, sondern auch für den innereuropäischen Zusammenhang strategische Bedeutung zu. Von der Verlagerung der gewerblichen Produktion von der Stadt auf das Land hing es wesentlich ab, ob ein Land zur Metropole aufsteigen konnte, oder wie in Südeuropa in die Semiperipherie abglitt.[337]

Die gewerbliche Entwicklung der europäischen Metropolen wurde entscheidend forciert, indem die städtisch-handwerkliche »Unelastizität« des Arbeitsangebots durchbrochen wurde. Die Erschließung eines brachliegenden Arbeitskräftereservoirs, dessen das Handelskapital dringend bedurfte, wurde in Westeuropa mit staatlicher Hilfe vorangetrieben. »Jenes 14. Jahrhundert, das den Kulminationspunkt des städtischen Partikularismus erlebte, bringt auch die ersten Interventionen des Souveräns im Wirtschaftsleben«, die »zugunsten des ländlichen Handwerks« ausfallen.[338]

Handelsexpansion, städtisch-handwerklicher Immobilismus und die »Befreiung« des Marktes von zünftischen Privilegien begünstigen den Übergang der Produktion zur Verlags- oder Hausindustrie. Die Wachstumsdynamik der Wirtschaft und die Kongruenz der Interessen von Landesherren und Handelskapital »eröffnet entsprechend der von Adam Smith formulierten klassischen Theorie des Handels, der ›vent-for-surplus‹-Theorie, auf dem

Lande brachliegenden Produktionskapazitäten – vor allem Arbeitskräfte, weniger natürlich Ressourcen – Abzugsmöglichkeiten nach
außen«.[339]

In dem Maße wie es gelang, ländliche Arbeitskräfte in den gewerblichen Produktionsprozeß zu integrieren, konnte ein Faktor mobili-
siert werden, dessen »opportunity costs« gleich Null war, da die
Nutzung ländlicher Arbeitskräfte keinen anderweitigen Nutzen-
entgang nach sich zog. Das ländliche Verlagssystem läßt sich so
gesehen als ein Vorläufer der »Übertragung unbelebter Kraftquellen auf die Produktion mittels der Fabrikorganisation« (Giddens)
interpretieren, indem eine dezentrale Zerlegung des Arbeitsprozesses vollzogen wurde:

»Der Übergang vom Handwerk zur Hausindustrie (wurde) durch
die seit Ende des Mittelalters auftretende Produktionsteilung begünstigt, bei welcher der Produktionsprozeß in mehrere selbständige Abschnitte zerlegt wurde und ein Gut die Werkstätten mehrerer
Gewerbetreibender zu durchlaufen hatte, ehe es zur Vollendung
gelangen konnte.«[340]

Die neue Form städtisch-ländlicher Arbeitsteilung konnte nur
durch den Übergang von der Stadt- zur Staatswirtschaft vollzogen
werden.

Im Kontext des Wandels sozialer Zeitstrukturen markiert dieser
Prozeß den entscheidenden Wendepunkt der historischen Entwicklung zum kapitalistischen Zeitregime. War die ökonomische Zeitnutzung bislang auf das Handelsbürgertum und seine Einfluß-
sphäre beschränkt, so wird sie im Merkantilismus zum *politischen
Programm*. In Anlehnung an die Formulierung Webers »Merkantilismus bedeutet die Übertragung des kapitalistischen Erwerbsbetriebs auf die Politik«, läßt sich weiter folgern: Merkantilismus
bedeutet die Übertragung des bürgerlichen Zeitkonzeptes auf politische Herrschaft.

Zunächst scheint es klar zu sein, daß mit einer »rationalen fürstlichen Wirtschaftspolitik« (Weber) die Ausbildung einer komple-
xen Zeitstruktur innerhalb des absolutistischen Staatssystems verbunden ist. Zu nennen sind vor allem *Verwaltung, Geldpolitik* und
Rechtsgarantie, deren zeitliche Implikationen wir in bezug auf Handel und Stadtwirtschaft auf den Seiten 86–106 beschrieben haben.

Von größerer Bedeutung als die Ausweitung des Kalkulations- und
damit Zeitbedarfs innerhalb der merkantilistischen Wirtschafts-

politik erscheint uns der gesteigerte Grad der Verbindlichkeit und der Verpflichtung auf das lineare, bürgerliche Zeitkonzept, indem der Staat in eigenem fiskalischen Interesse zum (noch unzulässigen) Garanten der ökonomischen Zeitnutzung wird. Dies erfolgt nicht nur durch die Bindung von »Gegen-Institutionen« zum Handel wie z. B. Recht, sondern läuft, wie der Abbau von zünftischen Privilegien zeigt, auf eine aktive Proletarisierung der städtischen Handwerker hinaus. Zudem entwickelt sich im Merkantilismus eine Vorform moderner Sozialpolitik, die in Form der »Armenpflege« Mechanismen der sozialen Integration in das Marktsystem bereitstellt.

Die Entrechtlichung der städtisch-zünftischen Produzenten und die Erschließung eines agrarischen Arbeitskräftereservoirs hat darüber hinaus die massenhafte (und durchaus intendierte) passive Proletarisierung auf dem Land zur Folge.

Dieser Zusammenhang von merkantilistischer Wirtschaftspolitik und bürgerlichem Zeitkonzept wird deutlich, wenn wir uns kurz die ökonomische Grundidee des Merkantilismus vergegenwärtigen.

Der merkantilistische Interventionismus wurde theoretisch von der Idee des Staats- und Gemeininteresses getragen, dessen Macht »in der Fülle lebendiger Kraft (beruht), die in seinen Bewohnern steckt«.[341] Der angestrebten Vermehrung des »Reichtums der Nation«, die im Merkantilismus zum höchsten ökonomischen und politischen Ziel stilisiert wurde, lag ein noch nicht expliziter Begriff der volkswirtschaftlichen Produktivität zugrunde. Der Begriff ist bei keinem Merkantilisten voll entwickelt worden, und die Theorie der Produktionsfaktoren machte den frühen Nationalökonomen erhebliche Schwierigkeiten. In einem Punkt herrschte jedoch erhebliche Klarheit und Übereinstimmung: Der nationale Reichtum konnte sich nur auf Arbeit gründen.

Die Vorstellung der Wirtschaft im merkantilistischen Denken ist vom Corpus-Modell abgeleitet. Die Leistungsfähigkeit dieses Körpers hängt von dem richtigen und zweckmäßigen Ineinandergreifen der einzelnen Organe ab. Wächst der Körper, so steigert er damit seine Leistungsfähigkeit. Es ist deshalb nur konsequent, wenn Leistungssteigerung, d. h. Vermehrung des Reichtums, gleichbedeutend gedacht wird mit der Vermehrung der Anzahl von Arbeitskräften eines Landes, deren Produkte in einem möglichst hohen Exportüberschuß vorteilhaft verkauft werden.

Der grundlegende Gedanke des merkantilistischen Dogmas erscheint vom heutigen ökonomischen Wissen her trivial: Wenn man den Totalexport im Verhältnis zum Totalimport steigern wollte, so mußte der Export möglichst vieler Produkte gesteigert werden, in denen ein möglichst hoher Anteil an menschlicher Arbeit zu einem möglichst niedrigen Preis enthalten war. Reichtum der Nation oder nationale Produktivität war folglich eine Funktion der Größe der Bevölkerung und der Arbeitsamkeit des einzelnen Arbeiters. (Daß sich diese Politik in allen am Tauschverkehr beteiligten Ländern angewandt kompensieren mußte, beruht auf Zusammenhängen, die dem Merkantilismus allerdings völlig fremd waren.)

So einfach diese Überlegung klingt, so epochemachend wirkte sie. Die Merkantilisten entdeckten, daß die Herstellungskosten der Produkte vom Angebotspreis von Arbeitskraft abhingen, der seinerseits wiederum eine Wirkung der Menge sein mußte. »Diese Menge war rein schematisch ausgedrückt von zwei Faktoren bestimmt: Anzahl der Arbeiter und Effektivität des einzelnen Arbeiters.«[342] Dies bedeutet nichts weniger als die Vorwegnahme des Gedankenguts eines Adam Smith.

Das den Merkantilismus durchweg kennzeichnende Postulat der Bevölkerungsvermehrung ist demnach die volkswirtschaftliche *Entdeckung der Arbeitszeit*. Sombart schlußfolgert daraus, daß zwar Marx den Kapitalismus für die Wissenschaft entdeckt habe, seine Bedeutung für die politische Praxis erkannt zu haben, sei jedoch der Verdienst eines Becher, Defoe, Mun etc.

»Daher die Forderung: der Vermehrung der Bevölkerung; der Heranziehung immer weiterer Schichten der Bevölkerung: Beschäftigung der Bettler, Vagabunden, Frauen und Kinder; daher die Sucht nach Verlängerung der Arbeitszeit: im Jahre, in der Woche, am Tage: der Kampf gegen die Menge der Feiertage, gegen ›den blauen Montag‹; ebenso aber auch nach der Intensivierung der Arbeit, das heißt Zusammendrängen eines möglichst großen Energieaufwandes in einer gegebenen Zeit.«[343]

Ebenso großer Konsens wie über die Notwendigkeit der Bevölkerungsvermehrung bestand auch in der Ächtung des »Müßiggangs«. Die Theoretiker des Merkantilismus führten schon vor der Mitte des 16. Jahrhunderts intensive Debatten über die Möglichkeit einer Steigerung der Arbeitswilligkeit in der Bevölkerung. In so stereotypem Maße wie das »Lob des Kaufmanns« im merkantilistischen Schrifttum auftaucht, wiederholen sich die Klagen über den Müßiggang und die Faulheit als »Wurzel alles Übels«, »abscheuliche Ungeheuer«, »Grund für alle Laster«.[344]

Der Merkantilismus ist daher nicht zufällig das Zeitalter der Armutsächtung und der Arbeitshäuser. Kinderarbeit wird zur arbeitspädagogischen Maßnahme, um jede frühzeitige Gewöhnung an Müßiggang auszuschließen. Die merkantilistische »Armenpflege« ist grundsätzlich Arbeiterpolitik, die sich vom Fürsorgeprinzip abwendet und den Stand der Pauper auf erwerbswirtschaftliche Arbeit verweist, die »den wechselnden Marktpreisen angepaßt ist: die Autonomie des Sittlichgebotenen wird dadurch erstmalig erschüttert«.[345]

Die »Wahlverwandtschaft« der merkantilistischen Arbeitspolitik mit der protestantisch-calvinistischen Religiosität, die sich um die Mitte des 16. Jahrhunderts in den Städten verbreitet, liegt in zweifacher Weise auf der Hand.

Zum einen steht die kampfbetonte Haltung des Calvinismus gegenüber feudalen und klerikalen Kräften in einem ausgezeichneten Entsprechungsverhältnis zum absolutistischen Staatsgedanken. Die staatliche Ordnung ist nach Calvins Lehre naturgegeben, Widerstand gegen sie ist nur unter der Führung der von Gott zum Heil Vorbestimmten und Begnadeten erlaubt.[346]

Zum anderen und in unserem Kontext wichtigeren entspricht die protestantische Wirtschafts- und Arbeitsgesinnung den Inhalten der merkantilistischen Wirtschafts- und Arbeiterpolitik. Calvins Legitimierung des Zinses ist bekannt, und wahrscheinlich stand schon Luther dem Zins aufgeschlossener gegenüber, als Weber dies annahm.[347] Auch in der Erschließung »brachliegender Arbeitszeit« greifen Puritanismus und merkantilistische Arbeiterpolitik funktional ineinander. Hatte schon der Handel im 14. Jahrhundert in den Städten den Übergang von der »erlebten« zur »gemessenen« Zeit herbeigeführt, so setzt nun ein neuer, intensivierter »Kommerzialisierungsschub« der Zeit durch den Protestantismus ein.

In den Städten, in denen der Protestantismus Oberhand gewinnen konnte, begann »jene erzieherische Wirkung, deren letzte und geschichtlich wichtigste Konsequenz die Herausbildung eines für die manufakturelle Produktionsweise brauchbaren Proletariats ist«.[348]

In einer sehr plastischen Schilderung der puritanischen »Entzauberung« des Raumes und der Zeit im Lyon des 16. Jahrhunderts bekräftigt Davis den Zusammenhang von kapitalistischer Entwicklung und der rationalen, entmystifizierten und »objekthaften« Weltdeutung des Protestantismus.[349] In Lyon gelang nicht nur eine sehr frühe Zerschlagung der zünftischen Arbeits- und Lebensverbände, und die Installierung einer »new municipal welfare organisation, the Aumône – Général«[350] zur Bekämpfung von Vagabunden- und Betteltum, sondern auch die »Entweihung« des an die katholische Tradition gebundenen städtischen Rhythmus.

Die protestantische Bevölkerung, die sich zum größten Teil aus Lyon selbst nicht entstammenden Kaufleuten zusammensetzte, stand den traditionellen Bedeutungsgehalten bestimmter jahreszeitlicher Abschnitte und Tage indifferent gegenüber. Während die Katholiken am Rhythmus des liturgischen Agrarkalenders festgehalten hatten und die zeremoniell-ökologische Jahreseinteilung sich konträr zu der Regelmäßigkeit von Marktprozessen und stetigem Arbeitsverhalten gestaltete, war die calvinistische Jahreseinteilung marktkonform. »Catholic ceremonial time was complex, bunched and irregular (. . . .) The Calvinist ordering of liturgical time was more simple, even and uniform.« Mit der Institutionalisierung der reformierten Kirche in Lyon trat an die Stelle des zeremoniellen Agrarjahres, in dem sich Feste und Arbeit zyklisch ablösten, der reformierte, weitgehend neutrale Kalender, mit dem das protestantische Bürgertum »were facilitating the possibility of a city ›en foire permanente‹ – a city that was a permanent market«.[351]

Zugleich mit der Reduktion von Fest- und Feiertagen führte das protestantische Bürgertum als äußeres Zeichen von Arbeitsdisziplin und individualisierter Religiosität die stetige Arbeitswoche ein, in der es außer dem Sonntag keine festen, kollektiv verbindlichen Zeiten der Gottesverehrung mehr gab.

Die protestantische Ausdehnung der Arbeitszeit stand im Einklang mit der merkantilen Idee des nationalen Reichtums, und die Linearisierung der Zeit ist ohne die Werteelemente des puritanischen Arbeitsethos nicht faßbar. Dennoch darf die soziale Funktion des Calvinismus in dieser Phase nicht überschätzt werden. Ebensowenig, wie die manufakturelle Arbeitsdisziplin erst eine Erfindung des protestantischen Bürgertums ist, ist sie die ökonomische Basis des frühen Kapitalismus. Diese bildet vielmehr das ländliche Verlagssystem, schon weil »es vom 16. Jahrhundert bis zur Epoche der großen Industrie dem Kapital mißlang, sich der ganzen disponiblen Arbeitszeit der Manufakturarbeiter zu bemächtigen«.[352]

Hieraus ergibt sich die Frage, aufgrund welcher Mechanismen die Erschließung eines breiten ländlichen Arbeitskräftereservoirs gelang. Sowenig die Bedeutung des puritanischen Arbeitsethos für die betriebskapitalistische Zeitökonomie bestritten werden kann, so wenig ist die Protestantismusthese allein für die Arbeitspolitik des Merkantilismus, aber insbesondere für die Funktionsweise der ländlichen Hausindustrie geeignet.[353]

Der Protestantismus wird zur Ideologie des städtischen Bürgertums und der manufakturellen Entwicklung. Den Arbeits- und Lebenszusammenhängen der ländlichen Bevölkerung, die rein quantitativ die Basis der frühkapitalistischen Dynamik bildet, bleibt das bürgerliche Arbeitsethos fremd. Systematisch gehört die Disziplinierung der Arbeitskraft durch das Ethos der rastlosen Berufsarbeit zur »Genese des modernen Managements« im Fabriksystem.[354]

Das ländliche Verlagssystem in der Proto-Industrialisierung bot kaum Möglichkeiten der direkten »arbeitspädagogischen« Einflußnahme.

Das erklärungswürdige Phänomen lautet daher, wie die Heranziehung breiter ländlicher Bevölkerungskreise in solch stabiler Weise ohne einen Krisen auslösenden Widerstand gegen die proto-industriellen Arbeits- und Entlohnungsbedingungen bis in das 18. und 19. Jahrhundert möglich und zugleich zur strukturellen Grundlage des industriellen Kapitalismus wurde, während in den Städten auch der merkantilistische Kampf gegen den Müßiggang weitgehend erfolglos blieb. »Man glaubte durch die harten Strafen den Willen zum Müßiggang brechen zu können. Man täuschte sich; die Gesetze bleiben meist ohne Erfolg. Ihre häufige Wiederkehr beweist es.«[355]

Wir wenden uns im folgenden der Frage zu, auf welchen Mechanismen der sozialen Integration die Proto-Industrialisierung beruht, und welche Impulse von ihr zum Übergang in den industriellen Kapitalismus ausgehen.

Vom Bauern zum Plebejer: die sozialen Auswirkungen
der Industrialisierung vor der Industrialisierung

Ihrer historischen Bedeutung nach bildet die Proto-Industrialisierung die strukturelle Grundlage für die Entwicklung des industriellen Kapitalismus und die Herausbildung einer breiten Lohnarbeiterschaft. Marx hat diese Bedeutung des ländlichen Gewerbes für die Entwicklung des Kapitalismus gesehen, sie jedoch nicht systematisch weiterverfolgt.

»Die Manufaktur ergreift zunächst nicht das sogenannte städtische Gewerb – sondern das ländliche Nebengewerb, Spinnen und Weben, die Arbeit, die am wenigsten zünftiges Geschick, künstlerische Ausbildung verlangt. Außer jenen großen Emporien, wo sie die Basis eines auswärtigen Marktes vorfindet, die Produktion also sozusagen naturwüchsig auf den Tauschwert ausgerichtet ist – also Manufakturen, die direkt mit der Schiffahrt zusammenhängen, Schiffsbau selbst etc. –, schlägt sie ihre ersten Wohnsitze nicht in den Städten auf, sondern auf dem Land, in nicht-zünftigen Dörfern etc. *Das ländliche Nebengewerb enthält die breite Basis der Manufaktur.*«[356]

Die These, daß die symbiotische Beziehung von Verlagsindustrie und bäuerlicher Familienwirtschaft sich als die entscheidende Triebkraft für die kapitalistische Entwicklung erwies, mag zunächst paradox erscheinen, da das »ganze Haus« ebenso wie das Zunfthandwerk eine durch und durch unökonomische Arbeitsorientierung aufwies, wie wir dies auf S. 31 ff. zu zeigen versucht haben. Doch gerade auf der Funktionslogik der Familienwirtschaft beruhte die handelskapitalistische Möglichkeit, die Arbeitsorganisation der Zünfte und damit die »Unelastizität« des Arbeitsangebotes zu unterlaufen. »Der hausindustrielle Zwergbetrieb... unterhungert den Großbetrieb.«[357]

Solange die Subsistenz der bäuerlichen Familie gesichert war, dehnte sie ihr »Arbeitszeitangebot« nicht aus und verblieb bei dem ihr vertrauten Produktionsmodus. Es bedurfte daher *exogener* Gründe, um die bäuerliche Produktionseinheit »aufzubrechen« und sie in Konkurrenz zum städtischen Handwerk zu setzen.

Nicht zufällig konzentrierte sich die ländliche Industrie deshalb in den unfruchtbaren Gebirgsregionen und dort, wo die Bauern aufgrund demographischer Bedingungen nicht über genügend Land verfügten. Das 16. Jahrhundert ist hierfür eine »Trendperiode«, in der zum einen das wirtschaftliche Wachstum infolge sinkender Grenzerträge des Bodens mit dem Bevölkerungswachstum nicht Schritt hält. Zum zweiten trat verschärfend ein Differenzierungsprozeß innerhalb des Bauerntums hinzu, der durch die säkularen Wachstumsphasen in der Landwirtschaft beschleunigt wurde. Nicht selten führte die Differenzierung zu einer Polarisierung zwischen einer großbäuerlichen Gruppe und unterbäuerlichen Schichten, die kaum noch über Land verfügten.

Von entscheidender Bedeutung war eine dritte Bedingung, die speziell in Westeuropa gegeben war: Die *Auflösung der Fronwirtschaft* und der Übergang zum Geldzins. In England wurde die Leibeigenschaft schon zu Anfang des 14. Jahrhunderts durch freie, selbstwirtschaftende Bauern ersetzt, »durch welches feudale Aushängeschild ihr Eigentum immer versteckt sein mochte«.[358]

Die feudalen Grundherren Westeuropas stellten nur in seltenen Fällen auf Marktproduktion um. Im östlichen Europa war die für den Markt produzierende Fronhofswirtschaft jedoch häufiger anzutreffen und stellte ein ernsthaftes Hemmnis der ökonomischen Wachstumsmöglichkeiten dar. Traditionale Wirtschaftsgesinnung, unzureichende Arbeitsteilung, fehlende Kalkulation und nicht zuletzt das Herrschaftsverhältnis, das den Bauern nicht nur Pflichten abverlangte, sondern auch Rechte dem Herrn gegenüber zugestand, verhinderten in den meisten Fällen eine ökonomisch effektive Nutzung der bäuerlichen Arbeitskraft.[359]

Im Zusammenhang mit der Expansion der Hausindustrie in den europäischen Metropolen spielt es nun weniger eine Rolle, daß die Zinspflichten des Bauerntums gestiegen und somit die ländlichen Familien zu Mehrarbeit gezwungen waren. Entscheidend ist vielmehr das Zusammenwirken der demographischen Bedingungen, der internen Polarisation und die Durchsetzung des Pachtverhältnisses an die Stelle direkter personaler Abhängigkeit. Die damit ausgelösten Prozesse ließen die Zahl der Familien ansteigen, die ein Nebeneinkommen suchen mußten, da eine noch so intensive Bearbeitung der Böden das Existenzminimum nicht garantieren konnte.

Hinzu treten nun die endogenen Faktoren der bäuerlichen Produktion. Die Produktionsstruktur der bäuerlichen Familienwirtschaft ist durch den Rhythmus des Erntejahres determiniert, d. h. unter lohnarbeitslosen Bedingungen bleibt die saisonale »Arbeitslosigkeit« im Ackerbau (und modifiziert in der Viehwirtschaft) »versteckt«. Dies bedeutet zumindest für die Frühphase der Proto-Industrialisierung, daß die gewerblichen Erfordernisse nicht mit den landwirtschaftlichen in Konflikt gerieten, da das Agrarprodukt aufgrund des saisonal bedingten Arbeitsanfalles nicht zu sinken brauchte. Es fand also zunächst kein Abzug von Arbeitskräften aus dem primären Sektor statt, sondern die Erschließung brachliegenden Arbeitspotentials auf familienwirtschaftlicher Basis:

Der Mechanismus der »labour-consumer-balance« (vgl. Abschnitt Kap. 2 S. 32ff.) in Verbindung mit saisonal bedingten »Leerzeiten« in der landwirtschaftlichen Produktion brachte unter wirtschaftlich schlechten Bedingungen ein ländliches Arbeitskräftereservoir mit sich, das den Bedürfnissen der expandierenden Binnen- und Auslandsnachfrage entgegenkam.[360] Seinem inhärenten Gleichgewichtsmechanismus zufolge griff der Haushalt bei gefährdetem Reproduktionsniveau auf die ihm einzig zur Verfügung stehende Möglichkeit der Arbeitsintensivierung zurück, ohne Aufwand und Ertrag zu relationieren. Hiermit war der »Koppelungsmechanismus« für Handelskapital und ländliche Subsistenzweise gegeben. Die saisonalen »Leerzeiten« konnten durch die Hauswirtschaft zur gewerblichen Produktion genutzt werden, um die Subsistenzlücke landarmer Familien zu überbrücken.

Der entscheidende Vorteil für das Handelskapital lag in dem Umstand, daß die Familie ihrer Produktionslogik zufolge unter »individuell falschen Produktionskosten« arbeitete,[361] und eine Steigerung des Arbeitsaufwands auch bei Senkung des durchschnittlichen Ertrags pro Arbeitseinheit in Kauf nahm, wenn dadurch nur das Ungleichgewicht zwischen unzureichendem Familiengesamteinkommen und den minimalen Bedürfnisanforderungen beseitigt werden konnte.

Nicht Produktivitätserwägungen bzw. Interesse an einem möglichst hohen durchschnittlichen Ertrag je Arbeitseinheit bestimmen im Fall der Subsistenzgefährdung primär das Verhalten der Familie, sondern das Interesse an einem möglichst hohen Gesamtarbeitseinkommen, das die Überlebenschancen der Familie maximiert. Dieses Verhaltensmuster gilt auch dann, wenn die erwirtschafteten Erträge im Rahmen einer Netto-Gewinnrechnung, die vergleichbare Lohnsätze hinzuzieht, ein Defizit ergäben, und der Ertrag unter einem solchen Kalkül unterhalb der Selbstkostenschwelle läge. »Dank der Art, wie die Familienwirtschaft rechnet, ergibt ihre Wirtschaftsrechnung positive Größen noch unter Verhältnissen, wo eine kapitalistische Wirtschaft schon negative Ergebnisse (Verluste) errechnen müßte.«[362]

Die Familie erzeugte zwar Werte, die auf Märkten realisiert wurden, doch sie reproduzierte sich selbst noch außerhalb von Marktbedingungen. Unter diesen Verhältnissen entstand eine »duale Ökonomie« der »vorkapitalistischen Warenproduktion«[363], in der sich nur ein Teil der tatsächlichen Produktionskosten im Warenwert niederschlugen und der »Kostenpreis« der Arbeitskraft für den Produzenten höher lag als der realisierte Marktpreis.

Insofern war die Hausindustrie für den Handelskapitalisten in weiten Bereichen attraktiver als das städtische Handwerk. Das Handwerk verlangte den »gerechten Preis«, in dem alle Reproduktionskosten enthalten waren, das ländliche Gewerbe hingegen bot die Möglichkeit von Differentialgewinnen. »Was die Familie auf ihrem Gärtchen und Feldchen erarbeitet, das erlaubt die Konkurrenz dem Kapitalisten vom Preis der Arbeitskraft abzuziehen.«[364]

Wir haben demnach mit dem Paradox zu tun, daß das Leitmotiv der traditionalen Arbeitsorientierung selbst die handelskapitalistische Dynamik erst ermöglicht. »Die Familie fungiert objektiv als interne Triebkraft im Expansionsprozeß der Protoindustrialisierung, gerade weil sie subjektiv den Normen und Verhaltensweisen der traditionellen Subsistenzökonomie verhaftet blieb.«[365]

Über den Differentialgewinn hinaus bot sich eine sehr flexible Nutzung der ländlichen Arbeitskräfte, was sich in dieser Formationsphase des Kapitalismus als funktional für die sich stabilisierenden internationalen und nationalen Märkte erwies. In ähnlicher Form wie freie Lohnarbeit ist die proto-industrielle Nutzung von Arbeitskraft arbeitswirtschaftlich höchst rational, da ohne Menschenkapitalrisiko für den Anwender. Das Risiko der Reproduktion wird der Familie überlastet und aus der Marktsphäre »herausgehalten«. Zudem ist fehlendes stehendes Kapital dieser Phase aufgrund der relativen Labilität der Märkte, noch unzureichender Kapitalakkumulation und schwer zu kalkulierender Investitionen angemessen. »Der Arbeitgeber der Hausindustrie, der Verleger, hat kein stehendes Kapital. Seine Maschinen sind die Hausarbeiter. Er kann sie jede Stunde außer Kraft setzen und verliert dabei keinen Pfennig.«[366]

Gewerbliche Produzenten, die noch über eine bescheidene agrarische Basis verfügten, konnten unter dem Druck dieser Produktionsverhältnisse auch dann überleben, wenn ihre Arbeit unter den Selbstkosten lag. Landärmere Familien hingegen waren unter der Bedingung, daß ein zusätzlicher Arbeitsbeitrag nicht in einer proportionalen Einkommenserhöhung zu Buche schlug, sondern als Mehrarbeit im Stücklohn dem Verleger oder Kaufmann zufiel, gezwungen, einer Dynamik zu folgen, die das Familieneinkommen aller Gewerbetreibenden minimierte. Der scheinbare Ausweg aus der existenzbedrohenden Situation entpuppte sich als der

»Fluch jeder Hausindustrie, indem sie die Bewohner armer Landbezirke vom Ackerbau unabhängig macht, die Entstehung einer dichten Bevölkerung befördert, die mehr und mehr die Landwirtschaft aufgibt und die frühere Nebenbeschäftigung zum alleinigen Nahrungszweig macht. (....) So steigt jetzt der Lohn nicht deshalb, weil er nun ausschließlich von demselben leben muß. Im Gegenteil, er sinkt noch unter dem vermehrten Angebot von arbeitenden Händen, unter der fortwährend verlängerten Arbeitszeit.«[367]

Der dilemmatische Kreislauf von sinkender Entlohnung und expandierendem Arbeitsangebot bildet nicht nur die Bedingung für die »Zersetzung« der Funktionsweise des »ganzen Hauses«, sondern wird zugleich vom regulativen Funktionsverlust der Familienwirtschaft aufrechterhalten:
Durch die Konfrontation mit Marktbedingungen, die als solche nicht erkannt wurden, intensivierte die Familie nicht nur den Gesamt-Arbeitseinsatz, sondern veränderte auch ihr generatives Verhalten. Die Proto-Industrialisierung induzierte auf der Basis traditionaler, familienwirtschaftlicher Deutungen ein Bevölkerungswachstum, das eine wechselseitige Beschleunigung durch die expandierende Nachfrage nach Arbeitskräften erfuhr.
Die demographischen Prozesse sind nicht auf sinkende Mortalitätsraten zurückzuführen, sondern auf eine »schichtspezifische Fruchtbarkeit«, die sich aus dem regulativen Bedeutungsverlust der bäuerlichen Wirtschaft insbesondere für Heiratsverhalten und Haushaltsgründungen erklärt.[368]
Bei der bäuerlichen Bevölkerung war die notwendige Bedingung der Haushaltsgründung an Ressourcen gebunden, die nur über die Erbfolge verfügbar wurden. Hierdurch wurde ein restriktives Heiratsverhalten ebenso erzwungen wie das Zusammenleben mehrerer Generationen im »ganzen Haus«. Die ältere Generation kontrollierte mit dem Zugang zu Landbesitz als der einzig vollwertigen Subsistenzquelle die Voraussetzungen der Familiengründung der jüngeren Generation.
Für die Haushaltsgründungen der ländlichen Gewerbetreibenden gilt diese Abhängigkeitsreform in immer geringerem Maße. »By breaking the chain between reproduction and inheritance«,[369] wird die jüngere Generation durch die hausindustrielle Arbeit unabhängig vom elterlichen Haushalt. Die Ehebeziehungen der Gewerbe-

treibenden unterliegen in der Folge qualitativen und quantitativen Veränderungen. Braun hat dieses Phänomen anhand einer typischen gewerblich verdichteten Region untersucht und kommt zu dem Ergebnis,

»daß in einem bäuerlichen Lebenskreis die Ehewilligkeit und die Heiratsfrequenz eine Steigerung erfährt, wenn die Verlagsindustrie Fuß fassen kann. Eheeinleitung und Eheschließung werden entsachlicht. In noch viel stärkerem Maße wird der Ehekontakt eine intime, persönliche Übereinkunft, wenn die Partner ihre Ehe ausschließlich auf der Verlagsindustrie aufbauen.«[370]

Wir wollen in unserem Zusammenhang das Problem der Intimisierung sozialer Beziehungen durch die bürgerliche Gesellschaft nicht weiter verfolgen, sondern vielmehr den demographischen Aspekt in den Vordergrund stellen. Mit der Proto-Industrialisierung wird die »soziale Wachstumskontrolle« der agrarischen »Bevölkerungsweise«[371] durchbrochen, die das Zusammenspiel ökonomischer, demographischer und sozialstruktureller Variablen tendenziell auf dem Niveau eines Status quo regelt und damit die relative Stabilität der Bevölkerung im Verhältnis zu den begrenzten Ressourcen sicherstellt. Mit dem landwirtschaftlich unabhängigen Einkommen und dem Bedeutungsverlust von Bodenressourcen entfällt dieser Stabilisierungsmechanismus. Während der Proto-Industrialisierung verliert das »ganze Haus« weitgehend seine generative Bedeutung. Die Kernfamilie ohne Bedienstete stellte den vorherrschenden Typus der ländlichen Gewerbetreibenden dar. Sie bildet das gemeinsame Merkmal des überwiegenden Teils unterbäuerlicher und landarmer Schichten. Infolge des sinkenden Heiratsalters und der vermehrten Eheschließungen kommt es zu »einer spezifischen generativen ›Überreaktion‹, mit der die gewerblichen Produzenten auf die mit der Proto-Industrialisierung gegebenen Zwänge und Chancen reagieren«.[372]

Die »Chancen« lagen in der Emanzipation von der elterlichen Kontrolle der Heirat. Die »Zwänge« ergaben sich aus der familienwirtschaftlich verhafteten Reaktion auf Subsistenzgefährdung durch marktwirtschaftliche Bedingungen. Die von Zeitgenossen häufig kritisierten »Bettelhochzeiten«, die »frühen Ehen zwischen Leuten, die zwar zwey Spinnräder, aber kein Bett zusammenbringen«,[373] lassen die neuen Konstitutionsbedingungen von Haushalt und Familie erkennen.

Ausschlaggebend für frühe Eheschließungen und Haushaltsgründung war nicht nur die Intimisierung von Geschlechtsrollen, sondern primär der Zwang zur maximalen Ausnutzung der familialen Arbeitskraft. Kinder bildeten das »lebendige Kapital« der gewerbetreibenden Familien.

Durch den Verlust des generativen Regulativs Erbschaft erhält der circulus vitiosus von sinkendem Heiratsalter, erweiterter generativer Reproduktion und Verelendung eine besondere Dynamik. Mochte das spezifische Reproduktionsmuster der ländlichen Gewerbetreibenden zwar temporär zu einer erträglicheren wirtschaftlichen Situation beitragen, so verschärfte es längerfristig das familienzyklische Dilemma und führte auf der gesamtgesellschaftlichen Ebene zu einem malthusianischen Arbeitsangebot.

»Bei schlechter Konjunktur genügt selbst die längste Arbeitszeit nicht mehr; die Weber mit drei bis vier unerwachsenen Kindern geraten in Schulden... Erst wenn zwei bis drei Kinder am Webstuhl sitzen, können die Schulden getilgt werden... Es springt in die Augen, wie wichtig es für die Eltern ist, ihre Kinder so früh als möglich zum Verdienst zu bringen, denn lange bleiben sie doch nicht bei ihnen; Söhne heiraten oft mit 22–23 Jahren, Mädchen von 18–19 Jahren; beide verlassen ihre Eltern und überliefern sie samt ihren jüngeren Geschwistern wiederum der Not. Mit der Geburt der Kinder werden die Eltern arm, mit dem Heranwachsen reich, mit ihrer Verheiratung verfallen sie wieder der Dürftigkeit.«[374]

Das demo-ökonomische Paradox des proto-industriellen Systems erscheint insofern als Konsequenz der hausindustriellen, familienwirtschaftlich gebundenen Produktionsweise: »Daß diejenigen, die von ihren materiellen Voraussetzungen am wenigsten im Stande sind, zahlreiche Kinder zu zeugen, ist nur aus den spezifischen Verwertungsbedingungen zu erklären, unter welche die ›gesamte‹ familiale Arbeitskraft im ländlichen Gewerbe gestellt war.«[375] Somit erwiesen sich die gewerblich verdichteten Zonen als ein »demographisches Treibhaus«[376], in dem ökonomisches Wachstum, Nachfrage nach Arbeitskräften zu geringen Löhnen und Bevölkerungswachstum in einem Verhältnis positiver Rückkoppelung standen.[377]

Über den Funktionsverlust des »ganzen Hauses« in bezug auf die familiale Reproduktion und die Regelung des Familienzyklus hinaus vollzieht sich innerhalb der ländlichen Bevölkerung ein Differenzierungsprozeß, der durch die Gewöhnung der hausindustriellen Produzenten an gewerbliche Arbeit und die Entfremdung vom bäuerlichen Arbeitsrhythmus ausgelöst wird.

Thompson spricht in diesem Zusammenhang von der Herausbildung einer »plebejischen Kultur«,[378] die sich von der bäuerlichen zu lösen beginnt durch die Veränderungen in »Alltagsleben«, Produktionserfahrung und durch die Konfrontation mit Marktbedingungen. Die plebejische Kultur läßt sich als einen relativ eigenständigen Vorläufer der proletarischen Kultur begreifen, die im Konstitutionsprozeß proto-industrieller Produktionsverhältnisse dem traditionalen Wertsystem des »ganzen Hauses« und der agrarischen Gesellschaft noch weitgehend verhaftet bleibt. Sie weist, obwohl die Bedingungen von Produktion und Reproduktion zunehmend an den Markt gebunden sind, und die strukturellen Bedingungen der Familienwirtschaft wie Autarkie, paternalistische Herrschaft etc. erodieren, Gemeinsamkeiten mit der bäuerlichen Bevölkerung und sogar der adeligen Kultur auf. Die eigentümliche »Zwitterstellung« der plebejischen Kultur wird von den »durchgehaltenen« traditionalen Deutungssystemen einerseits und den »Lerneffekten« andererseits bedingt, die vom proto-industriellen System ausgehen.[379]

In vergleichender Perspektive ist die hausindustrielle Familie eher ein Vorläufer des proletarischen Haushalts als eine Abart der bäuerlichen Wirtschaftseinheit. Die proto-industrielle Familie fungiert nicht mehr wie die vollbäuerliche als Instrument zur Bewahrung von Besitz und zur Versorgung von Altenteilen, sondern wird tendenziell zur Instanz der Umverteilung von Armut in der Kernfamilie.

Dieses Grundmuster wird durch die Aufnahme von Witwen, unverheirateten Geschwistern etc. nicht modifiziert im Sinne der traditionalen bäuerlichen Vollfamilie, sondern bestätigt. Der Rückgriff auf Verwandte oder andere »beisteuernde« Haushaltsmitglieder diente dazu, ein günstigeres Verhältnis von Produzenten und Konsumenten zu erzielen. Im Falle erweiterter gewerblicher Haushaltsformen unterschieden sich diese grundsätzlich vom Typus des traditionalen »ganzen Hauses«. Die proto-industrielle Familie war kein Herrschaftsverband, der auf der Basis von Besitz und Eigentum die Reproduktion steuerte, sondern konstituierte sich primär als Arbeitszusammenhang. Dieser innerfamiliale Strukturwandel wird nicht zuletzt durch die Veränderung der Rollenkonfiguration bestätigt. Im gewerblichen Haushalt fehlte die Trennung von Männer- und Frauenarbeit, die in der bäuerlichen Familie dem

Mann die Feldarbeit, der Frau den Haushalt zuwies. Wenn auch die Verteilungsmechanismen innerhalb des Haushalts nach traditionalen, familienwirtschaftlichen Prinzipien geregelt wurden, so unterlag doch die Arbeitsorganisation innerhalb der Familie erheblichen Veränderungen.

Schon in der Phase des Verlagssystems änderte sich daher auch mit dem Funktionswandel der Familie und einer neuen Arbeitsorganisation die Einstellung zur Arbeit und hierdurch bedingt die zeitliche Orientierung der Produzenten. »The impact of protoindustry as an educational experience«[380] beruht im wesentlichen auf der Ablösung des bäuerlichen Produktionszyklus durch die *ganzjährliche Arbeitswoche*, die durch monotone, geldentlohnte und termingebundene Arbeit gekennzeichnet ist. Die Arbeit in den Webstuben ist vom saisonalen Rhythmus unabhängig und gegenüber den traditionalen Einschnitten im Jahreszyklus indifferent. Das entsprechende Interesse an Arbeits- und Festterminen verliert für die ländlichen Gewerbetreibenden an Bedeutung. »Ihre gleichförmige, an keinen Wechsel der Natur gebundene Arbeit des Spinnens oder Webens teilt nicht mehr das Jahr in bestimmte Abschnitte ein.«[381]

Durch die periodisch-regelmäßige Entlohnung und *Terminierung des Arbeitsvolumens* erhielt sowohl der Arbeitstag als auch die Arbeitswoche eine eigenständige Bedeutung, zumal der Arbeitsprozeß selbst nicht an Witterungsbedingungen und den Wechsel von Tag/Nacht gebunden war. Der entscheidende Unterschied zur bäuerlichen Arbeitsweise liegt darin begründet, daß mit dem Verlagssystem ein Wechsel von einem aufgaben- zu einem terminorientierten Zeitbewußtsein vollzogen wird. Wann und wie lange der Webstuhl in Bewegung gesetzt wird, diktiert der Verleger, dessen Marktchancen davon abhängen, wie schnell und zu welchem Zeitpunkt er liefern kann.

Unter dem Druck existentieller Not arbeitet die Familie unter kaum anderen Bedingungen als den »infernalischen Akkorden« des industriellen Fabriksystems. Ein »aufmerksamer Beobachter aller dieser Klassen von Menschen muß staunen über das Leben, Weben und Treiben derselben«, schreibt Schwerz über die »Landwirtschaft in Westfalen«. »Diese Personen weben Jahr aus Jahr ein, die Webermädchen haben durchgehends dicke Füße, und wenn sie Weiber werden, gebären sie in der Regel sehr schwer. Je besser sie weben, desto eher kommen sie unter die Haube... Hier kochen, fegen und melken die Männer, um das gute fleißige Weib in seiner Arbeit ja nicht zu stören.« Besitzt ein Weberhaushalt nicht genügend Webstühle, um alle Familienmitglieder zu beschäftigen, so werden die »Söhne und Töchter, wenn sie Meister in der Kunst geworden sind ... vermiethet«.[382]

Ein weiterer »Lerneffekt«, der vom ländlichen Gewerbe ausgeht, besteht in der mit der ländlichen Arbeitsteilung verbundenen instrumentellen Einstellung zur Arbeit. »Diejenigen, die ›ihr Leben nur an den Baumwollfaden hängen, den sie spinnen oder weben‹ ... gehören nicht mehr dem ›Nährstand‹ an. Das Geld schiebt sich zwischen ihre Arbeit und die Deckung ihres täglichen Bedarfs.«[383] Im Gegensatz zum traditionalen »ganzen Haus« plant die Familie nicht mehr in naturalen, als konstant erachteten Größen, sondern aufgrund des Verlusts ihrer relativen Autarkie notwendig in Geld- und Austauschbeziehungen. Solange ihre Subsistenz gefährdet ist, setzt sie daher die ihr zur Verfügung stehende Zeit mit dem Familieneinkommen gleich. Instrumentelle Arbeitsorientierung, Geld- und Zeitrechnung als Kennzeichen des »guten Arbeiters« werden mit der disziplinierenden Funktion des proto-industriellen Produktionssystems vorbereitet. Obwohl von einer freien Lohnarbeiterklasse noch nicht gesprochen werden kann, setzten die marktwirtschaftlichen Bedingungen im ländlichen Gewerbe Verhaltensanforderungen, die den Übergang zur fabrik-industriellen Zeitökonomie erleichtern.

Die Gewöhnung an unvollständige Arbeitssituationen und Zeitdisziplin setzt zum Teil schon die Verlagsindustrie durch: »Die Schaffensfreude ist vorwiegend eine Erwerbsfreude. Das Rechnen sei es mit Schneller, Schilling oder Zeit, kennzeichnet die Einstellung des industrietreibenden Landvolkes zu seiner Heimarbeit. Aus einer solchen Einstellung zur Arbeit erwachsen mancherlei Folgewirkungen. Zeit ist Geld – diese Dämonie beginnt zu wirken. Der ganze Tagesablauf richtet sich danach.«[384]

Folgt man der hier vorgetragenen Argumentation, so bildet die Proto-Industrialisierung in mehrfacher Hinsicht wesentliche Voraussetzungen des Fabriksystems, der marktförmigen Verteilung (Allokation) von Arbeitskraft und damit der kapitalistisch-linearen Zeitstruktur heraus:

1. Entsteht mit dem ländlichen Gewerbe eine breite Schicht von handwerklich versierten Arbeitskräften, die infolge des spezifischen generativen Musters der Proto-Industrialisierung schnell

anwuchs und ein Arbeitskräftereservoir für die ersten Fabrik-gründungen bereitstellte.

2. Stabilisierte sich eine Gruppe von Verleger-Kaufleuten, die, gestützt auf das während der Proto-Industrialisierung akkumu-lierte Kapital, zum Träger der Industrialisierung wurden.

3. Wird in dieser Phase die Einheit von Produktion und Reproduk-tion der traditionellen Familienwirtschaft zerstört. An die Stelle des relativ autarken »ganzen Hauses« tritt die arbeitswirtschaft-lich spezialisierte Kernfamilie, die über Geldeinkommen ihre Bedürfnisse auf Nahrungsmittelmärkten decken muß.

4. Verändern sich die Produktionserfahrungen der Arbeitenden, die dem bäuerlichen Lebens- und Arbeitszusammenhang ent-fremdet werden und von landwirtschaftlichen Bedingungen un-abhängige Lebensformen innerhalb der »plebejischen Kultur« ausbilden.

Damit hatte die Proto-Industrialisierung Bedingungen der Indu-strialisierung geschaffen, die sich gerade aus der »Nichtunterwerfung der Produktion unter das Kapital« erklären.[385] Allerdings tritt der familienwirtschaftliche Faktor ab einem bestimmten Punkt in Wider-spruch zu der von ihm selbst getragenen Dynamik. Das sich wechselseitig beschleunigende demographische und ökonomische Wachstum läßt – am frühesten in England – die internen Widersprü-che des proto-industriellen Systems aufbrechen. Die stark expandie-rende Nachfrage überstieg die Angebotselastizität des Faktors Ar-beit. Die »Nichtunterwerfung der Produktion« manifestierte sich als Widerspruch zwischen Systemerfordernissen der Marktproduktion und sozial-integrativen Wertmustern, die dem ganzen Haus verhaftet blieben. Die Erfordernisse des proto-industriellen Systems kollidier-ten mit den Wertorientierungen der »plebejischen Kultur«, da genau in dem Ausmaß, wie die handelskapitalistische Nachfrage nach Arbeitszeit expandierte, der Faktor Arbeit familienwirtschaftlich verknappt wurde. Dieser Widerspruch führte »entweder über sich selbst hinaus in den industriellen Kapitalismus oder in der De-Industrialisierung (bestimmter Regionen, H.-W. H.) hinter die Proto-Industrialisierung zurück«.[386]

Wir haben argumentiert, daß der inhärente Gleichgewichtsmechanismus der Familienwirtschaft zur »symbiotischen Beziehung« zwischen der bäuerlichen Produktionsweise und dem Handelskapital geführt hat. Die Neigung der Familie zur »Selbstausbeutung«, die auf der beschriebenen »labour-consumer-balance« beruhte, hatte jedoch als Kehrseite dieser Logik von Produktion und Konsum den Rückgang des Arbeitszeitangebots bei einem Subsistenz sichernden bzw. normativ begrenzten Einkommensniveau zur Folge.

Diese traditionale Arbeitsorientierung war zwar die arbeitswirtschaftliche Basis der Protoindustrialisierung, zugleich bildete sie die »Achillesferse des Verlagssystems«.[387] Zum einen entsprach die dezentrale Produktionsweise der Neigung des Verlegers, sich aus der Sphäre der Produktion weitgehend herauszuhalten, da er primär an Zirkulationsgewinnen interessiert war und je nach konjunktureller Lage sein Arbeitskräftereservoir hoch flexibel handhaben konnte. Zum anderen mußte er den Vorteil, seine »lebendigen Maschinen« jederzeit »außer Kraft setzen zu können«, mit fehlenden Kontrollmöglichkeiten bezahlen. Dieser Umstand wirkte sich nun gerade in konjunkturell günstigen Phasen negativ aus.

Die »labour-consumer-balance« äußerte sich immer dann als Anti-Produktivitäts- und Anti-Surplus-Effekt, wenn der Absatz florierte und für den Verleger maximale Gewinne auf dem Spiel standen. Bei steigender Nachfrage nach Arbeitskräften und einem steigenden Familieneinkommen reduzierte das »ganze Haus« sein Arbeitszeitangebot und ersetzte es teilweise durch Konsum und Muße, genau in dem Augenblick, in dem ein zusätzliches Angebot an Arbeitskraft im Interesse erweiterter Reproduktion und höherer Gewinne für den Verleger wünschbar gewesen wäre.

Die familienwirtschaftliche Organisation der Arbeit bildete ähnliche Schranken für die Ökonomisierung der Arbeit, wie die städtisch-handwerkliche: Auch hier wirkte sich der Umstand einer »hedonistischen« Arbeitsorientierung dysfunktional für die Erfordernisse der Produktion für den Markt aus. Asketische Lebensführung, abstraktes Gewinnstreben und regelgeleitetes Arbeitsverhalten war den ländlichen Gewerbetreibenden ebenso fremd wie dem städtischen Handwerker. Obwohl die ländlichen Produzenten im

Verlauf der Proto-Industrialisierung zunehmend ihre Subsistenz-
bedürfnisse nur über Geldeinkommen befriedigen konnten, verhielten sie sich den marktwirtschaftlichen Bedingungen gegenüber
nach den Regeln der bäuerlichen Familienwirtschaft. Für die traditionale Arbeitsgesinnung war es nicht ausgemacht, daß »die Zeit
ohne Zweifel das größte Kapital« sei, »das die Natur dem Menschen lieh, und das unter seinen Händen zerrinnt, wenn er es nicht
benutzt«.[388]

Im Gegenteil, die ökonomische Präferenzstruktur der proto-industriellen Arbeitskraft kennzeichnete »voluntary underemployment
and in particular a marked preference for leisure instead of higher
earnings«.[389] Die Tendenz zur freiwilligen Unterbeschäftigung beruhte auf der Beharrungskraft einer Ökonomie, die von konsum-
und bedürfnisorientierten Produktionszielen geleitet und ihrer
Struktur nach in der Einheit von Arbeit und Verteilung des »ganzen Hauses« verankert war.

Der Markt erfordert stetiges Arbeitsverhalten, Zeitbewirtschaftung
und Zukunftsplanung. Solchen Verhaltensanforderungen stand die
»plebejische Kultur« der Proto-Industrialisierung in konjunkturell
günstigen Zeiten gleichgültig gegenüber. Durch das verlagsindu-
strielle System hatte die saisonal unabhängige Arbeitswoche gegenüber dem bäuerlichen Arbeitsrhythmus zwar Eigenständigkeit erhalten und wurde von Entlohnungs- und Abgabeterminen bestimmt, doch lag ihre Gestaltung im Gegensatz zur fabrikmäßigen
Organisation, hinsichtlich der Länge und Lage des Arbeitstages
noch in der Souveränität der Arbeitenden. Solange der Arbeitsrhythmus selbst bestimmt werden konnte, bildete sich ein zyklisches Arbeitsverhalten heraus. Zeiten höchster Arbeitsintensität
wechselten mit Müßiggang und rituellem Konsum. »Montags oder
dienstags ratterte der Handwebstuhl nach althergebrachter Weise:
Immer langsam voran, immer langsam voran (plenty of time,
plenty of time), am Donnerstag und Freitag: ein Tag zu spät, ein
Tag zu spät (a day t'lat, a day t'lat).«[390]

Über diesen zyklisch-unzuverlässigen Arbeitsrhythmus hinaus
wurde die Innovationsfeindlichkeit der Produzenten zum Hindernis der Handelsexpansion. Die ländlichen Familien verhielten sich
auch unter Marktbedingungen zu der Organisation und den Resul-
taten ihrer Arbeit wie Eigentümer. Gegenüber dem Verleger bean-
spruchte der Arbeitende ein hohes Maß an faktischer Kontrolle
über den Produktionsprozeß auch dann, wenn die Eigentumstitel

an Rohmaterial, Fertigprodukten etc. rechtlich in der Verfügungsgewalt des Händlers oder Verlegers lagen. Die in konjunkturell günstigen Phasen ohnehin nicht intensive Arbeitsverausgabung konnte daher kaum durch technischen Fortschritt gesteigert werden.

Der u. U. höheren Entlohnung durch Produktivitätssteigerung zog der ländliche Produzent die Konservierung der Produktionsmethoden vor, in dem Bewußtsein, daß jede Veränderung einen Verlust seiner moralisch gerechtfertigten Rechte und Ansprüche mit sich führt.

Die hohe Resistenz der traditionalen Arbeitsgesinnung gegenüber Lohnanreiz und Innovation im weitesten Sinne verweist darauf, daß mit dem modellhaft beschriebenen familialen Gleichgewichtsstreben von Arbeit und Konsum mehr verbunden ist als eine bloße Präferenz von »Minderarbeit« statt »Mehrverdienst«. Hinter dieser Gleichgewichtstendenz steht eine spezifische normative Deutung des Wirtschaftens. Thompson hat diese »vergessenen« Elemente der plebejischen Kultur in den Vordergrund seiner Untersuchungen über die vorindustriellen Hunger-Aufruhre gerückt.[391]

Auffällig an diesen Aufständen ist die Disziplin, mit der sie zumeist durchgeführt wurden. Plünderungen und Raub standen nicht im Mittelpunkt der Aktionen des »Mobs«, sondern wurden von ihnen begleitet. Das zentrale Anliegen der Aufruhre lag in der moralischen Empörung über den Verstoß von Händlern oder der Obrigkeit gegen elementare Gebote einer »sittlichen Ökonomie«. »Sittliche Ökonomie verweist auf einen Begriff des richtigen oder ›rechten‹ Lebens, der ihren Kern bildet.«[392]

Hier wird die Parallelität des zünftischen Widerstandes gegen den handelskapitalistischen Eingriff in die Arbeitsorganisation und der bäuerlich-plebejischen Arbeitsverweigerung bei gesicherter Subsistenz deutlich. Solche Formen des aktiven oder passiven Widerstands gründen sich auf Wertsysteme, die einer diffusen Idee von Gerechtigkeit, Richtigkeit und Bewahrungswürdigkeit des Status und der »schon immer gegebenen« Legitimität von bestimmten Rechten und Gebräuchen.

Thompson umreißt die Inhalte des traditionalen Wertsystems in bezug auf die Hunger-Aufruhre folgendermaßen:

»Es fällt uns nicht leicht uns vorzustellen, daß es in einem kleineren und in sich geschlossenen Gemeinwesen eine Zeit gegeben haben mag, in der es unnatürlich schien, daß irgend jemand aus der Not anderer Profite zog, und in der angenommen wurde, daß die Preise der lebenswichtigen Güter in Perioden der Teuerung auf einem gewohnten Niveau bleiben sollten, auch wenn es überall weniger geben mochte.«

So wie eine »spasmodische« Sichtweise den Aufruhr auf die »Rebellion des Bauches« reduziert, führt eine Orientierung an der zeitgenössischen Luxusdiskussion, in der fehlendes Planungsverhalten, mangelnde Zeitdisziplin etc. der ländlichen Produzenten und Handwerker ein immer wiederkehrendes Thema bildet, in die Irre.[393]

Die Werthaltung des protestantischen Verlegers oder Händlers war nicht die Werthaltung der Produzenten, und was »in fortschrittlichen Kreisen ›Faulheit‹, die ›Genußsucht‹ des Arbeiters« genannt wurde, entsprach der »Seelenverfassung der Arbeiter«, deren »Erziehung zum homo oeconomicus noch kaum begonnen hatte«.[394]

Die Hartnäckigkeit, mit der die plebejische Kultur an der traditionalen Zeitorientierung festhielt, ist daher im gleichen »sittlichen« Zusammenhang wie die Hunger-Aufruhre zu sehen. Obwohl der traditionale Festkalender durch die proto-industriellen Veränderungen im wöchentlichen und jährlichen Arbeitsrhythmus seine ursprüngliche Bedeutung verloren hatte, lösten die Festtagsreduktionen im 18. Jahrhundert Protestaktionen aus, die sich auf überkommene Rechte und Ansprüche beriefen.

Neben »handfesten« Auseinandersetzungen mit der Obrigkeit zeigte sich, daß zunächst auch die normativen Mechanismen sozialer Integration gegenüber den Protesten des »gemeinen Volkes« wirkungslos blieben. Gegen den protestantischen Angriff auf die traditionalen Festtage des liturgischen Kalenders reagierten die Untertanen mit der Drohung zu konvertieren.

»Noch andere liefen in angränzende Römischkatholische Orte und Kirchen außerhalb des Landes und droheten: katholisch zu werden, wenn man ihnen ihre Feyertage nicht wieder gäbe; indem ja ohnedies nach den abgeschafften Feyertagen in unserer protestantischen Kirche kein Christentum mehr sey.«[395]

Die Verordnungen zur Verminderung der Feiertage mußten aufgrund des militanten Widerstands der Bevölkerung vielfach zurückgenommen werden, bzw. bedurften dort, wo sie durchgesetzt wurden, eines erheblichen Aufwands seitens der Obrigkeit.[396]

Ebenso wie das zyklische Arbeitsverhalten Merkmal der Proto-Industrialisierung blieb, bildeten Zukunftssicherung und Lebensplanung keine Elemente der plebejischen Kultur. Sehr deutlich wird die Verweigerung eines marktkonformen Lebensstils im plebejischen Umgang mit Geld. Als Ertrag der familialen Produktion und als Medium des Austausches repräsentierte Geld für den ländlichen Gewerbetreibenden kein »abstraktes Potential«, das die Zukunft öffnet, und durch dessen Verausgabung zukünftiges präformiert wird, sondern in vorkapitalistischer Weise eine »Kostbarkeit« oder »klingende Münze«, die vorzugsweise gegen andere Kostbarkeiten auszutauschen war:

»Die wenigsten waren so klug, den grösseten Theil ihres Gewinnts (aus der Industrie) entweder in Grundzins oder an Kapitalien anzulegen . . ., die grössere Zahl stekte den Gewinn in hübsche Kleider und verprasste das Übrige. Oft war am Montag Morgen kein Schilling mehr von dem Geld übrig, das der Arbeiter oder die Arbeiterin am Samstag eingenommen, am Sonntag war alles herrlich und in Freuden aufgegangen. Wofür sollten sie sparen? Waren sie doch gewiss, nächsten Samstag wieder Geld vollauf zu haben. (...) Ihr täglicher Verdienst galt für ein zinstragendes Capital und wär es auch worden, wenn sie nur gewollt hätten.«[397]

Dem Geldgebrauch der ländlichen Gewerbetreibenden unterlag kein transitiver Nutzenbegriff, nicht die Berechnung zukünftiger Erwerbschancen, sondern die traditionale Knappheitsdeutung nach dem Mengenkonstanzprinzip. Das zyklische Arbeitsverhalten scheint so auf eine analoge Deutung von Geld und Land rückführbar, durch die Vermischung des familienwirtschaftlichen und marktökonomischen Bezugssystems. So als sei Geld wie Boden »immer da« und kehre wie die Erträge der Landbewirtschaftung im verläßlichen Zyklus zurück, wurde daher der Konsum organisiert. Geldeinkommen galt vor allem als Überschuß über die eigenwirtschaftliche Reproduktion der Subsistenz und war deshalb primär auf Status- und Prestigekonsum sowie in Muße und »freier Zeit« festgelegt. Im Deutungsrahmen der »sittlichen Ökonomie« verhielt sich die plebejische Kultur nach einer Ratio, »welche die begrenzten Möglichkeiten des neuen Kapitalismus nutzte, ohne dessen Beschränkungen anzuerkennen«.[398]

Sicherungsinstitutionen, die der Handel schon im 13. und 14. Jahrhundert zur »Bewältigung« offener Zukunft entwickelte, waren den ländlichen Gewerbetreibenden fremd. Konjunkturen und Handelseinbrüche wurden im Rahmen traditioneller Krisen als Naturkatastrophen oder als gottgewollte Strafe gedeutet. »Es ist ebenso schwierig, den Bauern von der Nützlichkeit einer Hagel- und Viehversicherung zu überzeugen, wie dem Heim- und Fabrikarbeiter (d. h. dem hausindustriellen Produzenten, H.-W. H.) den Sinn einer Spar- und Krankenkasse klarzumachen.«[399] Die plebejische Kultur entwickelte kein (Ver-)Sicherungsdenken, da sie auch unter Marktbedingungen nicht an akquisitiven Normen, sondern an der familienwirtschaftlichen Einheit von Arbeit und Konsum, die auch die Fürsorge umfaßte, orientiert blieb. Die Durchsetzung der linearen Zeit scheiterte in der »Industrialisierung vor der Industrialisierung« daran, daß Arbeit in den ganzheitlichen Zusammenhang von Konsum, Kultur und Brauchtum eingebunden blieb, und es in der Souveränität der Arbeitenden lag, den Grad der Verausgabung von Arbeitsvermögen nach tradierten, »sittlichen« Kriterien zu bestimmen. Die Geschichte des Kapitalismus erscheint aus dieser Perspektive als die Geschichte eines beständigen Kampfes um Zeit. Die Proto-Industrialisierung hatte für den Ausgang dieses Kampfes entscheidende Daten gesetzt, indem sie auf der sozialstrukturellen Ebene die Vorbedingungen schaffte, Arbeitskraft als Ware zu behandeln und Arbeitszeit »als solche« zu isolieren.

Wenn man die Übergangsphase der Proto-Industrie daher zusammenfassend charakterisiert, so scheint ihr hervorstechendstes Merkmal die Auflösung traditionaler Bindungen, Abhängigkeiten, aber auch lebensweltlicher Einheiten zu sein. Sie vermochte es allerdings nicht, ein durchgängiges Bewußtsein dieser Veränderungen zu schaffen. Strukturell hatte sie die Freisetzung eines proletarischen Potentials bewirkt. Auf der kulturellen Ebene blieb diese neue Schicht jedoch noch lange dem bäuerlich-plebejischen Bewußtsein verhaftet. Diese bäuerlich-plebejische Bewußtseinshaltung nahm für sich vor allem in Anspruch nach autonomen Kriterien, »irregulär« und zyklisch zu produzieren. Nicht die Kriterien eines anonymen Markts, für die die proto-industrielle Arbeitskraft objektiv produzierte, sondern die Kriterien der lokalen Kultur und Lebenswelt bestimmten ihr Arbeitsverhalten. Hierin blieb sie im Grundsatz der mittelalterlichen Familienökonomie gleich.

Erst »der Durchbruch der neuen politischen Ökonomie des freien

Marktes war zugleich der Zusammenbruch der alten ›sittlichen Ökonomie‹ der Fürsorge«.[400] Es ist aus dieser Perspektive ein erstaunliches Phänomen, daß der industrielle Kapitalismus es vermochte, den jahrhundertelangen Widerstand der traditionalen Arbeitskraft gegen eine Vermarktung ihrer Lebenszeit zu brechen. Hierfür bedurfte es mehr als der reinen Not; es bedurfte der »erzieherischen« Wirkung von Dressuren in Arbeitshäusern, Schulen und Fabriken. Diese Lektion mußte und muß noch heute eine Fiktion vermitteln, ohne die die Rationalisierung und »Portionierung« der Arbeitszeit undenkbar ist: Die Fiktion, daß Arbeitskraft eine Ware sei.

Auf dieser Fiktion beruht das fundamentale Machtverhältnis, das den modernen industriellen Kapitalismus kennzeichnet und integriert. Die zentrale Insitution dieser Gesellschaft, der Arbeitsmarkt funktioniert und kann seine historisch unübertroffen produktive wie zerstörerische ökonomische Wirkung nur auf der Basis eines Machtverhältnisses entfalten, das dem Arbeitenden die Souveränität über Zeitpunkt, Dauer und Rhythmus der Arbeit entzieht. Dies ist im Kern die Rationalität des Fabrikwesens und des hierarchisch gegliederten Betriebs. Marx hat dieses Machtverhältnis als Gegensatz von »toter« und »lebendiger« Arbeit beschrieben.

In diesem Gegensatz drückt sich zum einen die Paradoxie des Lohnarbeitsverhältnisses selbst aus. Zum anderen enthält dieser Gegensatz den Konflikt zwischen der Arbeit als »Auseinandersetzung mit der Natur« und als »abstrakte Arbeit«. Die Paradoxie besteht darin, daß im Arbeitsvertrag so getan wird, als werde die Ware »Arbeitszeit« verkauft. Den realen Konflikt hingegen konstituiert der Zusammenprall einer gegenüber Bedeutungs- und Sinnzusammenhängen neutralen zeitlichen Logik mit der lebensweltlichen Zeitlogik der Produzenten. Dieses wechselseitige Abhängigkeitsverhältnis von abstrakter Arbeit und linearer Zeit wird in dem nun folgenden Kapitel untersucht.

6. Freie Lohnarbeit und industrielles Zeitregime

»Die Arbeitszeit als Maß des Reichtums setzt den Reichtum selbst als auf der Armut begründet«, schreibt Marx in den Grundrissen zur politischen Ökonomie. Er faßt diesen Vorgang als ein »Setzen der ganzen Zeit eines Individuums als Arbeitszeit und Degradation desselben zum bloßen Arbeiter, Subsumption unter die Arbeit«.[401] Diese »Degradation« reflektiert sich vor allem in der mechanischen Metapher, mit der das 19. Jahrhundert seine Gesellschaftsstruktur beschreibt: Dampfmaschine und Transmissionsriemen.

Von der zentralen Kraft- und Bewegungseinheit wird in der Fabrik-Gesellschaft jeder einzelne Arbeitsplatz mit Hilfe von Transmissionsriemen angetrieben. Der Arbeitende erscheint hier nurmehr als dem Takt der alles antreibenden Maschinerie unterworfen, als lästiges, weil lebendiges, aber eben notwendiges »Anhängsel der Maschine«. Diesem Selbstverständnis der gesellschaftlichen Arbeit kommt der physikalische Begriff einer metrischen, neutralen und gegenüber allen Sinngehalten gleichgültigen Zeit gerade recht. Marx hat diesen Vorgang wie kaum jemand mit dem Begriff der »abstrakten Arbeit« zum gesellschaftstheoretischen Programm erhoben. Arbeit *als* Ware, *als* ein von ihrem Besitzer losgelöstes Quantum abstrakten Tauschwerts, auf dieser Fiktion beruht das Prinzip von Arbeitsmärkten. Diese Fiktion setzt aber ihrerseits ein entsprechendes Tauschmotiv der Arbeitenden voraus, nämlich Lebenszeit zu portionieren und zur Disposition eines Käufers zu stellen.

Wird Arbeitskraft als fiktive Ware zu Produktionszwecken eingekauft, so entsteht die paradoxe Situation, daß der Käufer von Arbeitskraft nicht ein zum Zweck des Verkaufs produziertes »Produktionsmittel« einkauft, sondern Arbeits*potential,* das der Arbeiter zum Zweck der Befriedigung physischer Bedürfnisse zu verkaufen gezwungen ist. Das dem Käufer eingeräumte Dispositionsrecht über Arbeitsvermögen wiederum ist i. d. R. zeitlich fixiert.[402] Dies bedeutet sowohl für die Ebene des Arbeitsmarktes als auch für die betrieblich arbeitsorganisatorische Ebene, daß das Problem des Kaufs und der Anwendung von Arbeitskraft darin besteht, Teile der Lebenszeit von Individuen als Arbeitszeit zu konstituieren; kontraktierte Zeit in produktive Zeit zu verwandeln. Die Reduktion von lebenszeitlichen Abschnitten auf »verkaufte Arbeitszeit« ist ein ebenso auf fiktiven Prämissen beruhender Akt wie der gesellschaftliche Vorgang, Arbeit als Ware zu behandeln.

Die Differenz, die mit der gesellschaftlichen Abstraktion von Arbeitskraft und Arbeitskraftinhaber gebildet wird, bedeutet, daß die Auseinandersetzung mit der Natur als Gattungstätigkeit von je individuellen Motiven, Sinn- und Bedeutungsgehalten thematisch bereinigt, »Arbeit überhaupt« begrifflich wie sozial isoliert wird. Arbeit wird damit tendenziell von konkreten Personen und deren Lebenszusammenhängen unabhängige, d. h. sie wird abstrakte Arbeit, die streng vom Bereich der Reproduktion geschieden ist.

Bezogen auf Lebenszeit beutet dies die *Aussonderung von Zeitblöcken*, die der Disposition eines Arbeitszeitkäufers zur Anwendung von Arbeitskraft unterstellt werden. Lebenszeit erschöpft sich nun nicht in der bloßen Anzahl und dem Ablauf von Lebensjahren, sondern an unterschiedliche Phasen des Lebensablaufs sind auch immer unterschiedliche Sinn- und Bedeutungsgehalte geknüpft, die ihren Niederschlag in je individuellen Perspektiven und Relevanzstrukturen einerseits und sozialen Zuschreibungen und Zuweisungen andererseits finden. Dies drückt sich auch in der begrifflichen Analogisierung von »social time« und »social age« aus.[403]

Die Verwandlungen von Lebenszeit in ›reine‹ Arbeitszeit können wir daher als den Prozeß der Reduzierung vielfältiger Dimensionen von Sinn und Bedeutungsgehalten sozialer Zeit auf die eindimensionale Rationalität der zeitlichen Anwendung von Arbeitskraft zum Zweck der abstrakten Verwertung von Wert verstehen; als einen Machtprozeß also, der seinem Programm nach die Eliminierung aller, den Effizienz- und ökonomischen Rationalitätskriterien zuwiderlaufenden Einflußfaktoren zum Ziel hat.

Das sozialstrukturelle Verhältnis von zeitlich portionierter Lohnarbeit und Kapital wird in der Marxschen Terminologie als Gegensatz von »lebendiger« und »toter« Arbeit gefaßt. Die Verwendung des Begriffs »lebendige Arbeit« impliziert zunächst die Gebundenheit an Geburt und Tod und damit an begrenzte – der Lage im Lebenslauf nach zudem unterschiedliche – Zeitperspektiven. Sie impliziert darüber hinaus aber auch Eigenschaften wie Spontanität, Unstetigkeit und Bedürftigkeit. Das »Kapital« der »Ware« Arbeitskraft ist kein beständiges, lagerbares Kapital, sondern existiert nur im Subjekt der Arbeitskraft, die alltäglich neu realisiert und reproduziert werden muß. »An dem Arbeiter existiert es also subjektiv, daß das Kapital der sich ganz abhanden gekommene Mensch ist, wie es am Kapital objektiv existiert, daß die Arbeit der sich abhanden gekommene Mensch ist. Der Arbeiter aber hat das Unglück ein *lebendiges* und daher *bedürftiges* Kapital zu sein, das jeden Augenblick, wo es nicht arbeitet, seine Zinsen und damit seine Existenz verliert. (. . .) Sobald es dem Kapital einfällt – notwendiger oder willkürlicher Einfall –, nicht mehr für den Arbeiter da zu sein, ist er selbst nicht mehr für sich, er hat *keine* Arbeit, darum keinen Lohn, und da er nicht *als Mensch,* sondern als *Arbeiter* Dasein hat, so kann er sich begraben lassen, verhungern etc.«[404]
Demgegenüber ist mit »toter, geronnener Arbeit« die grundsätzliche Indifferenz von Kapital gegenüber der qualitativen, heterogenen Dimension von Zeit ausgedrückt. Insbesondere durch das Medium Geld erhält Kapital die Form »des in der Zirkulation und durch die Zirkulation sich erhaltenden und verewigenden Tauschwertes«,[405] einer gegenüber Arbeit grenzenlosen und maßlosen Zeitperspektive.
Die erste, konstitutive Bestimmung, die das Konfliktverhältnis von Kapital und Arbeit kennzeichnet, liegt also darin begründet, daß »tote, geronnene« Arbeit gegenüber der »lebendigen und bedürftigen« die Option besitzt, sich dem Verwertungsprozeß zeitweilig zu entziehen, d. h. im Konfliktfall strategisch warten zu können. (In der Marxschen Terminologie: auf das Aufsaugen von Arbeit zu verzichten.) Allerdings ist diese Option »Warten zu können« nicht jederzeit verfügbar, denn wann und in welchem Ausmaß »tote Arbeit« die Zeit für sich »arbeiten lassen kann«, ist seinerseits abhängig von der Intensität der Binnenkonkurrenz von Kapital um

Arbeitskräfte und der zwischen Arbeitskraftanbietern um Arbeitsplätze, sowie von der Konkurrenzbeziehung, die zwischen der Angebotsseite insgesamt und der Nachfrageseite insgesamt besteht.[406]

Die Machtüberlegenheit von Kapital gegenüber Arbeit resultiert daher nicht aus einem bloßen, direkten, offenen Zwangsverhältnis, sondern aus der *Relation der unterschiedlichen zeitlichen Strukturiertheit ihrer Alternativen zum* Auftreten am Arbeitsmarkt.[407] Auf seiten der Arbeitskraft muß die Alternative zu Beschluß und Erfüllung des Arbeitsvertrages – der Verzicht auf den Verkauf des Arbeitsvermögens – *eher* vermieden werden als der Verzicht auf Investitionen oder Einstellungen auf seiten der Kapitaleigner. Zwar bedeutet die Nichtverwertung von Kapital, da sie den Verlust von neuem Wert impliziert, keine erstrebenswerte Alternative für Kapitaleigner, gleichwohl lassen sich die negativen Folgelasten des Brachliegens von Kapital bzw. die »Vertagung« von Investitionen vergleichsweise leichter ertragen als der Verzicht auf den Verkauf lebendiger Arbeit.

Mit Kapitalbesitz ist daher gesellschaftliche Macht verbunden, die sich als »zeitlich generalisierter Einfluß« geltend macht. Die Machtüberlegenheit von Kapital zeichnet sich also sozial-strukturell dadurch aus, daß sie weder in der sachlichen Dimension als Autorität noch in der sozialen Dimension als Führung thematisiert werden muß, sondern als Möglichkeit zukünftiger alternativer Handlungen präsent ist.

Die Zielsetzung der Konfliktstrategien von Kapital und Arbeit läßt sich unter einer solchen theoretischen Perspektive folgendermaßen interpretieren: Jede Seite versucht, durch geeignete Maßnahmen die eigene Vermeidungsalternative akzeptabler und diejenige der Gegenseite noch unerwünschter zu gestalten, so daß sich der eigene Optionsspielraum tendenziell ausweitet und der der Gegenseite verengt. Wie bereits skizziert, sind nun allerdings die Chancen zur Realisierung solcher Strategien ungleich verteilt.

Die grundsätzliche Verfügbarkeit der arbeitsmarktstrategischen Option, ›warten zu können‹, impliziert jedoch nicht nur ein höheres Möglichkeitspotential zur Verwendung zeitlicher Ressourcen auf der Nachfrageseite, sondern deutet darüber hinaus auf zwei unterschiedliche zeitliche Logiken von Kapital und Arbeit: So wie »Hunger« und »Gewinn« die Motive zur Teilnahme am Produktionsprozeß bezeichnen, so charakterisiert das Begriffspaar »Not«

und »Sorge« die Differenz der zeitlichen Zyklen »toter« und »lebendiger« Arbeit, die mit dem Arbeitsmarkt konstituiert und perpetuiert werden. »Die ›Sorge‹ floriert in ihrer reinen Gestalt beim guten deutschen Bürger, wo sie ›chronisch immer sich selbst gleich‹ miserabel und verächtlich ist, während die Not des Proletariers eine akute, heftige Form annimmt . . .«[408]

Diese spezifische Form der Not als Antrieb und konstitutiver Bestandteil gesellschaftlicher Arbeit ist historisch gesehen einmalig und in traditionalen Systemen ohne Arbeitsmarkt wie der mittelalterlichen Gesellschaft unbekannt. Auch »primitive« Gesellschaften, wie in ethnologischen Studien immer wieder hervorgehoben wird, kennen Not nur als kollektives Phänomen, nicht aber als individuell verschuldete Konsequenz ungenutzter Arbeitskraft. Der unterschiedliche zeitliche Bezug von »Not« versus »Sorge« impliziert darüber hinaus die gegensätzlichen Rationalitätskriterien von Arbeit und Kapital. Die »Sorge« im Zusammenhang mit Kapitaleigentum verweist auf Marktorientierung und Kalkulation, d. h. die Verwaltung von Zukunft und Sicherung zukünftiger Rentabilitätschancen. Sie drückt sich als »Höchstmaß formaler Rationalität« in Kredit- und Kapitalrechnung sowie in der »Freiheit der Arbeiterauslese« im kapitalistischen Betrieb aus.[409]

In der »Not« lassen sich Bedürfnisse nicht »aufsparen«, damit sie Zinsen tragen; der Zwang zum Verkauf des ›Kapitals‹ Arbeitskraft ist ständig präsent. Das Angebot von Arbeitsvermögen kann nicht individuell verknappt werden, um einen höheren Preis zu erzielen. »Tote, geronnene Arbeit« hingegen kann marktstrategisch »zum richtigen Augenblick« der Zirkulation entzogen, verlegt oder angelegt werden. »Sich zu sorgen«, heißt daher auch immer, Disposition über Zeit zu besitzen. Der Unterschied zwischen der Sorge um zukünftige Erwerbschancen und der Not, Arbeit gegen Lohn zu tauschen, erschöpft sich nun nicht in einem Gegensatz von langfristiger versus kurzfristiger Planungsperspektive; nicht nur in einer Möglichkeitsdifferenz von Zukunftsplanung und Handlungsentwürfen, sondern entspricht generell der Bestimmung des zeitlichen Grundmusters industriekapitalistischer Gesellschaften, das sich mit der marktförmigen Allokation von Arbeitskraft erst herausbildet. Dieses Grundmuster beruht auf sozialstrukturell gesicherter Macht, dem »wichtigsten und verbindlichsten Synchronisationsmechanismus« gesellschaftlicher Aktivitäten.[410]

Die lineare Zeit weist nicht zufällig Strukturanalogien zum metrischen, in rechnerische Einheiten zerlegbaren, kumulativ »sich selbst verwertenden Wert« auf. Sie setzt sich aus kontinuierlichen und diskontinuierlichen Elementen gleichermaßen zusammen: Soweit sie kontinuierlich ist, repräsentiert sie Unendlichkeit, stetiges Wachstum und eine bedingungslose Öffnung gegenüber der Zukunft. Sie ist diskontinuierlich, insofern sie in Abschnitte zerstückelt ist, deren Meßeinheiten ihrer inhärenten Dynamik nicht entsprechen.[411] So werden z. B. die Indikatoren der volkswirtschaftlichen Gesamtrechnung, aber auch die Größen betriebsinterner Buchhaltung in zeitlichen Abschnitten gemessen, die gegenüber den Zyklen von Produktion und Verteilung selbst (z. B. Investitions-, Lager- und Konjunkturzyklen) arbiträr sind. Auf diese Weise verschwinden durchaus noch vorhandene oder neu entstandene Zyklen hinter dem metrisch-linearen Zeitkonzept.[412]

Mit dem Prozeß der Etablierung von Arbeitsmärkten und der Zerstörung der agrarisch-handwerklich organisierten Arbeitsverfassung setzt auch der Prozeß der »Linearisierung der gesellschaftlichen Temporalstruktur« ein. Arbeit und Zeit werden von Orientierungen und Sinngehalten »bereinigt«, die der kapitalistischen Betriebsdisziplin entgegenstehen. Die ehemals mit natur- und aufgabengebundenen Rhythmen einhergehenden Zyklen von Arbeit und Erholung erhalten im Verlauf der Industrialisierung eine metrische Eigendynamik und werden gegenüber tradierten Sinn- und Bedeutungsgehalten allmählich indifferent. Hiermit einhergehend erodiert ebenso die Zyklik des Arbeitsvorganges selbst; Arbeit wird tendenziell monoton und repetitiv. Die funktionalen Bedingungen für diese »Ökonomisierung der Arbeitszeit« liegen in der Herausbildung von Betrieben als den formalen Organisationen gesellschaftlicher Arbeit.[413]

Betriebsintern ist dabei zunächst die Differenz von Produktionszeit und Arbeitszeit von Bedeutung. Zeitabschnitte, in denen der Arbeitsgegenstand physikalischen, chemischen o. a. Prozessen unterliegt und nicht der Einwirkung von Arbeit bedarf, sind in bezug auf die Arbeitszeit »leere« oder unproduktive Zeiten. »Arbeitsperiode und Produktionsperiode decken sich hier nicht. Die Produktionsperiode ist größer als die Arbeitsperiode.«[414] Um »leere« Arbeitszeiten zu vermeiden, müssen Produktions- und Arbeitszeit technologisch und arbeitsorganisatorisch geschieden werden. Dies erfordert eine komplexere zeitliche Binnenstruktur und ein höheres Maß an Koordinationsaufwand. In der zeitlichen Dimension gesehen, bildet diese Koordinationsleistung die Systemgrenze des Betriebes gegenüber seiner Umwelt.

Die betriebliche Problematik besteht nur darin, zwei verschiedene Systemzeiten, die des Marktes und die des Produktionsapparates, miteinander abzustimmen. Die zentralen Umweltvariablen, auf deren Bewältigung die betriebliche Systemzeit ausgerichtet ist, bilden das von Absatz und Beschaffungsmärkten diktierte Tempo und »timing« von Aktivitäten. »Zu früh« am Markt zu sein, kann ebenso Verluste mit sich führen, wie Waren »verspätet« anzubieten.

Die zeitliche Struktur des Betriebes folgt daher einem betrieblichen Zweckprogramm, indem mittels kalkulierter, formalisierter Termin- und Fristplanung allokative und produktive Funktionen optimiert, gegenläufige dagegen neutralisiert werden. Um die aus externen Gründen vom Markt gesetzten Einsatzzeitpunkte und Einsatzfolgen in Hinsicht auf den verfolgten Zweck adäquat berücksichtigen zu können, muß der Betrieb seine zeitliche Binnenstruktur gegen andere Umweltausschnitte invariant halten.

Aber in dem Maße, wie es gelingt, die innerbetriebliche Zeitstruktur autonom zu setzen, erhöht sich auch die Störanfälligkeit: Gerade durch die rationale Verkettung von Handlungen potenzieren Fristüberschreitungen und Terminversäumnisse ihre dysfunktionalen Wirkungen aufgrund zahlreicher Folgeprobleme. Aus diesem Grund muß die Immunität gegen systemfremde Zeitmuster, insbesondere gegen den potentiellen Störfaktor »lebendige Arbeit« aufrechterhalten und gegen die Subjektivität der Arbeitskraft, d. h. gegen deren individuelle Qualifikationen und Motivlagen abgeschirmt werden.

Die Manufaktur repräsentiert zunächst die erste, noch unvollkommene Stufe dieser Ablösung der Arbeitsinhalte von der Qualifikation und Geschicklichkeit des Handwerkers. Erst die »Maschinerie und große Industrie« (Marx) etabliert jene von außen herangetragene personenunabhängige Verhaltensanforderung, die wir zur Charakterisierung für die zeitlich neutralisierte und entqualifizierte Linearität des industriellen Fertigungsprozesses mit »Takt« bezeichnen wollen.

So wie die marktförmige Verwendung der Arbeit die Einheit des traditionalen Lebens- und Arbeitszusammenhangs zerstörte, so setzt sich dieser Machtprozeß in der Arbeitshandlung selbst als dessen Zerstückelung, Deformation und Sinnentleerung fort. »Der

Produktionsprozeß hat aufgehört, Arbeitsprozeß in dem Sinn zu sein, daß die Arbeit als die ihn beherrschende Einheit über ihn übergriffe. Sie erscheint vielmehr nur als bewußtes Organ, an vielen Punkten des mechanisierten Systems in einzelnen lebendigen Arbeitern, zerstreut, subsumiert unter den Gesamtprozeß der Maschinerie selbst, selbst nur ein Glied des Systems, dessen Einheit nicht in den lebendigen Arbeitern, sondern in der lebendigen (aktiven) Maschinerie existiert, die seinem einzelnen unbedeutenden Tun gegenüber als gewaltiger Organismus ihm gegenüber erscheint. In der Maschinerie tritt die vergegenständlichte Arbeit der lebendigen Arbeit im Arbeitsprozeß selbst als die sie beherrschende Macht gegenüber, die das Kapital als Aneignung der lebendigen seiner Form nach ist.«[415]

So wie der Arbeitsinhalt von Sinn und Bedeutungszuschreibungen getrennt wird, so wird in der zeitlichen Dimension die metronomisch exakte Einteilung der Arbeit durch den Takt als die »Vernichtung des Rhythmus« erlebt.[416]

Die ganzheitliche Arbeitshandlung, wie sie z. B. in agrarischen Sozialsystemen durch das Nicht-Auseinandertreten von Produktionszeiten (natürliches Wachstum) und Arbeitszeiten garantiert ist, wird, indem »tote Arbeit« zwischen Arbeitsgegenstand und den Arbeitenden tritt, personenunabhängig »vertaktet«.

In dieser metrisch-exakten, »zum physikalischen Raum gewordenen Zeit als Umwelt, die zugleich Voraussetzung und Folge der wissenschaftlich mechanisch zerlegten und spezialisierten Hervorbringung des Arbeitsprojektes ist, müssen die Subjekte ebenfalls dementsprechend rational zerlegt werden«, schreibt Lukács, denn »die menschlichen Eigenschaften und Besonderheiten des Arbeiters (erscheinen) immer mehr als bloße Fehlerquelle«[417] im Produktionsprozeß. Betrieblicherseits hat die »Vertaktung« der Arbeit den Vorteil, daß seine organisatorische Zeitstruktur unabhängig vom Arbeitsrhythmus und insbesondere unabhängig vom Rhythmus der Arbeitenden wird.

Für die Arbeitenden besteht dieser betriebliche Vorteil im Verlust der konstitutiven Einheit von Arbeit und dem sie zur Gestalt schließenden Rhythmus.[418] Die deformierte, entrhythmisierte und unvollständige Arbeitssituation kommt gerade in dem (untauglichen) Versuch der Arbeitenden zum Ausdruck, durch die aktive Rhythmisierung monotoner, repetitiver Teilarbeiten die zerstörte Zeitgestalt der Arbeit wiederherzustellen.[419]

Die industrielle Taktvorgabe wird nicht nur mit Hilfe des maschinellen Bewegungsmechanismus durchgesetzt, sondern wird in ihrem Geltungsbereich durch wissenschaftliches Management und neue Verfahren der Arbeitsplatzbewertung tendenziell auf *alle* Bereiche ausgedehnt, in denen »lebendige Arbeit« (noch) eingesetzt wird.

Dies gelingt nicht zuletzt durch die räumliche, zeitliche und soziale Ausgliederung der Produktionsstätte aus dem Reproduktionsbereich. Mit der »rational-kapitalistischen Organisation von (formell) freier Arbeit«[420] wird sie ihrer zeitlichen Struktur und ihrem Inhalt nach von naturgebundenen Rhythmen wie Jahreszeiten, Tag- und Nachtlängen (Licht) weitgehend unabhängig, womit sowohl die Bedingungen der schrankenlosen Ausdehnung des Arbeitstages bis an die natürlichen Grenzen als auch die Intensivierung der Arbeit durch ihre Beschleunigung gegeben sind: »Schmelzöfen und Arbeitsgebäude, die des Nachts ruhn' und keine lebendige Arbeit einsaugen, sind ›reiner Verlust‹ (...) für den Kapitalisten. Darum konstituieren Schmelzöfen und Arbeitsgebäude einen ›Anspruch auf die Nachtarbeit‹ der Arbeitskräfte.«[421]

Die Bedeutung unterschiedlicher Zeitabschnitte wird von organischen und naturhaften Momenten abgelöst. Die Zeit wird entleert und entqualifiziert und mit ihren neuen Eigenschaften der Berechenbarkeit, der beliebigen Teilbarkeit sowie Käuflichkeit und Verkäuflichkeit dem Geld kommensurabel: »In dieser Form kommt sie als abstrakte berechenbare und käufliche Arbeitszeit auf den Markt.«[422]

Das Tempo des Markts und die Vertaktung der Arbeit

Damit sind wir bei einer weiteren Bestimmung der zeitlichen Logik »lebendiger« und »toter« Arbeit; der Implikation von Markt, Geld und Arbeitslohn für die Verhaltenszumutungen an Arbeitskraft. Der Prozeß der Linearisierung, d. h. der Unterwerfung zyklischer Lebens- und Arbeitsrhythmen unter die zeitliche Logik »toter« Arbeit wäre unvollständig beschrieben ohne die Dimension der Steigerung von Zirkulationsgeschwindigkeiten, sozialem Tempo überhaupt und der Knappheit von Zeit als Resultat des Marktprinzips und der Monetisierung der Arbeitszeit.

Die im Verlauf des Industrialisierungsprozesses sich entwickelnde

Arbeitsteilung innerhalb und zwischen den Betrieben erzwingt ebenso wie die damit verbundene wachsende Interdependenz regionaler Märkte eine präzise Synchronisierung und Sequenzialisierung einzelner, aufeinander bezogener wirtschaftlicher Aktivitäten. Der eigentliche Engpaß besteht – anders als in Gesellschaften, in denen die Produktion für den Markt nicht vorherrscht – nicht in der Verteilung der Güter, sondern in ihrer Produktion. Die Geldzirkulation zwingt der Produktionssphäre, die nun nicht mehr an der individuellen oder familialen Bedürfnisbefriedigung, sondern an der Dynamik von Angebot und Nachfrage des Gütermarktes orientiert ist, ihr Tempo auf. »Dieses Tempo ist in der Tat nichts anderes als ein Ausdruck für die Menge der Verflechtungsketten, die sich in jeder einzelnen, gesellschaftlichen Funktion verknoten, und für den Konkurrenzdruck, der . . . jede einzelne Handlung antreibt.«[423]

Mit der Orientierung an einem anonymen Markt ändert sich auch die Einstellung zur Zeit überhaupt. Die »chronisch immer sich selbst gleiche Sorge« des Kapitaleigners, termingerecht und möglichst schneller zu produzieren und zu liefern als seine Konkurrenten, die Sorge um den Zuwachs von Gewinn durch den Vorteil, »eher am Markt« zu sein, läßt Zeit zur knappen Ressource werden. Die Umschlagszeiten der Gütermärkte werden zur funktionalen Bestimmung von Anpassungs- und Allokationstempo auf dem Arbeitsmarkt; die Geschwindigkeit, mit der »echte« Waren und Geld zirkulieren, wird nun auch der Arbeitskraft als Verhaltensanforderung zugemutet.

Damit wird »die Zeit« zur zentralen gesellschaftlichen Orientierungsgröße. Sie verliert ihren Wert des »Hier und Jetzt«, sie löst sich von lokalen Eigenheiten und dient nun der Bemessung des Raums, besser: der Geschwindigkeit, in der Räume durchschritten werden. Marx schreibt in diesem Zusammenhang: »Es könnte genauer dieses örtliche Moment, das Bringen des Produkts auf den Markt – was eine notwendige Bedingung seiner Zirkulation, außer im Fall Produktionsplatz selbst Markt ist – als Verwandlung des Produkts *in Ware* betrachtet werden.«[424]

Das Gefühl einer alles erfassenden »Beschleunigung« ist das zentrale Lebensgefühl der Industrialisierung. Ob im Konsum von Genußmitteln[425] oder in der Entwicklung des Verkehrswesens mit Hilfe der Eisenbahn; nicht mehr die Handlung an sich, Trinken, Essen oder Reisen, bestimmt von nun an das Bewußtsein des Zeitmaßes, sondern eine abstrakte Größe, die an allen Orten der

Welt gleich und neutral bleibt. Schivelbusch hat diese Umbewertung von Zeit und Raum in seiner »Geschichte der Einbahnreise« als »Vernichtung des Raums« bezeichnet. Er zitiert zum Beleg Heine, der anläßlich der Eröffnung der Eisenbahnlinien von Paris nach Rouen und Orléans im Jahre 1843 schreibt: »Welche Veränderungen müssen jetzt eintreten in unserer Anschauungsweise und in unseren Vorstellungen! Sogar die Elementarbegriffe von Zeit und Raum sind schwankend geworden. Durch die Eisenbahnen wird der Raum getötet, und es bleibt uns nur noch die Zeit übrig . . .«[426] Man möchte hinzufügen: Es bleibt nicht einmal die Zeit.

»Zeit ist Geld« lautet der zentrale Inhalt des bürgerlichen Berufsethos, das »dem modernen Unternehmer ein fabelhaft gutes Gewissen und außerdem ebenso arbeitswillige Arbeiter geliefert (hat)«[427]. Mit dieser Formel drückt sich die chronische Überforderung im Handeln und Erleben durch Termindruck und den »verewigten« Sachzwang aus, die zu dem Eindruck »knapper Zeit« führt.

In dem Maße, wie Engpässe und Situationen, in denen Handlungen beschleunigt werden müssen, nicht mehr als prekäre Ausnahmesituation begriffen werden, sondern als ein durch die Konkurrenzbedingungen des Marktes diktiertes Tempo, etabliert sich jene »Vordringlichkeit des Befristeten«[428], die mit Zuverlässigkeit tempovermindernde Werte und Verhaltensweisen selektiert, vom Markt ablöst und den Kontexten subkultureller Systeme zuweist. Die »Monetisierung der Arbeit« bleibt nicht ohne weitreichende Konsequenzen für den Zeithorizont von Arbeitskraftanbietern: Lebensplanung wird insofern zur sozialen Verpflichtung, als daß dem Armenstand seine soziale Existenzberechtigung entzogen wird, d. h. die Pauper können nicht mehr moralische Hilfe beanspruchen, sondern sind auf erwerbswirtschaftliche Arbeit verwiesen. Damit wird die Arbeit zur Form der Bewältigung einer offenen Zukunft, wie die Not durch die Verpflichtung auf Zukunft z. B. durch die Mitgliedschaft im Rentenversicherungssystem modifiziert wird. Der bürgerliche Sicherheitsgedanke, der Freiheit von Not, reflektiert eben diesen neuen, paradoxen Zukunftsbezug, der durch grundsätzliche Ungewißheit und die Präformation durch die Gegenwart zugleich geprägt ist. Die Idee der Sicherheit steht wohl am deutlichsten für das Problem der bürgerlichen Gesellschaft, den selbst geschaffenen offenen und bis zur Unerträglichkeit verunsicherten Zukunftsbezug wieder zu schließen.

Genau dies steht hinter dem Übergang von der »Prophetie zu Prognose«[429].

Verurteilt die Prophetie letztlich zur Passivität, gibt der geschichtlichen und individuellen Entwicklung aber Sinn und Bedeutung, so dient die Prognose dem Versuch, die Auswirkungen des gesellschaftlichen und individuellen Handelns zu berechnen und mit Geld zu bewerten. Die Prognose setzt daher ein durch und durch verunsichertes Bewußtsein des Handelns voraus: die Erfahrung, daß das Handeln die Zukunft präformiert und zugleich, daß sich die Zukunft einer geplanten Gestaltung entzieht. Die Bedeutung, die der Begriff der Sicherheit im Übergang zum industriellen Kapitalismus erhält, reflektiert daher letztlich das Mißtrauen dieser Gesellschaft gegen sich selbst und ihre Institutionen.

Zeitökonomie und Zukunftsbezug erlangen also in dem Maße allgemeine Verbindlichkeit, wie erwerbswirtschaftliche Arbeit zum normalen Modus der Existenzsicherung wird.[430] Während allerdings durch Kapitalbildung und Kreditwesen gleichsam zeitfeste Kontingente geschaffen werden, die nach festen Regeln und unter kalkulierbaren Risiken eingesetzt werden können, bleibt der Zukunftsbezug des Lohnarbeiters auf die lebenszeitliche Abwendung von Not bezogen.

Vom Kampf gegen die Zeit zum Kampf um die Zeit

Die Selektion von Arbeitern, die sich dem Arbeitstakt und Tempo »willig« unterwerfen, verläuft nicht automatisch: Daß die Umwandlung von Lebenszeit in produktive Zeit auch historisch nicht konfliktfrei vollzogen werden konnte, indiziert die beharrliche Arbeitsverweigerung der ländlichen Bevölkerung an den kirchlichen Feiertagen, die z. B. den Kalenderrevisionen zum Opfer fielen. Neben diesen Formen des passiven Widerstandes gegen die Feiertagsreduktion kam es insbesondere in katholischen Regionen aber auch zum offenen Protest gegen die Obrigkeit. Ein weiteres Indiz für die mangelnde Arbeitsbereitschaft unter restriktiven und fremdbestimmten Bedingungen ist der erhebliche Aufwand, mit dem der »Blaue Montag« bekämpft wurde, an dem speziell handwerklich qualifizierte Arbeiter trotz Lohneinbußen bis ins 20. Jahrhundert festhielten.[431] Wenn man die heutige betriebliche Wirklichkeit untersucht, so zeigt sich, daß diese »stummen« Protestformen keineswegs an Aktualität verloren haben. Im Gegenteil, der Versuch, sich gerade dieses Widerstands zu entledigen, steht nach wie vor im Mittelpunkt betrieblicher Selektionsstrategien.[432]

Für die agrarisch-handwerklich orientierte Arbeitskraft ist die Formel »Zeit ist Geld« höchst irrational und widerspricht zudem der aufgabenorientierten Arbeitsauffassung. Lebenszeit dem ökonomischen Rationalprinzip zu unterwerfen, ist der traditionalen Arbeitsauffassung fremd, und aus der bloßen Behauptung, daß Zeit auch Geld sei, ergibt sich noch kein Arbeitsmotiv: »Denn es ist ja erlogen, daß wer Zeit auch Geld hat, mit bloßer Zeit kann man sich kein Geld verschaffen, aber umgekehrt.«[433] Daß die Formel »Zeit ist Geld« nur in ihrer Umkehrung gilt, zeigt zum einen das Beispiel der Arbeitslosen: Ihnen steht viel Zeit zur Verfügung, aus der sie allerdings kein Kapital schlagen können, sondern es geht ihnen im Gegenteil jede sinnvolle Nutzung von Zeit verlustig.[434]

Zum andern bewahrheitet sich die Umkehrung der Formel insofern, als daß mit Geld Macht über die Zeit anderer erlangt werden kann. Der Erwerb des Rechts, das Arbeitsvermögen anderer nutzen zu können, heißt daher nichts anderes, als sich die Disposition über die Zeitverwendung derjenigen zu verschaffen, die nichts besitzen als Zeit. Aber das Auftauchen derer, die nichts als Zeit besitzen auf dem Arbeitsmarkt, setzt die Vermittlung entsprechender Werte und Normen voraus; die Aufrechterhaltung funktionsfähiger Arbeitsmärkte als Herstellung von Systemintegration bedarf demnach der Wirksamkeit der Mechanismen der Sozialintegration. In dem Maße, wie Arbeitskräfte den Funktionserfordernissen des Arbeitsmarktes ausgesetzt werden, etablieren sich auch die spezifisch bürgerlichen Gegeninstitutionen zu ständisch-feudalen Werten. Die Tugenden von Pünktlichkeit und Fleiß, die rigide Trennung von Arbeit und Nicht-Arbeit, sowie die disziplinierte Ausrichtung an Tages-, Wochen- und Jahresarbeitszeiten sind der Ausdruck einer zeitlich-normativen Ordnung, deren »Verletzung« nicht nur als Torheit, sondern als eine Art von Pflichtvergessenheit behandelt wird: Dies vor allem gehört zum Wesen der Sache. Es ist nicht *nur* »Geschäftsklugheit«, was da gelehrt wird – dergleichen findet sich auch sonst oft genug: Es ist ein Ethos . . .«[435].

Ein Ethos allerdings, das sich nicht in allen Schichten gleichermaßen wiederfindet oder auch nur konfliktfrei akzeptiert würde. Durch die soziale Ächtung bis hin zur Kriminalisierung von Subsistenzformen außerhalb der Lohnarbeiterexistenz wie Bettel- und

Vagabundentum mit Hilfe repressiver Armengesetze und rigoroser Zwangsmaßnahmen und die Vermittlung der neuen Arbeitsmoral, etwa in Arbeitshäusern, Zuchthäusern und Schulen, stellt der Staat die Motivation zum Verkauf der Arbeitskraft auf seiten der freigesetzten Massen erst her. Die Mittel, mit denen die Fabrikbesitzer in den ersten Jahren der Industrialisierung dem Kampf der Industriearbeiter gegen die neue Zeitordnung und mangelnder Arbeitsdisziplin begegneten, sind körperliche Züchtigungen, materielle Anreize und moralische Ermahnungen; oder wie Pollard zusammenfassend schreibt: »Die sprichwörtliche ›Peitsche‹, das sprichwörtliche ›Zukkerbrot‹ und drittens der Versuch, ein neues Ethos der Arbeitsordnung und des Gehorsams zu schaffen.«[436]

Historisch kann die »Verflüssigung« von Arbeitskraft erst zu dem Zeitpunkt einsetzen, da die Bedingungen für einen funktionsfähigen Arbeitsmarkt durch die gewerkschaftliche Organisierung der Lohnarbeiter erst geschaffen werden.[437] Dies erscheint zunächst paradox, da der traditionellen liberalen Wirtschaftstheorie zufolge die gewerkschaftliche Organisation der Arbeiterschaft einen Störfaktor des Marktmechanismus bildet. Von einem Arbeitsmarkt kann jedoch erst sinnvoll dann gesprochen werden, wenn die Atomisierung der Lohnarbeiter zumindest in der Form durchbrochen wird, daß über Tarifierung eine branchenmäßige und nationale Lohntransparenz hergestellt wird. Die völlige Individualisierung läßt allenfalls eine Art »Basar« der Arbeit zu; erst in dem Maße, wie die Position der Arbeitskraftanbieter durch Koalition gestärkt wird, Normierungen des Arbeitsvertrages möglich sind und für eine überwiegende Zahl von Arbeitskräften Gültigkeit erhalten, kann von einer »Börse der Arbeit« gesprochen werden. Darüber hinaus trägt diese »Börse« zur Verstetigung des Angebotsverhaltens und einer Stabilisierung von Beschäftigungsverhältnissen bei.[438]

Der heutige »Normalarbeitstag« erfüllt so gesehen eine doppelte Funktion. Er schützt die Arbeitskraft vor einer ruinösen Anwendung durch die Nachfrageseite, und hierdurch das System der marktförmigen Allokation von Arbeit vor seinen eigenen, selbstzerstörerischen Mechanismen.

Den Abschluß dieses »Lernprozesses« markiert die Unterwerfung der Industriearbeiter unter die Linearität der kapitalistischen Zeitordnung. Er bedingt als Ertrag einer streng ökonomischen Zeitnutzung und eines planerischen Zukunftsbezugs die Wirksamkeit von Lohnanreizen zur Verausgabung von Arbeitsvermögen und setzt an die Stelle der zyklischen Verausgabung von Arbeitskraft das Streben nach Sicherheit durch einen disziplinierten Lebensstil.

Mit der Wirksamkeit sozialintegrativer Mechanismen beginnt sich auch der zunächst einsetzende Kampf *gegen* die neue Zeitordnung in einen Kampf *um* die Zeit in Form von Auseinandersetzungen um die Länge des Arbeitstages zu verwandeln. Da die lineare Zeit im Gegensatz zur zyklischen keine immanente »Stoppregel« für die Verausgabung von Arbeitskraft mehr enthält (Aufgaben werden beendet oder »abgeschlossen«: Taktvorgaben sind hingegen anonym, endlos und ziellos wie »ein stetiges Wirtschaftswachstum«), müssen sowohl die Nutznießer wie die Besitzer von Arbeitskraft vor ihrer ruinösen Anwendung durch normative zeitliche Einschnitte geschützt werden. Es war daher auch eine der ersten sozialpolitischen Aktivitäten der neuen, bürgerlichen Staatsform, den industriellen Takt und das Tempo des Arbeitsprozesses durch Arbeitszeitverkürzungen erträglich zu gestalten.[439]

Wenn wir an dieser Stelle die Entwicklung des linearen Zeitkonzepts abschließen, so sollte deutlich geworden sein, wie eng der Begriff der abstrakten Arbeit mit dem Begriff der abstrakten Zeit korrespondiert. In der historischen Genese werden sowohl die zeitlichen Zwänge, die wir mit Tempo und Takt der industriellen Arbeit bezeichnet haben, wie auch die Erfahrungsweise von Zeit »als solcher« erst mit dem Organisationsprinzip der »(formell) freien Lohnarbeit durchgesetzt. Dieses industrielle Zeitregime ist zum geradezu selbstverständlichen Bestandteil des Alltagswissens und des modernen Lebensstils geworden, obwohl es nicht für alle Phasen des Lebensablaufs, nicht für alle Arbeitsbereiche und nicht für jede Bevölkerungsgruppe die gleiche normierende Kraft und Gültigkeit besitzt.

Zunächst bestehen weiterhin subkulturelle Zeitmuster, die einer vorindustriellen Zyklik folgen oder von zyklischen Elementen durchsetzt sind. Dies gilt, wenn auch immer weniger ausgeprägt, beispielsweise für Landwirtschaft und Baugewerbe. Aber auch die Zyklik des Lebensablaufs läßt sich nicht vollkommen unter die lineare Zeit subsumieren. Wenn auch heute mehr denn je »abgerichtet« und auf die Dominanz der industriellen Arbeitswelt bezogen, folgen Kindheit, Jugend und Alter eigenen und »irregulären« Zeitmustern.

Weiterhin geht mit der Ausdifferenzierung und Expansion der Dienstleistungstätigkeiten und den sogenannten dispositiven Arbeiten eine neue, stärker wieder aufgabenbezogene Zeitstruktur einher. Dienstleistungen sind nicht im industriellen Sinne vollständig zu »vertakten« und zu »beschleunigen«. Die Differenz von Arbeitszeit und Produktionszeit ist hier nicht nur viel schwieriger zu ermitteln; in vielen Fällen ist die Diffusität beider Zeiten konstitutiv für die Tätigkeit. Typischerweise arbeiten daher auch solche Bereiche wie Politik oder Wissenschaft mit marktfernen Zeithorizonten.[440]

Wenn die etwas vereinfachte Formel stimmt, wonach jede gesellschaftliche Form der Arbeitsteilung sich ihre Zeitstruktur sucht, so läßt es sich durchaus vermuten, daß in den hochentwickelten Industrienationen heute ein Umbruch der gesellschaftlichen Zeitordnung stattfindet. Ein Grund hierfür ist in dem Vordringen der Dienstleistungsarbeiten und in einem Bedeutungsrückgang der direkt produktiven industriellen Arbeit zu sehen. Aber auch die industrielle Arbeit selbst unterliegt einer inhaltlichen und normativen Neudefinition.

Die beherrschenden Sinnbilder der Gesellschaftsstruktur im 19. Jahrhundert, »Maschinerie und große Industrie«, Dampfmaschine und Transmissionsriemen werden heute allmählich von den Leitbildern dezentraler, »kleiner« und überschaubarer Arbeits- und Lebensformen abgelöst. An die Stelle eines Transmissionsriemens, der Tempo und Takt der Arbeit bestimmt, tritt wieder stärker die Vorstellung einer autonom bestimmten Arbeit. Inwieweit diese Vorstellung angesichts der Bedingungen in der realen Arbeitswelt eine Utopie ist, muß hier unentschieden bleiben. Zumindest aber auf der Ebene der normativen Leitbilder und Werthaltungen mehren sich die Anzeichen dafür, daß das Zeitregime des Industrialismus brüchig und rissig wird. Dies gilt vor allem für die Homogenität der Zeitmuster. Starre Arbeitszeiten, nach Zeitpunkt und Dauer festgelegte, für alle Bevölkerungsgruppen verbindliche Muster der Aktivität, Freizeit und Ruhe weichen mehr und mehr individuell bestimmten und heterogenen Mustern der Zeitverwendung. Damit aber deutet sich auch ein Prozeß an, den man als die »Umbewertung der Zeit« bezeichnen könnte.

Es spricht einiges dafür, daß das Tempo des gesellschaftlichen Differenzierungsprozesses selbst widersprüchliche Folgen ausgelöst hat und an eine Schwelle sozialer Akzeptanz gestoßen ist. Die

Beschleunigung und Vertaktung der Arbeit, kurz die Knappheit der Zeit scheint sich nicht unbegrenzt steigern zu lassen.[441] Im Hinblick auf die schwindende normative und integrative Kraft der industriellen Arbeit schreibt C. Offe: »Max Weber betrachtet bekanntlich die Beruflichkeit der Arbeit als eine Voraussetzung, von der die Ethetisierung der Erwerbsarbeit und mit ihr der ›Geist des Kapitalismus‹ abhängt. Aber seine Prognose ist heute wohl bestreitbar: Die Prognose nämlich, daß die ›rationale Lebensführung auf der Grundlage der Berufsidee‹ unsere Lebensverhältnisse bestimmen werde, ›bis der letzte Zentner fossilen Brennstoffs verglüht ist‹.«[442]

Die Lebensverhältnisse in den »reifen«, entwickelten kapitalistischen Industriesystemen werden längst nicht mehr nur von den traditionellen Werten wie Sicherheit, Arbeitsdisziplin und Konsum geprägt. Neue Wertmuster, neue politische Konfliktstoffe und neue Lebensstile beginnen sich abzuzeichnen, in deren Folge auch die »alten« und schon selbstverständlichen Normen des industriellen Zeitregimes zur Disposition gestellt werden. Einige Gründe für die Erosion des bürgerlichen Arbeitsethos sollen in der nun folgenden abschließenden Betrachtung kurz untersucht werden.

7. Auf dem Wege zur Neubewertung der Zeit?

Es gibt zahlreiche Belege dafür, daß die Starrheit der herrschenden Zeitordnung, die strenge Zeitökonomie und das bürgerliche Arbeitsethos in schwindendem Maße als verbindlich akzeptiert werden. Diese Erosion der bürgerlichen Zeitorientierung steht in Zusammenhang mit einem grundsätzlicheren Wandel der Wert- und Normstrukturen in den westlichen hochindustrialisierten Gesellschaften.

Empirische Untersuchungen konstatieren einen Wandel sozialer Konfliktmuster, in dessen Verlauf ökonomische und religiöse Konflikte zunehmend durch Fragen des *Lebensstils* abgelöst werden. In diesem Zusammenhang werden auch neue Wünsche hinsichtlich der individuellen Zeitverwendung artikuliert. Die Verschiebung politischer Konflikte beruht auf einem Wertwandel, mit dem »akquisitive« allmählich von »post-akquisitiven« Werten abgelöst werden.[443] Sind Sparsamkeit, Bedürfnisaufschub, Konformität mit den herrschenden Autoritäten sowie Sicherheitsbedürfnis eher akquisitive Werte, so gehören Selbstverwirklichung, Aktualisierung des ästhetischen und intellektuellen Potentials sowie gesellschaftliche Teilnahme und Teilhabe zu den nicht-akquisitiven Werten. Einhergehend mit diesem tiefgreifenden Umbruch der Werte wird ein Wandel von der sogenannten »Alten« zur »Neuen« Politik behauptet. Der Typus »Alter« Politik zielt – ausgehend von den aus der Klassenstruktur resultierenden Interessengegensätzen – primär auf die Verteilung materieller Ressourcen ab. Die politischen Auseinandersetzungen drehen sich hier um Problemlagen wie Versorgung mit ökonomischen Gütern und Ausbau des Systems der sozialen Sicherung. Dagegen können Ziele wie freier Zugang zu politischen Mitteln und Ressourcen, Freiheit der Meinungsäußerung, Erweiterung politischer Partizipationschancen etc. als Elemente der *»Neuen«*

Politik bezeichnet werden. Der Typus »Neuer« Politik umfaßt Themen, die sich erst auf der Basis eines relativ sicheren Wohlstands entwickeln können und sich unter der Bezeichnung ›Lebensqualität‹ zusammenfassen lassen.

Träger dieses Wandels der Werte und damit wichtigste Interessenten an der »Neuen« Politik sind nicht alle Bevölkerungsgruppen gleichermaßen, sondern in erster Linie diejenigen Personengruppen, die, wie die jüngeren Generationen, die höheren Bildungsschichten sowie die ›neue Mittelschicht‹, in überdurchschnittlichem Maße materiell abgesichert sind. Diese wiederholt konstatierten Erscheinungen sind allerdings theoretisch bislang nur unzureichend begriffen. In diesem Zusammenhang vorgetragene Erklärungen bestehen meist in einer losen Aneinanderreihung von mehr oder weniger plausiblen Hypothesen. Einer der wichtigsten Bedingungsfaktoren scheint die Schwächung des Stellenwertes von individuellem Arbeitseinkommen infolge des relativ hohen materiellen Wohlstands und des ausgebauten sozialen Sicherungssystems zu sein. Gleichzeitig nimmt der subjektive Grenznutzen zusätzlichen Einkommens mit der Annäherung an eine Schwelle der Sättigung materieller Konsumbedürfnisse ab. Das insgesamt gestiegene Bildungsniveau scheint gleichfalls höhere Ansprüche und gesteigerte Erwartungen an das Leben hervorgerufen zu haben. Solche generellen, auf langfristige sozialstrukturelle Wandlungen zielende Argumente lassen sich nun mit situativen Bedingungen verknüpfen: So scheint etwa die gegebene bzw. unterstellte materielle Sicherheit zunehmend die Perspektive auf Existenzmöglichkeiten außerhalb des Beschäftigunssystems zu eröffnen, deren Erfahrbarkeit insbesondere in biographischen Brüchen aktualisiert werden kann.[444] Bei Arbeitslosigkeit oder verzögertem Berufseintritt wird in diesen Fällen reduziertes Einkommen durch die Erfahrung attraktiver, selbstbestimmter Betätigungsmöglichkeiten überkompensiert.

Ein weiteres wichtiges Argument in der Diskussion um die Bedingungsfaktoren neuer Wertvorstellungen stellt die berufliche Sozialisation der neuen Mittelschichten und insbesondere der Dienstleistungserbringer in den Vordergrund. Aus dem signifikant hohen Anteil von Lehrern, Architekten, Ärzten usw. an den Trägergruppen des kulturellen Wandels wird geschlossen, daß ein großer Teil der neuen Werte Ausdruck der beruflichen Inhalte und Privilegien von Mittelschichtangehörigen sei. Die These lautet dann, daß Bedingungen wie hohe Autonomie, die Möglichkeit zum expressiven Handeln und materielle Sicherheit, die diese Gruppen in ihrer beruflichen Situation vorfinden, normativ auf andere gesellschaftliche Bereiche verlängert werden.[445] Neue Werte und neue politische Themen haben dieser Sichtweise zufolge nicht den beanspruchten Charakter moralischer und humaner Universalien, sondern lassen sich auf durchaus partikulare Mittelschichtsinteressen zurückführen. Das gesellschaftliche Innovationspotential gründet sich, so gesehen, nicht auf Werthaltungen der Industriearbeiterschaft, sondern auf dem »middle class radicalism« derjenigen Gruppen, »who wish to avoid direct involvement in capitalist enterprise by affording outlets for the exercise of their talents which entail no compromise of political ideals«.[446]

Der Wandel der Werte ebenso wie das gestiegene Interesse an der »Neuen« Politik scheinen nicht mehr gänzlich reversibel zu sein. Jedenfalls konnte auch unter dem Eindruck der bislang schärfsten Nachkriegsrezession und angesichts materieller Einbußen für wichtige Bevölkerungsgruppen das Wiederaufleben der »Alten« Politik die Themenstellungen der Neuen Politik nicht mehr vollständig verdrängen. Es spricht einiges dafür, daß mit den Vorstellungen über die individuelle Zeitverwendung auch das Verhältnis zur herrschenden Zeitordnung in Wandlung begriffen ist und daß sich daher auch ein Umbruch in den Vorstellungen über arbeitszeitbezogene Regelungen vollzieht. Das bislang unumschränkt gültige Arbeitsethos, dessen Bedeutung für die soziale Integration in klassischen Abhandlungen der Berufssoziologie immer wieder beschrieben worden ist, erhält zunehmend die Konkurrenz durch neuartige, nicht auf erwerbswirtschaftliche Arbeit gerichtete Orientierungen. Bislang konnte diejenige Zeit, die auf erwerbswirtschaftliche Arbeit verwandt wurde, zentralen sozialen Stellenwert für sich beanspruchen – mit der Konsequenz, daß nicht unmittelbar arbeitsgebundene Zeiträume eine spezifische soziale Relevanz durch ihre Funktion für den Arbeitsbereich erhielten. Bildungszeiten etwa bedeuten dann Vorbereitung auf Arbeit, der Feierabend dient der Entmüdung, der Urlaub der Erholung von der Arbeit und der Stärkung für die Arbeit, und der ›verdiente‹ Ruhestand schließlich ist die im Arbeitsleben aufgesparte Freizeit.

Dementsprechend wurden bislang bei den normalen ›Nur-Anbietern‹ von Arbeitskraft Identität und Biographie durch die Unterwerfung unter erwerbswirtschaftliche Arbeit strukturiert; Leistungs-, Karriere- und Lohnorientierung waren wesentliche Dimensionen des Sozialcharakters. Neuere Untersuchungen weisen allerdings darauf hin, daß das ›klassische‹, arbeitsidealisierende bürgerliche Wertsystem, aufgrund wachsender Attraktivität von Betätigungsmöglichkeiten außerhalb des Beschäftigungssystems, der Orientierung an abwechslungsreicher und eigenverantwortlicher Arbeit, einer geringeren Wirksamkeit des Lohnanreizes sowie gestiegener Ansprüche an die Arbeitsbedingungen in einer Phase der Umstrukturierung begriffen ist.[447]

War es bislang relativ unproblematisch, beruflichen Einstellungen und Verhaltensweisen einen dominanten Stellenwert auch hinsichtlich nicht arbeitsgebundener Bereiche zuzuschreiben[448], so scheint es plausibel zu sein, daß nun der umgekehrte spill-over-Effekt einer Übertragung von Freizeiterfahrungen auf den Arbeitsbereich an Bedeutung gewinnt. Die Verteilung von Produktivitätsfortschritten in Form höherer Löhne und kürzerer Arbeitszeiten bewirkt eine ständige Ausweitung nicht arbeitsgebundener Zeiten, etwa durch verlängerte Bildungszeiten, verlängerte Altersruhezeiten und kürzere Wochen- und Jahresarbeitszeiten, bei gleichzeitiger relativer materieller Sicherheit. Arbeitsfreie Zeit erhält nun – hat sie ein bestimmtes Ausmaß erreicht – schon allein aufgrund ihrer quantitativen Ausdehnung eine relative Eigenständigkeit, ohne daß das herrschende System von Normen und Werten diesem Bereich noch seinen Sinn aufprägen könnte.

Der hier beschriebene Prozeß des Wertwandels schlägt sich vor allem in der Diskussion um die »Zukunft der Arbeit« nieder. Unter den gegenwärtigen Systembedingungen in den hochindustrialisierten westlichen Ländern hat die Frage nach der Bekämpfung der Arbeitslosigkeit längst eine Dimension angenommen, die weit über das Thema der erwerbswirtschaftlichen Arbeit hinausgeht. Begriffe wie Eigenarbeit, Dualökonomie, informeller versus formeller Sektor etc.[449] zeigen an, daß bei der Lösung des Problems der Arbeitslosigkeit nicht mehr nur eine bloße Integration in die Lohnarbeit angestrebt wird. Darüber hinaus stellt sich die Frage nach Arbeits- und Lebensformen, die als sinnvoll, nützlich und befriedigend empfunden werden.

Solche Formen der »Flucht« vor der erwerbswirtschaftlichen Arbeit sind nicht mehr nur auf »exotische« Lebensstile gesellschaftlicher Randgruppen begrenzt. Eine Reihe von Untersuchungen zu den Arbeitszeitwünschen und Arbeitszeitpräferenzen zeigt, daß neben dem Wunsch nach einer Verkürzung der Arbeitszeit der

Wunsch nach flexibleren, individuell zu gestaltenden Arbeitszeiten getreten ist.[450] »Mehr Zeitsouveränität« heißt das entsprechende Schlagwort, das mittlerweile allerdings von den Arbeitgeberverbänden als Gegenstrategie zur tariflichen Verkürzung der Arbeitszeit deklariert wird; tatsächlich aber lediglich der Legitimation arbeitszeitpolitischer Tabus zu dienen scheint. Hinter dem Konzept der »Zeitsouveränität« und dem Wunsch nach flexibleren Arbeitszeiten steht aber mehr, als diese konservative Gegenstrategie zu erfassen vermag.

Eine Flexibilisierung von Arbeitszeiten ist durchaus im Sinn der »Neuen Politik« zu verstehen.[451] Die Befürworter einer Arbeitszeitflexibilisierung nehmen für die von ihnen favorisierte Politik in Anspruch, daß sie die wachsende Kluft zwischen der erwerbswirtschaftlichen Orientierung und den neuen Wert- und Normorientierungen zu überblicken vermag.

Als langfristiges Ziel wird gefordert, ›neue Lebensmuster‹ zu entwickeln, in denen erwerbswirtschaftliche Arbeit nicht mehr den zentralen Stellenwert einnimmt, wie das gegenwärtig noch der Fall ist.[452] Ein zur Berufsarbeit komplementäres Aktivitätssystem (im Sinne von Para-Arbeit bzw. Eigenarbeit) soll entwickelt werden, so daß die bislang alternativlose Möglichkeit, über erwerbswirtschaftliche Arbeit Einkommen und gesellschaftliche Anerkennung zu erhalten, an Ausschließlichkeit verliert.

Die bisher als selbstverständlich behandelten Normen der Normalarbeitszeit werden ebenso zur Disposition gestellt wie das bisher bestehende »Alles-oder-Nichts-Gesetz« der Teilnahme am Arbeitsmarkt. Die herkömmlichen Vorstellungen werden zugunsten eines Modells aufgegeben, das die Entscheidung über das quantitativ-zeitliche Verhältnis von Arbeit und Nichtarbeit dem einzelnen Arbeitnehmer anheimstellt. Das Angebot von »Arbeitszeit nach Maß« soll nicht nur eine ausgeglichenere Verteilung von konjunkturell bedingten Beschäftigungsschwankungen auf die Arbeitskräfte, sondern ebenso eine Verringerung der arbeitsmarktpolitischen Benachteiligung von Problemgruppen bewirken. Diese Konzepte treten also mit dem Anspruch auf, beschäftigungspolitische Probleme zu lösen und überdies noch wohlfahrtssteigernd zu wirken, ohne daß die Schlechterstellung von Marktteilnehmern in Kauf genommen werden müßte.

Mit diesen Vorschlägen deutet sich eine Orientierung an, welche die grundsätzliche Indifferenz der Arbeitsverhältnisse gegenüber dem Lebenslauf und den verschiedenen Sinn- und Bedeutungsgehalten von Arbeit in unterschiedlichen Lebensphasen problematisiert und partiell aufzubrechen sucht. Je nach Bedürfnislage und Beschäftigungsniveau zwischen Freizeit und Einkommen zu wählen soll in die Souveränität der Arbeitskraftbesitzer verlegt werden. Die Kontroverse um eine »Neue Arbeitszeitpolitik« hat daher enge Bezüge zu dem Phänomen des Wertwandels. Die starre Ausrichtung des Lebens auf kontinuierliche Lohnarbeit, wie sie bislang dem Bild gesellschaftlicher Normalität entsprach, wird jedenfalls mit diesen Konzepten in Frage gestellt.[453]

Insgesamt scheint unter den abhängig Beschäftigten der Anteil derer zu wachsen, die die Rigiditäten des industriellen Zeitregimes nicht mehr akzeptieren. Die mehr oder minder vollständige Trennung von »Arbeit« und »Leben« dürfte einer neuen Epoche der Arbeitszeitpolitik weichen, die auch durch grundsätzlich neue Konfliktfronten geprägt ist.[454]

Wie diese neuen Konfliktfronten im einzelnen aussehen werden, ist noch nicht abzusehen. Abzusehen ist indes, daß die gewerkschaftliche Arbeitszeitpolitik, die an einer kollektiven und starren Verkürzung der Arbeitszeit als Garant des »Normalarbeitstags« interessiert sein muß, mit flexiblen und »irregulären« Arbeitszeiten in Konflikt gerät.

Soweit arbeitszeitbezogene Politik damit befaßt ist, die abhängig Beschäftigten gegen die Risiken auf den Arbeitsmärkten und im Betrieb abzusichern, können wir sie als Bestandteil Alter Politik bezeichnen. So zielt die im Verlauf der Industrialisierung durch den Staat und durch die organisierte Interessenvertretung der abhängig Beschäftigten verfolgte Schutzpolitik zunächst darauf ab, mit Hilfe der Durchsetzung von Beschäftigungsverboten für bestimmte, schutzbedürftige Gruppen sowie Festlegung von Höchstarbeitszeiten einer übermäßigen Beanspruchung durch die Beschäftiger oder durch sich selbst vorzubeugen. Daneben aber hat der Arbeitszeitschutz die Funktion, die Teilnahme am Arbeitsmarkt durch die verbindliche Regelung von Tages-, Wochen- und Jahresarbeitszeiten zu verstetigen.

Auch für die Arbeitszeitpolitik mit arbeitsmarktpolitischer Zielsetzung – wie sie gegenwärtig aktuell ist – wird nicht ›freie‹ Zeit an sich Gegenstand der politischen Forderungen, sondern nur über den Sachverhalt vermittelt, daß ›freie‹ Zeit als Folge des Ausschlusses aus dem Produktionsbereich mit einem Verlust an Einkommen und Status einhergeht. Durch Umverteilung verknappter produktiver Zeitkontingente soll die Stabilität gefährdeter Beschäftigungsverhältnisse wiederhergestellt bzw. die Integration Arbeitsloser in das Beschäftigungssystem ermöglicht werden.

Soweit diese Form der Alten Politik eine Antwort auf das Systemproblem der Arbeitslosigkeit darstellt, schafft sie neue Folgeprobleme für sich selbst.

Die gewerkschaftliche Strategie der Arbeitszeitverkürzung als Bestandteil der Alten Politik steht vor dem Dilemma, daß sie selbst dazu beiträgt, sich im Bewußtsein derer, die von dieser Politik profitieren, »überflüssig« zu machen.[455] In dem Maße, wie die Alte Politik ihr Ziel erreicht, durch Arbeitszeitverkürzungen die »Flucht vor der industriellen Arbeit« zu organisieren, steigen auch die Ansprüche an die Qualität der Arbeit selbst und an die Qualität der »freien Zeit«. Geht dabei zunächst die Verbindlichkeit des beruflichen Ethos für die nichtarbeitsgebundene Zeit verloren, so werden zunehmend Werte und Normen aus dem Bereich dieser »freien Zeit« an den Bereich der erwerbswirtschaftlichen Arbeit herangetragen. Starre und restriktive Arbeitsbedingungen werden trotz und infolge verkürzter Arbeitszeiten in schwindendem Maße akzeptiert; die »Flucht vor der industriellen Arbeit« wird mit Hilfe von Arbeitszeitverkürzungen allein nicht mehr organisierbar.

Je mehr die Alte Arbeitszeitpolitik damit einer Neuen Arbeitszeitpolitik den Weg ebnet, droht den Gewerkschaften und den von ihnen geschaffenen Schutz- und Kontrollinstitutionen ein erheblicher Funktionsverlust. Ebenso schwerwiegend dürfte sich dieser Funktionsverlust aber auch für die Arbeitenden vielfach selbst auswirken. Schon heute zeichnen sich durch neue Formen der erwerbswirtschaftlichen Hausarbeit auch Konturen einer neuen Verlagswirtschaft ab. Diese Verlagswirtschaft mag einen Teil der verlorenen Zeitsouveränität wieder herstellen; sie setzt aber in der Regel die schwächsten Gruppen des Arbeitsmarktes den härtesten Konkurrenzbedingungen aus.

Es ist daher zu vermuten, daß die Differenzierung von Arbeitszeiten den Prozeß der gesellschaftlichen Differenzierung, die Einteilung der Arbeitenden in »geschützte« und »ungeschützte« Segmente der Wirtschaft und des Arbeitsmarktes forcieren wird.[456] Daß mit anderen Worten mit der Einheit der Arbeitszeit auch die Einheit der Begriffe von Arbeit und Klasse erodiert.

Die Arbeiterbewegung hat für die relative Sicherheit des Normalarbeitstags einen hohen Preis gezahlt: die fast vollständige Trennung von Arbeit und Leben. Wenn heute eine neuartige Vernetzung dieser getrennten Sphären mit Hilfe von »diffusen«, »irregulären« und individuell bestimmten Arbeitszeiten einsetzt, so wird dies auch neue gesellschaftliche Konfliktlinien und neue Formen der sozialen Differenzierung mit sich bringen. Der Konflikt zwischen Kapital und Arbeit, dessen zentraler Kompromiß in der Normalisierung und Festschreibung des industriellen Zeitregimes liegt, wird hierdurch nicht verschwinden. Er wird aber zunehmend überlagert von Konflikten und Fragen neuer Arbeits- und Lebensstile.

»Wo immer Menschen ihren Arbeitsrhythmus selbst bestimmen konnten, bildete sich ein Wechsel von höchster Arbeitsintensität und Müßiggang heraus«, stellt Thompson in seiner Untersuchung zum bürgerlichen Arbeitsethos fest und knüpft daran die Frage, »ob dies nicht ein ›natürlicher‹ menschlicher Rhythmus sei«.[457] Nach allem, was die Geschichte des Zeitbewußtseins lehrt, wird man diese Frage mit Ja beantworten müssen.

Anmerkungen

* Diese Arbeit lag im Wintersemester 1980 an der Fakultät für Soziologie der Universität Bielefeld zur Diplomprüfung vor unter dem Titel: Arbeitsteilung, Arbeitszeit und Zeitverständnis. Zum Wandel sozialer Temporalstrukturen im Übergang von der traditionalen zur industriellen Gesellschaft. Die schriftliche Diplomprüfung haben C. Offe und Ch. Wehrsig abgenommen, denen ich für viele Hinweise und zeitraubende Diskussionen danke. Das stärker werdende Interesse an einer »Soziologie der Zeit« und die Ermutigung vieler Freunde und Kollegen haben mich dazu veranlaßt, ihre Veröffentlichung trotz all ihrer Mängel in nahezu unveränderter Form zu wagen. Mein Dank an alle, die sich die Mühe gemacht haben (oder machen mußten), die Arbeit zu lesen und zu kritisieren, befreit mich allerdings nicht davon, daß ich für alle in ihr enthaltenen Fehler selbst verantwortlich bin.

1 *Durkheim* 1981: 29. In einem schon »klassischen« Aufsatz wird die Eigenständigkeit eines sozialen Zeitbegriffs formuliert von *Sorokin/Merton* 1937. Zum Begriff der Zeit als ein soziales Konzept vgl. jetzt: *Elias* 1982.

2 Hierzu ein kurzer Überblick: In der Schichtungstheorie wurde die These vertreten, daß Zeithorizont und Zukunftsplanung ein diskriminierendes Merkmal in unteren und mittleren Strata sei. Vgl. *Leshan* 1952. Im Zusammenhang mit Planungsverhalten und Lebensentwürfen spielt »Zeit« eine wichtige Rolle in den Theorien des Alltags und des Lebensablaufs: Vgl. z. B. *Heinemann/Ludes* 1978, *Osterland* (Hg.) 1978. In den Konzepten des Interaktionismus spielt die subjektive Konstitution von Zeit in Handlungsentwürfen im Anschluß an *Husserl* und *Bergson* eine wichtige Rolle. Vgl. hierzu vor allem *Schütz* 1932, auch *Srubar* 1979. Ein wichtiges Programm zur Entschlüsselung der Logik in der Entwicklung des Zeitbegriffs formuliert: *Dux* 1982. Ihm geht es vornehmlich um eine Rekonstruktion historischer Zeitbegriffe im Anschluß an *Piaget* 1955. Einen anregenden, kulturhistorischen Überblick gibt: *Wendorff* 1980. Eine systematische Einführung in die soziologische Literatur zum Problem der Zeit findet sich bei: *Bergmann* 1983.

3 Vgl. hierzu vor allem die umfangreichen Schriften von *N. Luhmann*. In der Folge des Ansatzes von *Luhmann* hat vor kurzem *Bergmann* (1981) eine Arbeit vorgelegt, die durch eine hohe theoretische Stringenz besticht. Die soziologische Literatur zum Thema Zeit wird dort entlang des funktionalistischen Paradigma reinterpretiert.

4 So z. B. *Waldmann* 1971.

5 *Luhmann* 1975c: 111.

6 So *Lüttke* 1978, Zur Kritik einer bloß an der »adaptive capacity« orientierten Theoriebildung: *Habermas* 1976.

7 Vgl. *Mouzelis* 1974: 404.

8 *Weber* 1920: 45.

9 *Kaufmann* 1973: 156.

10 So *Weizsäcker* 1960: 11 ff.

11 *Marx* 1974: 89.

12 Diese grundsätzliche Fragestellung jeder soziologischen Analyse formulieren: *Offe/Hinrichs* 1977: 55.

13 *Schneider* 1980: 8, vgl. *Foucault* 1971, *Lepenies* 1978.

14 *Lockwood* 1964.

15 *Goldthorpe* 1962: 56.

16 *Thompson* 1973: 81.

17 *Ebenda.*

18 *Kriedte* et al. 1978.

19 Diese Frage stellt *Offe* 1983 im Hinblick auf die in der Theoriebildung selbst übersehenen gesellschaftlichen Gründe für »Umbauten« und Rekonstruktionen der Erklärungskonzepte.

20 *Weber* 1920: 204.

21 *Spörl* 1965a: 10, auch *Engels* 1975, *Grundmann* 1965.

22 *Koselleck* 1979: 38 ff.

23 Nach *Koselleck* 1979: 50.

24 Um die Anwendbarkeit geometrischer Termini zur Beschreibung der Zeitkonzepte gesellschaftlicher Systeme ist gestritten worden (vgl. *Vittinghoff* 1969: 17–40, bes. 27 ff.). Uns dient der Ausdruck »Linearität« an dieser Stelle nur zur Charakterisierung des *geschichtlichen* mittelalterlichen Bewußtseins eines Anfangs- und Endpunktes der weltlichen Zeit, nicht der Bezeichnung der Ordnungsfunktion, die das Zeitverständnis der feudalen Gesellschaft besitzt.

25 *E. Bloch* 1973 II: 1000.

26 Vgl. *Löwith* 1953: 148 ff.

27 Dazu auch *Muilenburg* 1961: bes. 251.

28 *Augustin,* Bekenntnisse XI, 13.

29 Vgl. insbesondere *Eliade* 1966: 116.

30 Vgl. dazu *Cullmann* 1962: 85.

31 *Ebenda:* 88.

32 *Löwith* 1953: 168.

33 Vgl. *Wendland* 1938: 82.

34 *Bloch* 1962: 86.

35 Zitiert bei *Gurjewitsch* 1978: 128.

36 Vgl. *Luhmann* 1977: 100.

37 Vgl. *Schütz* 1932.

38 *Luhmann* 1977: 165 Hervorhebung im Original.

39 *Poulet* 1956: 4.

40 *Ebenda:* 7, Hervorhebung im Original.

41 *Le Goff* 1970: 293.

42 Vgl. *Kelsen* 1967: 86 ff.

43 Insofern leitet sich das Kausalprinzip aber auch aus dem Vergeltungsprinzip ab. »Die Kausalität ist gleichsam eine periphere und nicht – wie das Vergeltungs-

prinzip – eine zentrale Verknüpfung von Tatbeständen« (*Kelsen* 1941: 280). Mit der Emanzipation der kausalen von der normativen Deutung der Natur können dann Normen als Anspruch des Sollens einer von der Gesetzlichkeit der Natur verschiedenen Gesetzlichkeit der Gesellschaft begriffen werden.

44 Vgl. *Cullmann* 1962: 78.

45 Vgl. *Bosl* 1972: 146 ff.

46 Vgl. dazu *Moore* 1963 und zur Zeitstruktur verschied. soz. Gruppen: *Halbwachs* 1947.

47 *Dux* 1976: 121.

48 Die Abschnitte gliederten sich z. B. nach Adjektiven wie »christianum«, »novum«, oder im Plural »tempora aurea bzw. nostrum miserabile aevum« siehe *Leclercq* 1974: 4.

49 Vgl. *Flandrin* 1969.

50 *Le Goff* 1964: 281.

51 *Bosl* 1972a: 162.

52 So die Lehre des Johannes von Capestrano (1386–1456), wie sie von *Forster* 1953: 8 referiert wird.

53 Zitiert bei *Gurjewitsch* 1978: 310f.

54 Dennoch bleibt das Fürsorgeprinzip in seiner Begründung eine sehr ambivalente Konstruktion, die den Reichtum zwar verdammt und den Armen moralische Rechtfertigung und Anspruch auf Hilfe zubilligt, aber damit soziale Ungleichheit strukturell festschreibt. Denn, so *Thomas* von *Aquin:* »Im Überfluß Almosen zu leisten, um die Bedürftigkeit des Empfängers zu beheben... ist löblich. Es ist aber ein Fehler, es so reichlich zu geben, daß der Empfänger Überfluß bekommt.« (*Thomas* von *Aquin,* Summe der Theologie, Bd. III, 166.) Auf diese Weise kann die gleichzeitige Existenz von Luxus und Armut theokratisch legitimiert werden.

55 *Thomas von Aquin,* Simma theologica, hier zitiert nach *Legoff* 1964: 368.

56 Hier standen die alten Kirchenväter in einem adäquaten Interpretationsverhältnis zu Ps. 90, 10. Luthers Übersetzung: »wenns (das Leben) köstlich gewesen ist, so ists mühe und erbeit gewesen«, ist falsch. Die Übersetzung müßte statt dessen lauten: »das meiste daran ist Leid und Enttäuschung.« Vgl. *Conze:* Stichwort »Arbeit« Fußnote 29.

57 *Aristoteles* zitiert bei *Marx,* MEW 23: 179, der ihm im übrigen bescheinigt, daß in dieser Einsicht das »Genie des Aristoteles glänzt« (ebenda: 74).

58 Dazu *Dopsch* 1962: 285 und 370.

59 *Sombart* 1969 I.1: 66.

60 *Brunner* 1968.

61 Vgl. z. B. *Schäfer* 1966: 115.

62 Auf die Zusammenhänge von vorherrschendem Anerbrecht, Heiratsverboten und demographischer Balance kann hier nicht eingegangen werden, es muß hier die Feststellung genügen, daß mit dieser Organisationsform ein relativ stabiles Gleichgewicht von generativem Verhalten und Nahrungsmittelspielraum erreicht wurde. Dazu näher *Mackenroth* 1953: 119 ff. und 421 ff., *Schäfer* 1966: 121 ff.

63 Daß dies sich später ändert und der Naturalzins zum Geldzins übergeht, wird – wie wir noch sehen werden – zu einem entscheidenden Impuls für die »Anbindung« des ganzen Hauses an die Geldwirtschaft und Lohnarbeit.

64 Vgl. *M. Bloch* 1967: 236–7, Anmerkung 9.

65 *Schumpeter* 1935: bes. 122 ff.

66 Und dabei »in der Lage war und Anlaß hatte, Beefsteak und Ideal auf gemeinsame Nenner zu bringen«, ebenda: 134.

67 *Brunner* 1968: 100.

68 *Schäfer* 1966: 118.

69 Die Ergebnisse der Arbeiten *Cajanov*s stehen einmal als deutsche Übersetzung aus dem Russischen (1923), zum anderen als kommentierte amerikanische Herausgabe (1966) zur Verfügung.

70 Mit diesem Funktionsmodell stehen dann auch die Verhaltensvariablen zur Verfügung, die sich historisch als funktional für die »Symbiose« von Hauswirtschaft und Handelskapital erweisen lassen, so daß die traditionale Familienwirtschaft auf der Basis ihrer eigenen Produktionslogik »zersetzt« wird. Dies beruht – so paradox die These erscheinen mag – auf dem fehlenden Verrechnungsprinzip von Arbeit. Auf den Begründungszusammenhang kommen wir in Abschnitt 5 zurück.

71 *Thorner* 1966: XVIII.

72 Vgl. *Brunner* 1968: 107.

73 *Sahlins* 1972: 84.

74 *Thorner* 1966: XIII.

75 *Cajanov* 1923: 34.

76 *Cajanov* 1923: 35.

77 Vgl. *Weber* 1923: 77, 82 ff.

78 *Ebenda:* 75.

79 *Sahlins* 1972: 84.

80 *Thomas* 1964: 51.

81 Vgl. die Unterscheidung von Arbeitszeit und Produktionszeit bei *Marx*, MEW 24: 241 ff.

82 *Freyer* 1967: 15 f.

83 Vgl. *Linder* 1971, der aus diesem Zusammenhang für die entwickelten industrie-kapitalistischen Länder auf ein relatives und schließlich absolutes, weil lebenszeitlich determiniertes Konsummaximum schließt. *Linder* nimmt aber an – und hier scheinen ihm die neuern Untersuchungen zum Phänomen des Wertwandels recht zu geben –, daß, bevor diese absolute Schwelle erreicht wird, ein gesellschaftliches Unbehagen am Knappheitsniveau von Zeit zu einem normativen Maximum des Konsums von materiellen Gütern führt. Als wahrscheinliches Resultat erwartet der Autor nach der Phase des Take off, der Phase von Wachstum als Selbstzweck einen Orientierungswandel in bezug auf die Bewirtschaftung von Zeit als dritte Phase. Siehe dazu auch die von *Linder* ausgelöste Diskussion: Symposium, Time in Economic Life, Quarterly Journal of Economics, 87 (1973).

84 *Bourdieu* 1979: 343.

85 Vgl. *Kramer* 1967: 354 ff.

86 Siehe die Nachweise bei *Thomas* 1964: 51.

87 *Curle* 1949: 419.

88 Vgl. *Meillasoux* 1973: 35 ff.

89 *Bourdieu* 1979: 344.

90 Zur anthropologischen Verankerung der Reziprozitätsregel: Vgl. *Mauss* 1975.

91 *Bourdieu* 1963: 26 ff.

92 *Ebenda:* 29.

93 Daß damit schon die Inkarnation des Homo oeconomicus vollzogen ist, wenn

nur die Moral der Redlichkeit auf den Geldnenner gebracht ist, behauptet *Bourdieu*, ebenda: bes. 343.

94 *Thompson* 1979.

95 Zitiert nach *Remling* 1977: 4. Wenn Datierungen vorgenommen werden, so sind sie meist in einprägsame, prominente Ereignisräume eingebettet: »Es ist ungeverlich vor funf jaren im reichen Herbst geschehen.« Oder: »Er seye an einem Stephanstag geboren und bald darauf der fried ausgeblasen worden, welches er von seiner Mutter gehört.« Ebenda.

96 Vgl. z. B. *Evans-Pritchard* 1940: 94 ff., der für das »ökologische Zeitverständnis« des sudanischen Stammes der Nuer aufgrund dessen konstatiert, daß keine längere Zeitstrecke als eine saisonale Jahreszeit differenziert werden kann.

97 *Gurjewitsch* 1978: 108.

98 *Conze* 1975: Stichwort Adel II.3.

99 *Conze* 1975: Stichwort Bauer II.2.

100 Dazu ausführlicher *Eliade* 1966: 93 ff.

101 Vgl. *Braun* 1922: 334 ff.

102 *Parker* 1976: 103.

103 Vgl. *Kramer* 1974: 38.

104 *Kramer* 1974: 39.

105 *Sartori* 1911: 63 f., zitiert nach *Sieber* 1967: 349.

106 *Conze* 1975: Stichwort Arbeit II.2.

107 Vgl. *Leclercq* 1973: 15.

108 Vgl. dazu *M. Bloch* 1963: insbes. 835 f.

109 Vgl. dazu *Weber* 1972: 94 f.

110 Vgl. dazu als historische Fehlkonstruktion der Antike: *Weber* 1973: 10 ff.

111 *M. Bloch* 1977: 580.

112 Dieser Umstand wird nicht zuletzt durch die Motivlage der bäuerlichen Aufstände untermauert. Der bäuerliche Kampf (oft in wechselnden Koalitionen mit dem Adel und den städtischen Bürgern) war durchweg am *Status quo* ausgerichtet, was in ebensolcher Weise für die Ablehnung des technischen Fortschritts im 12. und 13. Jahrhundert gilt. Vgl. z. B. *Legoff* 1964: 494 ff. Die Status-quo-Orientierung kommt noch in der traditionellen Anrede der Roßbuben im mittelfränkischen Raum an die herrschaftlichen Beamten zum Ausdruck: »Wir wollen nicht altes ab- und nichts neues aufbringen.« Vgl. *Kramer* 1967: 360.

113 *Le Goff* 1977 a.

114 *Ebenda.*

115 *Salas* 1966: 141.

116 Vgl. z. B. *Febvres* 1947: 431.

117 Z. B. *Leclercq* 1974: 16.

118 Diesen Gedanken entwickelte *Weber* 1920 insbesondere in den Ausführungen über »Das antike Judentum«.

119 *Schluchter* 1976.

120 Vgl. zur Linearisierung der Zeit durch Disjunktion von gut und böse im christlichen Monotheismus: *Luhmann* 1977: 164.

121 Die Komplexität und zugleich Konfusität des augustinischen Zeitverständnisses kommt in folgenden Stellen der »Bekenntnisse« (XI, 20 und 21) zum Ausdruck: »Was aber jetzt klar und deutlich ist, das ist dies: Weder das Zukünftige ist noch das Vergangene, und man kann von Rechts wegen nicht sagen, es gebe drei Zeiten, Vergangenheit, Gegenwart und Zukunft. Vielleicht sollte man richtiger

sagen: es gibt drei Zeiten, Gegenwart des Vergangenen, Gegenwart des Gegenwärtigen und Gegenwart des Zukünftigen. Denn diese drei sind in der Seele, und
anderswo sehe ich sie nicht... Ich weiß doch, daß wir sie (die Zeit) messen, aber
wir können nicht messen, was nicht ist, und Vergangenes und Zukünftiges ist
nun einmal nicht. Aber wie messen wir die gegenwärtige Zeit, wenn sie keine
Ausdehnung hat?«

122 *Luhmann* 1977: 100.

123 *Dux* 1976: 145.

124 *Bloch* 1962 I: 60.

125 *Le Goff* 1965: 84.

126 *Elias* 1976 II: bes. 123 ff.

127 *Le Goff* 1977 a: 48.

128 Vgl. dazu zentral: *Spörl* 1965: b.

129 *Poulet* 1956: 4.

130 *Ebenda:* 4.

131 *Le Goff* 1977 b: 396.

132 *Brunner* 1968: 168.

133 Dazu ausführlich: *Oppermann* 1911.

134 Vgl. *Elias* 1976: 76 ff.

135 So z. B. *Southern* 1961: bes. 134 ff. und 154 ff.

136 *Bosl* 1972 b: 128.

137 *Ebenda:* 122.

138 Vgl. *Daly* 1957: 62 ff.

139 *Wolter* 1955: 72 f.

140 Vgl. *Brunner* 1975: bes. 367.

141 Vgl. *Spörl* 1935.

142 Vgl. *Ebenda:* 45.

143 *Brunner* 1965.

144 *Chenu* 1957: 84 ff.

145 Vgl. *Skinner* 1978: 4.

146 Vgl. *Brunner* 1965, *Spörl* 1930.

147 *Hartmann* 1974: 39.

148 Vgl. *Kamlah* 1957: 320.

149 *Waldstein* 1896: 288.

150 *Grundmann* 1966: 117.

151 Siehe Stichwort »Geschichte« in *Brunner* et al. (Hg.) 1975.

152 Indem Johannes dem Historiker die Aufgabe zuweist, »Künder des Ruhmes« zu
sein und den Sinn der Geschichtsschreibung in der Überlieferung an die
Nachwelt sieht, nimmt er wesentliche Ideen der humanistischen Historiographie
des 15. Jahrhunderts vorweg. *Freund* spricht deshalb im Zusammenhang mit
Johannes von Salisburg von »Renaissance des 12. Jahrhunderts« (*Freund* 1957:
67).

153 Doch projiziert er weder ein pessimistisches Bild der Apokalypse wie Otto von
Freising, noch folgt er einem weltabgewandten, geschichtstranszendenten Spiri-
tualismus. Dies kommt vor allem zum Ausdruck durch die Abkehr vom traditionalen Modus der Geschichtsschreibung. Zwar ist es auch seine Absicht, Universalgeschichte zu schreiben; auch beginnt seine »Historia pontificalis« mit der
Zeit vor Christus, aber »niemals hat er die Absicht gehabt, Weltgeschichte im
Sinne der mittelalterlichen Weltchroniken zu schreiben« (*Spörl* 1935: 8).

154 Der säkularisierte Charakter des Staates kommt ferner, obwohl Johannes das Prinzip der Volkssouveränität nicht kennt, in der Lehre vom erlaubten Tyrannenmord zum Ausdruck.

155 *Spörl* 1935: 95 f.

156 *Chenu* 1957: 86.

157 *Legoff* 1977 b: 400.

158 *Ebenda:* 407.

159 *Merton* 1980.

160 Die Scholastik schreitet, kurz gesagt, und darin liegt ihre Überlegenheit zur theologischen Doktrin, von der »lectio« zur »questio« und von der »questio« zur »disputatio«. In der Verallgemeinerung der Methode, wie sie bei der Bibelauslegung angewandt wurde, kommt die Scholastik damit zu einer logischen Beweisführung, die auch Autoritäten in Frage stellt. Vgl. *Gimpel* 1975: 165 ff.; *Legoff* 1964: 573 ff.

161 Die Zeit ist das durch die Zahl bestimmte Maß der Bewegung in bezug auf das Vorher und Nachher.

162 Vgl. zur Diskussion über die Wesensbestimmung der Zeit in der Scholastik: *Maier* 1951.

163 *Leclercq* 1974: 6.

164 *Maier* 1951: 554.

165 *Leff* 1975: 593.

166 *Shapiro* 1957: 111.

167 *Maier* 1951: 556, Die »Anthropologisierung« des Zeitbegriffs in der klassischen Physik und Himmelsmechanik beschreibt *Blumenberg* 1981, Bd. 2.

168 *Gimpel* 1975: 5.

169 Vgl. *Sombart* 1969: 851.

170 *Mumford* 1934: 13.

171 *Ebenda:* 14.

172 Vgl. *Thorndike* 1941.

173 Vgl. *Lloyd* 1966: 390.

174 *Mumford* 1934: 14, vgl. auch *McLuhan* 1964: 135 ff.

175 *Spörl* bes.: 1965 a.

176 Vgl. zu dieser Diskussion *Otto* 1965.

177 Vgl. dazu *Chenu* 1957 und *Smalley* 1952.

178 *Le Goff* 1977 a: 53.

179 Vgl. *Löwith* 1953; bes.: 190 ff., *Brunner* 1965.

180 *Nelson* 1977: 38.

181 *Nelson* 1969.

182 Zitiert nach *Le Goff* 1977 a: 46 f.

183 *Pirenne* 1971: bes. 30 f.

184 Vgl. *Le Goff* 1977 a: Anmerkung 45.

185 Summe der Theologie, Bd. III: 357 f.

186 Vgl. *Nelson* 1969.

187 *Le Goff* 1977 a: 63.

188 Diese bezieht sich von nun an zumeist und sehr intensiv später im puritanistischen Elisabethianischen Zeitalter auf die Todesproblematik. Die Zeit »zerrint wie das Leben«; sie ist ein »blutiger Tyrann«. Vgl. *Leclercq* 1974, zum letzteren *Sturzel* 1965.

189 Vgl. *Bilfinger* 1892: 162 ff.

190 *Marx*, MEW 25: 339, und weiter: »Selbständige und vorwiegende Entwicklung des Kapitals als Kaufmannskapital ist gleichbedeutend mit der Nichtunterwerfung der Produktion unter das Kapital, also mit Entwicklung des Kapitals auf Grundlage einer ihm fremden und von ihm unabhängigen gesellschaftlichen Form der Produktion. Die selbständige Entwicklung des Kaufmannskapitals steht also im umgekehrten Verhältnis zur allgemeinen ökonomischen Entwicklung.« *Ebenda:* 240.

191 1. Märkte mit stetigem Massenabsatz, 2. Geldrechnung, 3. eine »verhältnismäßig billige Technik des Produktionsverfahrens«, 4. die Existenz »hinlänglich vieler freier Arbeiter«, *Weber* 1923: 149 f.

192 *Kriedte* et al. 1978.

193 Vgl. *Bücher* 1920 a: 311 ff. und 1918: Demzufolge bildet sich das Handwerk als dritte Stufe aus dem landwirtschaftlichen Entwicklungsprozeß heraus, wenn Technologie und Know-how zur Erzeugung eines Mehrproduktes geführt haben. Von hier aus kann sich das Handwerk verselbständigen und die städtische Entwicklung als vierte Stufe vorantreiben.

194 *Pirenne* 1956 und 1971.

195 Vgl. *Dopsch* 1968: bes. 110 ff. und 145 ff., der stark darauf insistiert, daß schon die Karolingerzeit mit naturalwirtschaftlichen Begriffen nicht ausreichend erfaßt werden kann. Der Handel sei – wie so oft angenommen – im 9. Jahrhundert nicht völlig verfallen, so daß die Auffassung *Pirenne*s eine zu gradlinige Entwicklung nach dem 10. Jahrhundert darstelle. Die Argumentation gegen diese einseitig »endogene« Sichtweise findet sich im Text.

196 *Polanyi* 1977: 89.

197 *Kofler* 1976: 22 ff.

198 Vgl. dazu auch *Sweezy* 1978: bes. 53 ff. Kritisch zu *Dobb* 1970 auch *Döpsch* 1968: 173 ff., ablehnend gegenüber der These des Niedergangs und der Renaissance des Handels im hohen Mittelalter bestreitet dies nicht, macht aber geltend, daß damit noch keine allgemeine Entwicklung zur Geldwirtschaft – im Gegenteil sogar eine temporäre Intensivierung der Naturalwirtschaft – verbunden war. Dies soll aber auch nicht unsere Argumentation sein. Die ländliche Hauswirtschaft wird später durch das Verlagssystem an den monetären Mechanismus angebunden.

199 Die folgende Darstellung hält sich eng an die Ausführungen *Pirenne*s 1971: 19 ff. und *Kofler* 1976: 26 ff.

200 Zunächst wurden die Sarazenen von den Normannen aus Unteritalien und Sizilien vertrieben. Genua und Pisa eroberten Sardinien, Korsika und das Tyrrhenische Meer. In der Adria kämpft Venedig gegen die Sarazenen und kann dort die kroatischen Seeräuber zurückdrängen.

201 *Le Goff* 1965: 45.

202 *Kofler* 1976: 28.

203 *Pirenne* 1971: 24.

204 *Ebenda:* 25.

205 *Ebenda:* 26.

206 *Kofler* 1972: 25, die Phasenunterscheidung Ebenda.

207 *Rörig* 1933: bes. 35 ff.

208 *Ebenda:* 36.

209 *Kofler* 1976: 32.

210 Einen handhabbaren Überblick liefert *Haase* (Hg.) 1969–1973.

211 So *Rörig* 1969, ähnlich *Reincke* 1969.

212 *Wittfogel* 1970: 57 ff.

213 *Pirenne* nach *Kofler* 1976: 25.

214 *Bosl* 1972 a: 171.

215 Vgl. *Hilton* 1977: 505 ff.

216 *Weber* 1972: 748.

217 Vgl. *Kofler* 1976: 33.

218 Vgl. *Brunner* 1973: 490.

219 *Dobb* 1970: 91.

220 *Weber* 1972: 743.

221 *Bourdieu* 1979: 378.

222 Vgl. *Piaget* 1955.

223 Vgl. dazu allgemein: *Luhmann* 1975 c, *Poulet* 1956, *Toulmin/Goodfield* 1965.

224 *Sombart* 1969: 261 f. Hervorhebung im Original.

225 Vgl. *Maschke* 1964.

226 *Weber* 1923: 180.

227 *Vogel* 1912: 248.

228 *Ebenda:* 244.

229 *Ebenda:* 243 f.

230 Vgl. dazu vor allem *Rörig* 1971.

231 Vgl. *Maschke* 1964: 308.

232 *Rörig* 1971: 146.

233 *Maschke* 1964: 316.

234 Vgl. *Rörig* 1971: 216 ff.

235 *Pirenne* 1956: 208.

236 *Maschke* 1964: 324.

237 In Ausnahmefällen kommt es zu Formen, die einer Erpressung nahestehen. So richteten z. B. handeltreibende Familien in Florenz ausdrücklich ein Konto für den Lieben Gott ein: »il conto di messer Domeneddio«. Vor dem Geschäft bat man dann den stillen Teilhaber um gutes Wetter, einen guten Geschäftsabschluß etc. Da der Kapitalbeitrag wie das übrige Gesellschaftskapital stehen blieb, wurde der Liebe Gott natürlich auch am Risiko beteiligt. Erfüllte er also die an ihn gerichteten Bitten nicht, mußte er ebenso auf Verlust buchen wie seine anderen Geschäftspartner. Vgl. *Maschke* 1964: 367.

238 Vgl. *Maschke* 1964: 315.

239 *Piaget* 1965: hier bes. 35.

240 *Luhmann* 1979: 69 ff.

241 Vgl. *Steele* 1974.

242 Vgl. *Weber* 1923: 185.

243 Einmal als erwartbarer Modus der Reduktion von Ungewißheit sozialstrukturell etabliert, ist auch jede Handlungsunterlassung Entscheidung und als solche zurechenbar und folgelastig.

244 Vgl. *Luhmann* 1978: 10.

245 Vgl. dazu vor allem *Legoff* 1956 und *Maschke* 1964.

246 Vgl. dazu die Ausführungen mit Quellennachweis bei *Maschke* 1964: 313 f.

247 Zur Laisierung der Kultur zentral: *Legoff:* 99 ff.

248 *Rötig* 1953.

249 *Fanfani* 1951: 329.

250 *Rörig* 1953: 38.

251 *Ebenda:* 39.
252 Vgl. im Zusammenhang von Schriftlichkeit und Zeitorientierung besonders *Hallowell* 1937, der darüber hinaus feststellt, daß trotz eines über 100jährigen Kontaktes eines Indianerstammes im östlichen Winnipeg mit der Uhr die metrische Zeitfolge für die Indianer keine Rolle spielte, solange sie ihren traditionalen Wirtschaftsgebräuchen treu blieben.
253 *Ebenda:* 653.
254 Vgl. *Maschke* 1964: 315.
255 Vgl. zum religiösen Mißtrauen gegenüber geschriebenen Nachrichten, Nachrichtenaustausch sowie gegenüber Zweckinstitutionen überhaupt: *Benzinger* 1970, auch *Bosl* 1972: 179 ff.
256 *Foster* 1965: 296.
257 *Luhmann* 1972 a: 189.
258 *Weber* 1923: 219.
259 *Pirenne* 1971: 83.
260 *Weber* 1923: 218.
261 *Simmel* 1900: 455.
262 *Ebenda:* 546 f. *Simmel* bezieht sich hier auf das Deutschland des 15. Jahrhunderts. Die bürgerliche Uhr dringt – wie noch zu zeigen ist – früher in das städtische Leben ein.
263 Vgl. *Weber* 1920: 30–34. Hervorhebung im Original.
264 *Luhmann* 1972 a: 200 f. Hervorhebung im Original.
265 Daher kann in modernen Sozialsystemen, in denen Markt- und industrielle Produktionszeiten das Zeitbewußtsein prägen, Zukunft nicht beginnen. Sie verliert sich in der Aufeinanderfolge kurzer Gegenwarten, während man hingegen merkt, daß die Vergangenheit einmal »aufgehört« hat. Vgl. die »Philosophie der Gegenwart« von *Mead* 1959 in der Interpretation von *Luhmann* 1976.
266 *Bourdieu* 1979: 382.
267 *Heinemann* 1969: 75 meine Hervorhebung.
268 *Luhmann* 1972 a: 203 Hervorhebung im Original.
269 *Dobb* 1970: 48 ff.
270 Vgl. *Heinemann* 1969: 75.
271 Vgl. *Weber* 1889.
272 *Weber* 1923: 184.
273 *Weber* 1923: 202 f.
274 Vgl. *Pirenne* 1971: 55 f.
275 *Weber* 1972: 487.
276 Vgl. *Schaube* 1894.
277 *Schäfer* 1966.
278 *Kaufmann* 1973: 157.
279 *G. Husserl* 1964: 27. Vgl. auch *Ders.* 1955: 27 »Indem der Gesetzgeber Verhaltensnormen aufstellt, nimmt er eine Vorausverfügung über die Zukunft von Menschen vor, die diese Normen angehen. Er antizipiert ein Stück Zukunft. Alle Zukunft ist, was sie ist, gesehen vom Boden einer bestimmten Gegenwart. Ein Hinübergreifen in die Zukunft heißt Wertungen und Stellungnahmen zeitlich nach vorn projezieren.«
280 *Willms* 1970.
281 *Vgl. Ebenda:* 105 ff., 116 ff.
282 *Hobbes* zitiert nach *Ebenda:* 124, Fußnote 32.

283 Vgl. *Willms* 1970: 122.

284 *Luhmann* 1972 b: 347 f.

285 Vgl. *Wolff* 1962.

286 Vgl. aus der umfangreichen historischen Literatur: *Cipolla* 1978 mit umfassenden Nachweisen, *Edwards* 1965, *Symonds* 1947, *Usher* 1962, Kap. 7.

287 *Bilfinger* 1892: 167. Hervorhebung im Original.

288 *Ebenda:* 163.

289 *Thompson* 1973.

290 *Hilton* 1978: 24.

291 Vgl. *Pirenne* 1956: 341.

292 Siehe *Espinas/Pirenne* (Hg.) 1920.

293 *Le Goff* 1977 a: 70.

294 *Ebenda:* 71.

295 *Ebenda:* 69.

296 *Le Goff* 1977 b: 401.

297 *Sweezy* 1978: 53, meine Hervorhebung.

298 Dazu auch *Marx,* Grundrisse 411 f.

299 *Giddens* 1979: 173.

300 *Weber* 1923: 130.

301 Zunft, mittelhochdeutsch = zumft, »was sich ziehmt«, »Lebensregel«. Vgl. *Zorn* 1965: 484.

302 *Weber* 1923: 130.

303 *Zorn* 1965: 487.

304 *Weber* 1923: 135.

305 Zitiert nach *Conze:* Stichwort Arbeit III.2.

306 Vgl. dazu und zu den Konflikten, die durch die Zerstörung des Brauchtums mit der Einführung industrieller Technologien hervorgerufen wurden, insbesondere: *Weber-Kellermann* 1965 und *Dies.* 1967.

307 *Kramer* 1967: 31.

308 *Ebenda:* 359.

309 Vgl. zum Zusammenhang von Arbeitstempo, Arbeitsstolz und Ausschußproduktion im Handwerk: *Scott* 1974: 19 ff.

310 Auf eine genauere Rekonstruktion der Zeitstruktur des Handwerks müssen wir aus »Knappheitsgründen« an dieser Stelle verzichten. Sie läßt sich in folgenden Texten und der dort angeführten Literatur »herauslesen«: *Ebel* 1934, *Forberger* 1958, *Heblig* 1953, *Maschke* 1959, *Schmoller* 1891, *Rumpf* 1955.

311 *Weber* 1923: 281.

312 Vgl. für das hanseatische Patriziat und den flandrischen Tuchproduzenten *Werveke* 1965.

313 *Dobb* 1970: 159.

314 Vgl. *Kulischer* 1965: 112 ff.

315 *Kriedte* et al. 1978: 38.

316 *Schwerz* 1836: 130.

317 Vgl. *Schmoller* 1923: 487.

318 *Sombart* 1891: 113.

319 *Derselbe* 1911: 236.

320 Vgl. *Tilly/Tilly* 1971, *Mendel* 1972.

321 Vgl. *Kriedte* et al.

322 *Ebenda:* 28.

323 *Tilly/Tilly* 1971: 188.

324 *Schwerz* 1836: 110.

325 *Weber* 1923: 150.

326 *Pirenne* 1971: 207.

327 Vgl. *Elias* 1976: 222 ff.

328 Vgl. *Sombart* 1969 II: 925 ff., zu den militärischen Bedingungen des Merkantilismus: *Ders.* 1913 und *Kulischer* 1965: 132 f.

329 Zitiert nach *Heckscher* 1932: 7.

330 Vgl. *Ebenda:* 263.

331 Vgl. *Ebenda:* 257 f.

332 *Weber* 1923: 269, vgl. zum Verhältnis von Macht- und Wirtschaftspolitik auch *Wilson* 1967.

333 Vgl. *Kulischer* 1965: 102 ff.

334 Überraschend ist die Klarheit, mit der die internationale Arbeitsteilung als wirtschaftspolitisches Ziel formuliert wurde. 1549 heißt es in einem »Discourse of the Common Weal«: Gott (hat) geboten, daß kein Land alle Güter haben soll, sondern daß, was dem einen fehlt, ein anderes hervorbringt, und was in einem Lande dieses Jahr fehlt, das hat ein anderes in demselben Jahre in Menge, daß man sich bewußt ist, die Hilfe anderer nötig zu haben. Zitiert nach *Heckscher* 1932: 254.

335 *Wallerstein* 1979: 39, Hervorhebung im Original.

336 *Ebenda* 38, *Wallerstein* berücksichtigt allerdings nicht systematisch die arbeitswirtschaftlichen Bedingungen, d. h. die Erschließung ländlicher Arbeitskraft durch Verlagerung der gewerblichen Produktion von der Stadt auf das Land, für die ungleichgewichtige Weltmarktentwicklung.

337 Vgl. dazu und im folgenden besonders: *Kriedte* et al. 1978.

338 *Pirenne* 1971: 207 f.

339 *Kriedte* et al. 1978: 57 f.

340 *Kulischer* 1965: 114.

341 *Sombart* 1969 II: 926.

342 *Heckscher* 1932: 139.

343 *Sombart* 1969 II: 933.

344 Vgl. *Heckscher* 1932: 139 f.

345 *Sombart* 1969 II: 812.

346 Vgl. dazu näher *Kofler* 1976: 158 ff.

347 Vgl. *Nelson* 1963: 407 ff.

348 *Kofler* 1976: 159.

349 Vgl. *Davis* 1979.

350 *Ebenda:* 6.

351 Vgl. *Ebenda:* 12 f.

352 *Marx,* MEW 23: 390.

353 Die Arbeiterpolitik steht zudem weder unter dem Vorzeichen eines ethischen Postulats, noch verfolgt sie die Absicht, im Interesse des Bürgertums und freier Marktbeziehungen zu stehen. Sie erklärt sich vielmehr aus einer staatidealistischen Grundhaltung, die den Handel mediatisiert und sich gerade darin für die Interessen der Handelsbourgeoisie als funktional erweist. Die absolutistischen Fürsten waren keineswegs überzeugte Puritanisten, sondern eher bigotte Machiavellisten. Wenn der merkantilistische Theoretiker *Montchretiens* den Müßiggang »das Begräbnis des lebenden Menschen« nennt, so steht dies primär im

Dienst des antifeudal eingestellten Absolutismus; nicht einer ethischen Maxime. Vgl. *Heckscher* 1932: 140. Gegen eine monokausale Rückführung der kapitalistischen Entwicklung auf den Puritanismus wandte sich *Weber* schon selbst. Vgl. *Ders.* 1920: 204 f. u. Fußnoten.

354 *Pollard* 1965: bes. 160 ff.

355 *Sombart* 1969 II: 817.

356 *Marx*, Grundrisse: 410 meine Hervorhebung.

357 *Wittfogel* nach *Kriedte* et al. 1977: 116.

358 *Marx*, MEW 23: 745.

359 Auf die Problematik der zweiten Leibeigenschaft kann hier nicht mehr näher eingegangen werden. Vgl. dazu *Kriedte* et al. 1977: 39 ff. und 194 ff.

360 Vgl. zu den Nachfragebedingungen *Sella* 1979: 223 ff.

361 *Marx*, MEW 25: 816.

362 *Chajanov* 1923: 40.

363 Vgl. *Sweezy* 1978.

364 *Engels* MEW 21: 331 f.

365 *Kriedte* et al. 1978: 117. Hervorhebung im Original.

366 *Bücher* 1918: 176.

367 *Ebenda* 175. In diesem Zusammenhang sei nur kurz auf eine ebenso überraschend einfache wie einleuchtende Interpretation des *Marx*schen Begriffs »variables Kapital« hingewiesen: »Indem *Marx* die Arbeitskraft variables Kapital genannt hat, hat er eine begriffliche Verknüpfung zwischen der Schöpfung des Mehrwerts und der despotischen Natur des kapitalistischen Produktionsprozesses geschaffen. (...) Somit macht der Terminus variabel auf die Tatsache aufmerksam, daß der tatsächlich geschaffene Mehrwert mit der relativen Stärke der Gegner im Produktionsprozeß variiert.« *Rowthorn* 1973: 276.

368 *Schöne* 1977: 20.

369 *Tilly/Tilly* 1971: 189.

370 *Braun* 1960: 27.

371 Vgl. zur Trennung generativ voll- bzw. nicht-vollwertiger Arbeitsplätze in der mittelalterlichen Familienwirtschaft und deren demographische Stabilitätsfunktion: *Mackenroth* 1953: 421 ff.

372 *Kriedte* et al. 1978: 155.

373 Johannes Hirzel, Pfarrer von Wildberg, in einer 1816 gehaltenen Rede über die ökonomischen und sozialen Entwicklungen in verlagsindustriellen Berggemeinden des Kantons Zürich, zitiert nach *Braun* 1960: 66.

374 *Thun* 1879: 150, zitiert nach *Kriedte* et al. 1978: 126 f.

375 *Kriedte* et al. 1978: 125.

376 *Ebenda*: 189.

377 In welchem Ausmaß sich diese Veränderung der generativen Muster vollzog, zeigt das Beispiel der Bevölkerungsentwicklung in der Westlausitz, einem Untersuchungsgebiet, für das eine verläßliche empirische Basis vorhanden ist. Die gewerblichen Dörfer überflügelten im 18. Jahrhundert die Einwohnerzahl der Städte Radeberg und Pulsnitz. Noch 1550 betrug die Einwohnerstärke Sachsens ca. 556000 Personen, bereits 1792 hatte sich diese Zahl um rd. 24% auf 1893000 Personen erhöht. Diese Bevölkerungszunahme ist nur durch die schichtspezifische Fruchtbarkeit der Gewerbetreibenden zu erklären. Vgl. *Schöne* 1977: 18–20.

378 Vgl. *Thompson* 1973.

379 Vgl. dazu auch das Konzept der plebejischen Öffentlichkeit bei *Kriedte* et al. 1978: 144 ff. in Absetzung von der *Habermas*schen Öffentlichkeitskonzeption.

380 *Tilly/Tilly* 1971: 184.

381 *Braun* 1960: 118.

382 *Schwerz* 1836: 110 f.

383 *Braun* 1960: 94.

384 *Ebenda:* 194.

385 *Marx*, MEW 25: 340.

386 *Kriedte* et al. 1978: 19.

387 *Troeltsch* 1897: 318.

388 *Schwerz* 1836: 78.

389 *Coleman* 1956: 290.

390 *Thompson* 1973: 89.

391 Vgl. *Thompson* 1979.

392 *Ebenda.*

393 Vgl. zur Luxusdiskussion *Braun* 1960: 181 ff.

394 *Sombart* 1917: 26.

395 Fränkischer Merkur 1797 zitiert nach: Goy 1969: 76.

396 Nicht nur in den ländlichen Gebieten lösten die Veränderungen des Kalenders Empörung aus. »Uns ist die verläsige anzeige hinterbracht worden, daß die in unserer Residenz stadt Bamberg an denen aufgehobenen Feyertägen an sich ergebende unordnungen, bey dem gemeinen Volk mehresten theils (dadurch) veranlasset worden syen, weil sich der Pollicey Commissarius Sensburg sich allzu viel eingemischt,... der bey denen gemeinen Leuthen... ganz verhast syen solle.« Aus einem Brief an den Fürstbischoff vom 25. 6. 1770, zitiert nach *Ebenda:* 75.

397 Zitiert nach *Braun* 1960: 104 f.

398 *Kriedte* et al. 1978: 154.

399 *Braun* 1960: 203.

400 *Thompson* 1979: 71.

401 *Marx,* Grundrisse: 596, Die Diskussion um die gesellschaftliche Fiktion der Ware Arbeitskraft hat vor allem *Polanyi* (1977, insbes. Kap. 6) in Gang gebracht.

402 Vgl. *Marx,* Grundrisse: 193.

403 Vgl. z. B. Pieper 1978.

404 *Marx* 1968: 523, Hervorheb. i. Orig.

405 *Marx,* Grundrisse: 173.

406 Zur Stabilisierung bzw. tendenziellen Reduktion dieser Option, ›warten zu können‹, stehen der Angebotsseite und Nachfrageseite auf dem Arbeitsmarkt allerdings ungleichwertige Strategien zur Verfügung. Läßt sich seitens der Kapitaleigner Quantität und Qualität der Nachfrage nach Arbeitskraft durch Einführung des technologisch-organisatorischen Wandels in erheblichem Maße reduzieren, so stehen den Arbeitskraftanbietern nur wenig effektive Mittel der Rationalisierung des Reproduktionsprozesses ihres Lebens – etwa durch partielle landwirtschaftliche Selbstversorgung oder Senkung der Hauswirtschaftskosten in Wohngemeinschaften – zur Verfügung. Hiervon abgesehen sind Kapitaleigner eher in der Lage, Ort, Dauer und Art der Bereitstellung von Arbeitsplätzen durch Standort- und Produktwahl ebenso wie durch die Wahl der Produktionsverfahren während der ›Liquiditätsphase‹ von Kapital zu variieren, als es etwa den Arbeitskraftbesitzern möglich ist, Quantität, Qualität und Ort des

Arbeitskraftangebots zu verändern (vgl. dazu ausführlicher: *Offe/Hinrichs* 1977: 6–21).

407 Vgl. zur Konzeption eines solchen Machtbegriffes: *Luhmann* 1975a: bes. 19 ff. Die im Rahmen des Eigentumsrechts liegenden, an der Kontinuität des Betriebes orientierten Strategien wie Einführung des technologisch-organisatorischen Wandels, Anpassung der Belegschaften an konjunkturelle Schwankungen durch Kündigungen, innerbetriebliche Umsetzungen, Verlagerungen des Standorts etc. erzeugen in ihren auf Menge und Art des Arbeitskräfteeinsatzes bezogenen Konsequenzen zyklische und diskontinuierliche Realisierungschancen des Arbeitsvermögens seitens der einzelnen Arbeitskräfte. Staatliche Schutzbestimmungen und die Koalitionsbildung unter Lohnarbeitern als Organisierung von Gegenmacht engen diese Dispositionsfreiheiten von Kapital ein, langfristige Bestandsrisiken des Betriebes in ein immer präsentes Risiko der Arbeitskraft zu transformieren, nämlich arbeitslos zu werden, bzw. Bedingungen zu diktieren, die die Erhaltung und Reproduktion ihrer Arbeitskraft nicht mehr gewährleisten würden. Dementsprechend ebnet die Organisierung von freien Lohnarbeitern gegenüber organisiertem Kapital das Machtgefälle nicht ein, sondern stellt es erst auf Dauer, indem die Tauschbeziehungen von Kapital und Arbeit durch die Minderung der Binnenkonkurrenz der Arbeitskräfte zu erträglichen Bedingungen garantiert werden. Historisch drückt sich dies in dem Sachverhalt aus, daß die Gründung von Gewerkschaften als defensive Reaktion auf den Machtvorteil des immer schon organisierten Kapitals erfolgte, worauf die Kapitaleigner wiederum mit der Bildung von Unternehmerverbänden reagieren (vgl. *Offe/Wiesenthal* 1980).

408 *Marx/Engels* MEW 3: 200.

409 *Weber* 1972: 4.

410 *Heinemann/Ludes* 1978: 238.

411 Vgl. hierzu: *Rammstedt* 1975; zur zyklischen und linearen Arbeitszeit auch *Grazia, De* 1962.

412 Vgl. auch *Lefebvre* 1977: 55 ff.

413 Vgl. zur Systemzeit zweckprogrammierter formaler Organisationen *Luhmann* 1973: bes. 308 ff.

414 *Marx* MEW 24: 242.

415 *Marx,* Grundrisse: 585.

416 *Klages* 1974: 511.

417 *Lukács* 1968: 263 f.

418 Vgl. *Bücher* 1919: bes. Kapitel IX »Der Rhythmus als ökonomisches Entwicklungsprinzip«.

419 Vgl. *Popitz* et al. 1957: bes. 149–165, Die sozialen und gesundheitlichen Folgen der »Ent-Rhythmisierung« beschreibt: *Rinderspacher* 1984.

420 *Weber* 1920: 7. Die (formell) freie Lohnarbeit ist nach *Weber* arbeitswirtschaftlich gesehen *das* optimale Organisationsprinzip der Ausbeutung von Arbeitskraft. Zwar bedeutet unfreie Arbeit, zumal die Vollsklaverei, eine formal schrankenlose Verfügung über Arbeitskraft. »Allein a) war der erforderliche, in Menschenbesitz anzulegende Kapital*bedarf* für Anschaffung und Fütterung der Sklaven größer als bei der Arbeitsmiete – (gemeint ist Lohn, H.-W. H.) b) war das Menschenkapital*risiko* spezifisch irrational.« (*Weber* 1972: 94 f.) Vor allem Unterbringungskosten und Unterhalt von Frauen und Kindern, die im Falle der Lohnarbeit dem (männlichen) Arbeiter überlastet sind, mindern den Ertrag von

Sklavenarbeit. Erst recht aber macht sich im Falle von freier Lohnarbeit das Prinzip der Auslese der Arbeitskraft durch den Anwender geltend. Der Sklave kann nur mit rücksichtsloser Disziplin zur Arbeit gezwungen werden, was sich aber unter Reproduktionsgesichtspunkten als Steigerung der Irrationalität erweist, da das Leistungsoptimum durch (frühzeitigen) Menschenverbrauch und eingeschränkte generative Reproduktion unterschritten wird. Die Organisationsform Lohnarbeit ermöglicht hingegen Kündigungsgefahr und damit die »freiwillige« Erbringung des Leistungsoptimums bei Übernahme aller Reproduktionsrisiken.

421 *Marx* MEW 23: 329.
422 *Laermann* 1975: 94.
423 *Elias* 1976: 337.
424 *Marx*, Grundrisse: 433.
425 *Schivelbusch* 1980.
426 *Schivelbusch* 1979: 38 f.
427 *Weber* 1923: 314.
428 *Luhmann* 1971.
429 So gefaßt bei *Neckel* 1982.
430 So auch schon *Lederer* 1918/19, zu den demographischen Voraussetzungen einer »neuen Einstellung zu Leben und Sterben« vgl. jetzt: *Imhof* 1981.
431 Vgl. *Reid* 1970.
432 Vgl. *Hohn/Windolf* 1982.
433 *Horkheimer* 1974: 235.
434 Vgl. die klassische Studie zur Arbeitslosigkeit von *Jahoda* et al. 1975: 83 ff.
435 *Weber* 1920: 33, Hervorhebung im Original.
436 *Pollard* 1967: 169.
437 Vgl. dazu ausführlich *Brockhaus* 1979, der aus der »Unterordnungswahlsituation« von Arbeitskraftanbietern auf die suboptimale Allokation von Arbeitszeit im industriellen Frühkapitalismus schließt. Erst die Gewerkschaften verhelfen durch Gegenmachtbildung dem Markt zu einem labilen Arbeitszeitgleichgewicht.
438 Vgl. zur Konzeption des Arbeitsmarkts als »Basar« und »Börse«: *Lederer/ Marschak* 1927: 116.
439 Vgl. z. B. *Julkunen* 1977: 10.
440 Die unterschiedlichen Zeithorizonte verschiedener politischer Gruppen beschreibt: *Wallis* 1970.
441 Vor allem diesen Aspekt hat *Deutschmann* 1984 in einem anregenden, aber schlecht belegten Aufsatz im Auge.
442 *Offe* 1983: 51.
443 Vgl. *Inglehart* 1977.
444 So *Vobruba* 1978: 153.
445 Vgl. etwa *Gartner/Riesmann* 1978: 120 ff.
446 *Parkin* 1968: 192.
447 Vgl. *Yankelovich* 1974, *Kmieciak* 1976, insbes. 334 ff., *Klippstein/Strümpel* 1984.
448 *Morse/Weiß* 1955.
449 Die Literatur zu diesen Konzepten ist kaum noch zu überschauen. Hinzu kommt, daß die Begriffe schillern. Um eine begriffliche Klärung bemühen sich unter anderen: *Heinze/Olk* 1982. Zum Konzept der Dualwirtschaft vgl. *Huber* 1980. Einen Überblick zum Stand der gegenwärtigen Diskussion liefert: *Huber*

(Hg.) 1984. Zum Begriff der Eigenarbeit siehe ferner: *Hegner* 1981. Eine Analyse des »autonomen Sektors« findet sich bei: *Berger/Kostede* 1981.

450 Vgl. zu einer Analyse der wichtigsten vorliegenden Untersuchungen zu den neuen Arbeitszeitpräferenzen: *Landenberger* 1983. Die kontroversen Standpunkte in der Arbeitszeitpolitik versammelt: *Offe* et al. (Hg.) 1982. Jetzt auch: *Talos/ Vobruba* (Hg.) 1983.

451 Vgl. *Olk* et al. 1979.

452 Vgl. *Teriet* 1977, der auch den Begriff der Zeitsouveränität in der bundesdeutschen Debatte geprägt hat. Vgl. ferner zu den sozial- und arbeitsmarktpolitischen Absichten der Neuen Arbeitszeitpolitik: *Mertens* 1979, *Scharpf* 1982.

453 Eine ausführliche Diskussion des Zusammenhangs von Neuer Arbeitszeit und Wertwandel führen: *Hinrichs/Wiesenthal* 1982.

454 So auch *Deutschmann* 1982.

455 Zu den Vorbehalten der Gewerkschaften gegenüber neuen Arbeitszeitmustern siehe: *Hoff* 1982.

456 Dies wird unter dem Aspekt der Arbeitsmarktsegmentierung analysiert bei: *Heinze* et al. 1979. Eine Durchsetzung flexibler Arbeitszeiten auf breiter Front muß in der Bundesrepublik das »duale« System der Interessenvertretung gefährden und damit das Tarifvertragssystem: vgl. hierzu: *Streeck* 1979.

457 *Thompson* 1973: 89.

Literatur

Augustin: Bekenntnisse, eingeleitet und übertragen von Wilhelm Thimme, Stuttgart 1977

Benzinger, J., 1970: Zum Wesen und zu den Formen von Kommunikation und Publizistik im Mittelalter. Eine bibliographische und methodologische Studie, in: *Publizistik* 15, 295–318

Berger, J., Kostede, N., 1981: Wie autonom ist der autonome Sektor?, in: Ästhetik und Kommunikation, 43

Bergmann, W., 1981: Die Zeitstrukturen sozialer Systeme. Eine systemtheoretische Analyse, Berlin

Bergmann, W., 1983: Das Problem der Zeit in der Soziologie, in: KZfSS, 35, 462 ff.

Bilfinger, G., 1892: Die mittelalterlichen Horen und die modernen Stunden, Stuttgart

Bloch, E., 1973: Das Prinzip Hoffnung, Band II, Frankfurt/M.

Bloch, M., 1936: Du passé ou présent: courriers critiques – quelques monuels, in: Annales d'histoire économique et sociale 8, S. 582 f.

Bloch, M., 1962: Feudal Society, 2 Bd., Routledge und Kegan, London

Bloch, M., 1963: Mélanges historique II, Paris

Bloch, M., 1967: Land and Work in mediveval Europe. Berkeley: Univ. of California Press

Bloch, M., 1977: Europäischer Feudalismus, in: Kuchenbach, L. (Hg.): Feudalismus – Materialien zur Theorie und Geschichte, Frankfurt/M.–Berlin–Wien, 576–594

Blumenberg, H., 1981: Die Genesis der Kopernikanischen Welt, Bd. 2, 3. und 4. Teil, Frankfurt/Main

Bosl, K., 1972a: Die Grundlagen der modernen Gesellschaft im Mittelalter. Eine deutsche Gesellschaftsgeschichte des Mittelalters, Teil I, Stuttgart

Bosl, K., 1972b: Mensch und Gesellschaft in der Geschichte Europas, München

Bourdieu, P., 1963: La Sociéte traditionelle, attitude à l'égard du temps et conduite économique, in: Sociologie du travail, 24–44

Bourdieu, P., 1979: Entwurf einer Theorie der Praxis, Frankfurt/M.

Braun, P. E., 1922: Die geschichtliche Entwicklung der Sonntagsruhe, in: Vierteljahresschrift für Sozial- und Wirtschaftsgeschichte 16, 325–369

Braun, R., 1960: Industrialisierung und Volksleben. Die Veränderungen in einem ländlichen Industriegebiet vor 1800, Stuttgart

Brepohl, W., 1951: Industrielle Volkskunde, in: *Soziale Welt,* 2, 115–124

Brinkmann, C., 1976: Finanzielle und psycho-soziale Belastungen während der Arbeitslosigkeit, in: *MittAB,* 9

Brockhaus, Chr., 1979: Lohnarbeit als Existenzgrund von Gewerkschaften, Frankfurt/M./New York

Brunner, O., 1965: Abendländisches Geschichtsdenken, in: Lammers, W.: Geschichtsdenken und Geschichtsbild im Mittelalter, Darmstadt 1965

Brunner, O., 1968: Neue Wege der Verfassungs- und Sozialgeschichte, Göttingen, 2. vermehrte Auflage

Brunner, O., 1973: »Bürgertum« und »Feudalwelt« in der europäischen Sozialgeschichte, in: Haase, C. (Hg.): Die Stadt des Mittelalters, Bd. 3. Wirtschaft und Gesellschaft, Göttingen, 408–501

Brunner, O., 1975: Fortschritt in: Brunner, O., Conze, W., Koselleck, R.: Geschichtliche Grundbegriffe, Bd. 2, 351–423, Stuttgart

Bücher, K., 1919: Arbeit und Rhythmus. Leipzig

Bücher, K., 1918: Die Entstehung der Volkswirtschaft, Bd. II Vorträge und Aufsätze, zweite Sammlung, Tübingen

Bücher, K., 1920: Die Entstehung der Volkswirtschaft, Bd. 1, 14. und 15. Auflage, Tübingen

Cajanov, A. V., 1923: Die Lehre von der bäuerlichen Wirtschaft. Versuch einer Theorie der Familienwirtschaft im Landbau. Berlin

Chenu, M.-D., 1957: Le théologie au XIIe siècle, Paris

Cipolla, Carlo, M., 1978: Clocks and Culture 1300–1700, New York

Coleman, D. C., 1956: Labour in the English Economy of the 17th Century, in: *Econ Hist. Rev.* 8, 280–295

Conze, W., 1975: Stichwort: Adel, in Brunner, O., Conze, W., Koselleck, R. (Hg.): Geschichtliche Grundbegriffe, Bd. 2, Stuttgart

Conze, W., 1975: Stichwort: Bauer, in: Brunner, O., Conze, W., Koselleck, R. (Hg.): Geschichtliche Grundbegriffe, Bd. 1, Stuttgart

Cullmann, O., 1946: Christus und die Zeit. Die urchristliche Zeit- und Geschichtsauffassung, Zürich

Curle, A., 1949: Incentives to Labour: an Anthropological Approach, Human Relations, II

Daly, R., 1957: Peter Comestor, Master of Historics, in: Speculum XXXII, 62–72

Davis, N. T., 1979: The Sacred and the Body Social in 16th Century, Lyon, Ms. Princeton University

Deutschmann, Ch., 1982: Zeitflexibilität und Arbeitsmarkt. Zur Entstehung und Funktion des Normalarbeitstags, in: Offe et al. (Hg.), 1982, 32 ff.

Deutschmann, Ch., 1983: Systemzeit und soziale Zeit, in: Leviathan, 11, 494 ff.

Dobb, M., 1970: Entwicklung des Kapitalismus, Vom Spätfeudalismus bis zur Gegenwart, Köln, Berlin

Dopsch, A., 1962: Die Wirtschaftsentwicklung während der Karolingerzeit, Aalen

Dopsch, A., 1968: Naturalwirtschaft und Geldwirtschaft in der Weltgeschichte, Aalen

Durkheim, E., 1926: The elementary forms of the religious life. A study in religious sociology, Glencoe, Ill.: The free Press, 2. Aufl.

Dux, G., 1982: Die Logik der Weltbilder. Sinnstrukturen im Wandel der Geschichte, Frankfurt/Main

Dux, G., 1976: Strukturwandel der Legitimation, Freiburg/München

Ebel, W., 1934: Gewerbliches Arbeitsvertragsrecht im deutschen Mittelalter, Weimar

Edwards, E. L., 1965: Weight-driven Chamber Clocks of the Middle Ages and Renaissance, Altrincham

Eliade, M., 1966: Kosmos und Geschichte. – Der Mythos der ewigen Wiederkehr, Reinbek bei Hamburg

Elias, N., 1976: Über den Prozeß der Zivilisation, Bd. 2, Frankfurt/M.

Elias, N., 1982: Über die Zeit, in: Merkur, 36, 841–856, sowie 998–1016

Engels, F., 1962: MEW 21. »Zur Wohnungsfrage«, Berlin

Engels, O., 1975: Geschichte, Begriffsverständnis im Mittelalter, in: Brunner, O., Conze, W., Koselleck, R. (Hg.): Geschichtliche Grundbegriffe Bd. 2, Stuttgart

Espinas, G. Pirenne, H. (Hg.), 1929: Recueil de documents relatifs à l'histoire de l'industrie drapiere en Flandre, Brüssel

Evans-Pritchard, E. E., 1940: The Nuer: A Description of the Modes of Livelihood and Political Institution of a Nilotic People, Oxford

Fanfani, A., 1951: La préparation intellectuelle et professionelle en Italie du XIVe ou XVe, in: Moyen Age 57, 337 ff.

Febvres, Lucien, 1947: Le problème de l'incroyance au XVIe siècle, Paris

Flandrin, J.-L., 1969: Contraception, mariage et relations amoureuses dans l'Occident Chrétien, in: Annales, ESC, 24

Forberger, R., 1958: Die Manufaktur in Sachsen vom Ende des 16. bis zum Anfang des 19. Jahrhunderts, Berlin

Forster, W., 1953: Der heilige Johannes von Capestrano und die soziale Frage, in: Franziskanische Studien, 35, 1–25

Foster, G. M., 1965: Peasant Society and the Image of Limited Good, in: American Anthropologist, 67, 293–315

Foucault, M., 1971: Die Ordnung der Dinge. Eine Archäologie der Humanwissenschaft, Frankfurt/Main

Freund, W., 1957: Modernus und andere Zeitbegriffe des Mittelalters, in: *Neue Münstersche Beiträge zur Geschichtsforschung* 4, 3

Freyer, H., 1967: Theorie des gegenwärtigen Zeitalters, Stuttgart

Gartner, A., Riessman, E., 1978: Der aktive Konsument in der Dienstleistungsgesellschaft. Zur politischen Ökonomie des tertiären Sektors, Frankfurt/Main

Gent, W., 1962: Die Philosophie des Raumes und der Zeit, 2. Bd. Hildesheim

Giddens, A., 1979: Die Klassenstruktur fortgeschrittener Gesellschaften, Frankfurt/M.

Gimpel, J., 1975: La révolution industrielle du Moyen Age, Paris

Goldthorpe, J. H., 1962: The Development of Social Policy in England 1800–1914, in: Int. Soc. Association (ISA), Transactions of the 5th World Congress of Sociology, Vol. IV, 41–56

Goy, B., 1969: Aufklärung und Volksfrömmigkeit in den Bistümern Würzburg und Bamberg, Würzburg

Grazia, S. de, 1962: Of Time, Work, and Leisure, New York

Grundmann, H., 1965: Grundzüge der mittelalterlichen Geschichtsanschauung, in: Lammers, W.: Geschichtsdenken und Geschichtsbild im Mittelalter, 418 ff., Darmstadt

Grundmann, H., 1966: Studien über Joachim von Fiore, Darmstadt

Gurjewitsch, Aaron, J., 1978: Das Weltbild des mittelalterlichen Menschen, Dresden

Gurwitsch, A., 1975: Das Bewußtseinsfeld, Berlin

Haase, C. (Hg.), 1969–1973: Die Stadt des Mittelalters. Drei Bände, Darmstadt

Habermas, J., 1976: Zur Rekonstruktion des historischen Materialismus, Frankfurt/M.

Halbwachs, M., 1947: La mémoire collective et le temps, in: *Cahiers internationaux de Sociologie*, 3–31

Hallowell, A. I., 1937: Temporal Orientation in Western Civilization and in a Preliterate Society, in: *American Anthrop. NF* 39, 647–670

Hartmann, W., 1974: »Modernus« und »antiquus«: Zur Verbreitung und Bedeutung dieser Bezeichnungen in der wissenschaftlichen Literatur vom 9. bis zum 12. Jahrhundert, in: Zimmermann, A. (Hg.): Antiqui und Moderni, Traditionsbewußtsein und Fortschrittsbewußtsein im späten Mittelalter, 21–39, Berlin/New York

Heckscher, E. F., 1932: Der Merkantilismus, Bd. 2, Jena

Hegner, F., 1981: Abkehr von der Einbahnstraßengesellschaft – Aufbruch in die Zweibahnstraßen-Gesellschaft, in: Sociologia Internationalis, 19, 83–137

Heinemann, K., 1969: Grundzüge einer Soziologie des Geldes, Stuttgart

Heinemann, K., Ludes, P., 1978: Zeitbewußtsein und Kontrolle der Zeit, in: Hammerich, K., Klein, M.: Materialien zur Soziologie des Alltags, Sonderheft der KZfSS, 20, 220 ff.

Heinze, R. G., Hinrichs, K., Hohn, H.-W., Offe, C., Olk, Th., 1979: Arbeitszeitflexibilisierung als beschäftigungspolitisches Instrument – Wirkungen und Grenzen Neuer Arbeitszeitpolitik, in: MittAB, 12, 276–288

Heinze, R. G., Olk, T., 1982: Selbsthilfe, Eigenarbeit, Schattenwirtschaft, in: Benseler, F., Heinze, R. G., Klönne, A. (Hg.): Zukunft der Arbeit, Hamburg

Helbig, H., 1953: Quellen zur älteren Wirtschaftsgeschichte Mitteldeutschlands, IV. Teil, Weimar

Henninges, H. v., 1979: Gewünschte Arbeitszeit vollzeitbeschäftigter Arbeitnehmer, in: MittAB 12, 263–275

Hentschel, U., Möller, C., Pintar, R., 1977: Zur Lage der Arbeitslosen in Nordrhein-Westfalen, ISO-Institut Köln, Bericht Nr. 11, Köln

Herskovits, M. J., 1940: The Economic Life of Primitive People, New York

Hilton, R. H., 1977: Die Natur mittelalterlicher Bauernwirtschaft, in: Kuchenbuch, L. (Hg.): Feudalismus – Materialien zur Theorie und Geschichte, Frankfurt/M., Berlin, Wien, 481–522

Hilton, R., 1978: Einführung, in: Sweezy et al. Der Übergang vom Feudalismus zum Kapitalismus, Frankfurt/M., 7–38

Hinrichs, K., Wiesenthal, H., 1982: Arbeitswerte und Arbeitszeit. Zur Pluralisierung von Wertmustern und Zeitverwendungswünschen, in: Offe et al. (Hg.) 1982: 116 ff.

Hoff, A., 1982: Warum sind die Gewerkschaften gegen flexible Arbeitszeitregelungen?, in: Offe et al. (Hg.) 1982: 204 ff.

Hohn, H.-W., 1981: Zyklizität und Heilsgeschichte. Religiöse Zeiterfahrung des europäischen Mittelalters, in: Ästhetik und Kommunikation, 45/46, 91 ff.

Hohn, H.-W., Windolf, P., 1982: Selektion und Qualifikation. Die betriebliche Personalauswahl in der Krise, IIM/LMP 82 – 28, Wissenschaftszentrum Berlin

Horkheimer, M., 1974: Dämmerung, Frankfurt

Huber, J., 1980: Wer soll das alles ändern. Die Alternativen der Alternativbewegung, Berlin

Huber, J., 1984 (Hg.): Erwerb und Eigenarbeit. (In Vorbereitung.)

Husserl, G., 1955: Recht und Zeit, Frankfurt/M.

Husserl, G., 1964: Recht und Welt, Frankfurt/M.

Imhof, A. E., 1981: Die gewonnenen Jahre. Von der Zunahme unserer Lebensspanne seit dreihundert Jahren, oder von der Notwendigkeit einer neuen Einstellung zu Leben und Sterben, München

Inglehart, R., 1977: The Silent Revolution: Changing Values and Political Styles among Western Publics, Princeton

Jahoda, M., Lazarsfeld, P. F., Zeisel, H., 1975: Die Arbeitslosen von Marienthal, Frankfurt/M.

Julkunen, R., 1977: A Contribution to the Categories of Social Time and the Economy of Time, in: *Acta Sociologica* Vol. 20, Nr. 1, 5–24

Kamlah, W., 1957: »Zeitalter« überhaupt »Neuzeit« und »Frühneuzeit«, in: *Saeculum* 8, 313–340

Kaufmann, F. X., 1973: Sicherheit als soziologisches und sozialpolitisches Problem – Untersuchungen zu einer Wertidee hochdifferenzierter Gesellschaften, 2. umgearbeitete Auflage, Stuttgart

Kelsen, H., 1941: Vergeltung und Kausalität: Eine soziologische Untersuchung, Den Haag

Kelsen, H., 1967: Reine Rechtslehre, Zweite vollständig neu bearbeitete Auflage, Den Haag

Klages, L., 1974: Vom Wesen des Rhythmus, in: ders.: Sämtliche Werke, Bd. 3, Bonn

Klipstein, M. v., Strümpel, B., 1984: Der Überdruß am Überfluß, München, Wien

Kmieciak, P., 1976: Wertstrukturen und Wertwandel in der Bundesrepublik Deutschland, Göttingen

Kofler, L., 1972: Die frühbürgerliche oder handelskapitalistische Gesellschaft, in: Ders./Buro, A.: Vom Handelskapitalismus zum Neo-Imperialismus der Gegenwart, Offenbach, SB-Eigendruck

Kofler, L., 1976: Zur Geschichte der bürgerlichen Gesellschaft, Darmstadt und Neuwied, 6. neu bearbeitete Auflage

Koselleck, R., 1979: Vergangene Zukunft – Zur Semantik geschichtlicher Zeiten, Frankfurt/M.

Kramer, Karl, S., 1967: Arbeitsanfang und -abschluß als Kernelement des Brauchtums, in: Hellfurth, G., Weber-Kellermann, I.: Arbeit und Volksleben, Veröffentlichungen des Instituts für mitteleuropäische Volksforschung, Allgemeine Reihe Bd. 4, Göttingen

Kramer, K.-S. 1974: Grundriß einer rechtlichen Volkskunde. Göttingen

Kriedte, P., Medick, H., Schlumbohm, I., 1978: Industrialisierung vor der Industrialisierung. Gewerbliche Warenproduktion auf dem Land in der Formationsphase des Kapitalismus, Göttingen

Kulischer, J., 1965: Allgemeine Wirtschaftsgeschichte des Mittelalters und der Neuzeit, Bd. 2, München/Wien, dritte Auflage

Laermann, K., 1975: Alltags-Zeit. Bemerkungen über die unauffälligste Form sozialen Zwanges, in: *Kursbuch* 41, 87–105

Landenberger, M., 1983: Arbeitszeitwünsche. Vergleichende Analyse vorliegender Befragungsergebnisse. IIM/LMP 83 – 17, Wissenschaftszentrum Berlin

Leclercq, J., 1973: Experience and Interpretation of Time in the Early Middle Age. In: Studies in Medieval Cultures, 5, Kalamazoo. Michigan

Leclercq, J., 1974: Zeiterfahrung und Zeitbegriff im Spätmittelalter, in: Zimmermann, A. (Hg.): Antiqui et moderni, Traditionsbewußtsein im späten Mittelalter, Berlin

Lederer, E., 1918/19: Zum psychosozialen Habitus der Gegenwart, in : Archiv für Sozialwissenschaften und Sozialpolitik, 46, 114–139

Lederer, E., Marschak, J., 1927: Die Klassen auf dem Arbeitsmarkt und ihre Argumentationen, in: Grundriß der Sozialökonomie (Bearb. von G. Albrecht Ms.) IX. Abteilung, II. Teil, Die Autonomie und staatliche soziale Binnenpolitik im Kapitalismus, Tübingen, 106–258

Leff, G., 1975: William of Ockham, the metamorphoses of scholastic discourse. Manchester University Press, Rowman and Littlefield

Le Goff, J., 1956: Marchands et Banquiers du Moyen Age, Paris

Le Goff, J., 1964: Kultur des europäischen Mittelalters, Paris, deutsch, München, Zürich 1970

Le Goff, J., 1965: Das Hochmittelalter, Frankfurt/M.

Le Goff, J., 1970: Kultur des europäischen Mittelalters, München, Zürich

Le Goff, J., 1977a: Pour un autre Moyen Age, Temps, travail et culture en Occident, Paris.

Le Goff, J., 1977b: Zeit der Kirche und Zeit des Händlers im Mittelalter, in: Honegger, C. (Hg.): Vorschläge zur systematischen Aneignung historischer Prozesse, Frankfurt/M., 393–414

Lepenies, W., 1978: Das Ende der Naturgeschichte. Wandel kultureller Selbstverständlichkeiten in den Wissenschaften des 18. und 19. Jahrhunderts, Frankfurt

Leshan, L. L., 1952: Time Orientation and Social Class, in: The Journal of Abnormal and Social Psychology 47, 589–592

Levebvre, H., 1977: Kritik des Alltagslebens, Kronberg/Ts.

Linder, S. B., 1971: Das Linder-Axiom – oder Warum wir keine Zeit mehr haben, Gütersloh, Wien

Lloyd, A., 1966: Time keepers – An historical sketch, in: Fraser, J. T. (ed.): The Voices of Time, London: Allen Lane The Penguin Press

Lockwood, D., 1964: Social Integration and System Integration, in: Zollschan, C. K./ Hirsch, W. (Hg.): Explorations in Social Change, Boston etc.

Löwith, K., 1953: Weltgeschichte und Heilsgeschehen, Stuttgart

Lüdtke, A., 1978: Alltagswirklichkeit, Lebensweise und Bedürfnisartikulation, in: Gesellschaft, Beiträge zur Marxschen Theorie 11, Frankfurt/M., 311–350

Luhmann, N., 1971: Die Knappheit der Zeit und die Vordringlichkeit des Befristeten, in: Ders.: Politische Planung, Opladen, 143 ff.

Luhmann, N., 1972a: Knappheit, Geld und bürgerliche Gesellschaft, in: Jahrbuch für Sozialwissenschaft 23, 186–210

Luhmann, N., 1972b: Rechtssoziologie 2 Bde., Reinbek bei Hamburg

Luhmann, N., 1973: Zweckbegriff und Systemrationalität, Frankfurt/M.

Luhmann, N., 1975a: Macht, Stuttgart

Luhmann, N., 1975b: Evolution und Geschichte, in: Ders. Soziologische Aufklärung, Bd. II, Opladen 150 ff

Luhmann, N., 1975c: Weltzeit und Systemgeschichte, in: Ders.: Soziologische Aufklärung, Bd. II, Opladen, 103 ff.

Luhmann, N., 1976: The Future cannot begin: Temporal Structures in Modern Society, in: Social Research 43, 130–152

Luhmann, N., 1977: Funktion der Religion, Frankfurt

Luhmann, N., 1978: Temporalization of Complexity, in: R. F. Geyer, J. van der Zouwen (eds.): Sociocybernetics, Leiden, Bd. 2, 95–111

Luhmann, N., 1979: Zeit und Handlung – Eine vergessene Theorie, in: ZfS 8, 63–81

Lukács, G., 1968: Geschichte und Klassenbewußtsein, Georg Lukács Werke, Bd. II, Neuwied und Berlin

Mackenroth, G., 1953: Bevölkerungslehre. Theorie, Soziologie und Statistik der Bevölkerung. Berlin/Göttingen/Heidelberg

Maier, A., 1957: Scholastische Diskussion über die Wesensbestimmung der Zeit, in: Scholastik 26, 529 ff.

Marx, K., 1968: Schriften, Manuskripte, Briefe bis 1844, Ergänzungsband erster Teil, Berlin (Ost)

Marx, K., Engels F., 1969: MEW 3: Deutsche Ideologie, Berlin

Marx, K., 1972: MEW 23, Das Kapital, Bd. 1, Berlin (Ost)

Marx, K., 1973: MEW 24, Das Kapital, Bd. 2, Berlin (Ost)

Marx, K., 1973: MEW 25, Das Kapital, Bd. 3, Berlin (Ost)

Marx, K., 1974: Grundrisse. Grundrisse der Kritik der politischen Ökonomie, Berlin

Maschke, E., 1959: Verfassung und soziale Kräfte in der deutschen Stadt des späten Mittelalters, in: *Vierteljahresschrift für Soz.- u. Wirtschaftsgeschichte*, Wiesbaden 46

Maschke, E., 1964: Das Bewußtsein des mittelalterlichen Fernkaufmanns, in: Wilpert, P (Hg.): Beiträge zum Berufsbewußtsein des mittelalterlichen Menschen, Berlin, 306–335

Mauss, M., 1975: Die Gabe, München

Maxwell, R. J., 1971: Anthropological Perspectives, in: Yarker, H., Osmand, M., Cheek, F. (eds.): The Future of Time – Man's Temporal Environment, New York

McLuhan, M., 1964: Understanding Media: The Extensions of Men, New York

Mead, G. H., 1959: The Philosophy of the Present, La Salle, Ill.: The open court publishing company

Meillassoux, C., 1973: Versuch einer Interpretation des Ökonomischen in den archaischen Subsistenzgesellschaften, in: Eder, K. (Hg.): Seminar: Die Entstehung von Klassengesellschaften, Frankfurt/M., 31–68

Mendel, F. F., 1972: Proto-Industrialisierung: The First Phase of the Institutionalization Process, in: *Journal of Economic History* 32, 241–261

Mertens, D., 1979: Zeitsouveränität und Segmentation, in: Leviathan, 7, 408 ff.

Merton, R. K., 1980: Auf den Schultern von Riesen. Ein Leitfaden durch das Labyrinth der Gelehrsamkeit, Frankfurt/Main

Moore, Wilbert, E., 1963: Man, Time, and Society, New York, London

Monzelis, N., 1974: Social and system integration: some reflections on a fundamental distinction, in: *The British Journal of Sociology*, 25, 395–409

Morse, N. C., Weiss, R. S., 1955: The Function and Meaning of Work and the Job, in: *American Sociological Review*, 20, 191 ff.

Muilenburg, J., 1961: The biblical view of time, in: *Harvard Theological Review* 54, 225–252

Mumford, L., 1934: Technics and Civilization, New York

Neckel, S., 1982: Zeitstruktur und Gesellschaftsform, Dipl.-Arbeit Berlin

Nelson, B., 1963: Über den Wucher, in Sonderheft der KZfSS Köln, Opladen

Nelson, B., 1969: The Idea of Usury: from tribul brotherhood to universal otherhood, 2. Aufl. Chicago Ill.

Nelson, B., 1977: Der Ursprung der Moderne, vergleichende Studien zum Zivilisationsprozeß, Frankfurt/M.

Offe, C., 1983: Arbeit als soziologische Schlüsselkategorie?, in: Matthes, J. (Hg.), 1983: Krise der Arbeitsgesellschaft? Verhandlungen des 21. Dt. Soziologentags in Bamberg, Frankfurt/New York, 38–65

Offe, C., Hinrichs, K., 1977: Sozialökonomie des Arbeitsmarktes und die Lage ›benachteiligter‹ Gruppen von Arbeitnehmern, in Projektgruppe Arbeitsmarktpolitik/C. Offe (Hg.): Opfer des Arbeitsmarktes, Neuwied, Darmstadt

Offe, C., Hinrichs, K., Wiesenthal, H. (Hg.), 1982: Arbeitszeitpolitik. Formen und Folgen einer Neuverteilung der Arbeitszeit, Frankfurt, New York

Offe, C., Wiesenthal, H., 1980: Two Logics of Collective Action, Theoretical Notes on Social Class and Organizational Form in: Political Power and Social Theorie, Vol. 1

Oppermann, O., 1911: Untersuchungen zur Geschichte des deutschen Bürgertums und der Reichspolitik vornehmlich im 13. Jahrhundert, in: *Hansische Geschichtsblätter* Bd. 17, 33–185

Osterland, M., 1978: Lebensbilanzen und Lebensperspektiven von Industriearbeitern, in: Kohli, M. (Hg.): Soziologie des Lebenslaufs, Darmstadt, Neuwied

Otto, E. F., 1965: Otto von Freising und Friedrich Barbarossa, in Lammers, W. (Hg.): Geschichtsdenken und Geschichtsbild im Mittelalter, Darmstadt, 287–297

Parkin, F., 1968: Middle Class Radicalism, Manchester

Piaget, J., 1955: Die Bildung des Zeitbewußtseins beim Kinde, Zürich

Pieper, M., 1978: Erwachsenenalter und Lebenslauf, München

Pirenne, H., 1956: Geschichte Europas. Von der Völkerwanderung bis zur Reformation, Frankfurt/M.

Pirenne, H., 1971: Sozial- und Wirtschaftsgeschichte Europas im Mittelalter, München, 2. Auflage

Polanyi, K., 1977: The Great Transformation. Politische und ökonomische Ursprünge von Gesellschaften und Wirtschaftssystemen, Wien

Pollard, S., 1965: The Genesis of Modern Management, Cambridge

Pollard, S., 1967: Die Fabrikdisziplin in der industriellen Revolution, in: Fischer, W., Bajor, G.: Die soziale Frage. Neue Studien zur Lage der Fabrikarbeiter in der Frühphase der Industrialisierung, Stuttgart, 159 ff.

Popitz, H. et al., 1957: Technik und Industriearbeit, Tübingen

Poulet, G., 1956: Studies in human time, Baltimore, Md.

Rammstedt, O., 1975: Alltagsbewußtsein von Zeit, in: *KZfSS*, 27, 47–63

Reid, D. A., 1979: Der Kampf gegen den »Blauen Montag« 1766 bis 1876, in: Puls, D. (Hg.): Wahrnehmungsformen und Protestverhalten, Studien zur Lage der Unterschichten im 18. und 19. Jahrhundert, Frankfurt/M.

Reincke, H., 1969: Über Städtegründungen, Betrachtungen und Phantasien, in: Haase, C.: Die Stadt des Mittelalters, Erster Band, Darmstadt, 331–363

Remling, L., 1977: Kirchenzeit und Arbeitszeit auf dem Lande, Ms. Bielefeld

Rinderspacher, J. P., 1984: Zeit, Arbeit und Belastung, Gesellschaftliche Zeitstrukturen und individuelle Zeitverwendung, Diss. Berlin, Buchveröffentlichung in Vorbereitung

Rörig, F., 1933: Mittelalterliche Weltwirtschaftliche Blüte und Ende einer Weltwirtschaftsperiode, Jena

Rörig, F., 1953: Mittelalter und Schriftlichkeit, in: *Welt als Geschichte* 13, 29–41

Rörig, F., 1969: Die Stadt in der deutschen Geschichte, in: Haase, C.: Die Stadt des Mittelalters, Erster Band, Darmstadt, 7–23

Rörig, F., 1971: Wirtschaftsgeschichte im Mittelalter, Abhandlungen zur Stadt- und Hansegeschichte, Zweite, durchgesehene und ergänzte Auflage, Wien, Köln, Graz

Rowthorn, B., 1979: Die neoklassische Volkswirtschaftslehre und ihre Kritiker – eine marxistische Beurteilung, in Vogt, W. (Hg.): Seminar Politische Ökonomie, Frankfurt/M.

Rumpf, M., 1955: Deutsches Handwerkerleben und der Aufstieg der Stadt, Stuttgart

Sahlins, M., 1972: Stone Age Economics, Chicago

Salas, E. P., 1966: L'évolution de la notion du temps et les horlogers à l'époque colonial au Chili, in: *Annales* 21

Schäfer, D., 1966: Die Rolle der Fürsorge im System sozialer Sicherung, Frankfurt/M.

Scharpf, F. W., 1982: Optionen der Arbeitsmarktpolitik in den 80er Jahren, in: Scharpf et al. (Hg.), 1982: Aktive Arbeitsmarktpolitik. Erfahrungen und Neue Wege, Frankfurt

Schaube, A., 1894: Der Versicherungsgedanke in den Verträgen des Seeverkehrs vor der Entstehung des Versicherungswesens, in: *Zs. f. Sozial- und Wirtschaftsgeschichte*, 2, 155 ff., 185 ff., 172 ff., 202 ff.

Schivelbusch, W., 1979: Geschichte der Eisenbahnreise. Zur Industrialisierung von Raum und Zeit im 19. Jahrhundert, Frankfurt, Berlin, Wien

Schivelbusch, W., 1980: Das Paradies, der Geschmack und die Vernunft. Eine Geschichte der Genußmittel, München, Wien

Schluchter, W., 1976: Die Paradoxie der Rationalisierung, in ZfS, 5, 256–284

Schmoller, G., 1891: Unternehmung, in: Jahrbuch für Gesetzgebung, Verwaltung und Volkswirtschaft 15, 1–48

Schmoller, G., 1923: Grundriß der allgemeinen Volkswirtschaftslehre 1, München, 2. Aufl.

Schneider, N., 1980: Zeit und Sinnlichkeit. Zur Soziogenese der Vanitasmotivik und des Illusionismus, in: Kritische Berichte, 8, 8–34

Schöne, B., 1977: Kultur und Lebensweise Lausitzer Bandweber, Berlin (Ost)

Schütz, A., 1932: Der sinnhafte Aufbau der sozialen Welt, Wien

Schumpeter, J., 1935: Theorie der wirtschaftlichen Entwicklung, München und Leipzig

Schwerz, J. N. v., 1836: Beschreibung der Landwirtschaft in Westfalen und Rheinpreußen, Stuttgart

Scott, J. W., 1974: The Glassworker of Carmaux, Cambr. Mass.

Sella, P., 1979: Die gewerbliche Produktion in Europa 1500–1700, in: Cipolla, G. M. (Hg.): Europäische Wirtschaftsgeschichte, Bd. 2, 16. u. 17. Jahrhundert, Stuttgart, New York, 223–267

Shapiro, H., 1957: Motion, Time and Place, according to William Ockham, St. Bonaventure, New York

Sieber, F., 1967: Beziehungen zwischen Arbeit und Brauchtum, in: Heilfurt, G., Weber-Kellermann, I. (Hg.): Arbeit und Volksleben, Göttingen, 348–353

Simmel, G., 1900: Philosophie des Geldes, Leipzig

Skinner, Q., 1978: The foundations of modern political thought, Bd. 1, Cambridge University Press

Smalley, B., 1952: The Study of the Bible in the Middle Ages, zweite Auflage, New Jersey

Sombart, W., 1891: Die Hausindustrie in Deutschland, in: *Archiv für soziale Gesetzgebung und Statistik* 4, 103–156

Sombart, W., 1911: Verlagssystem, in: Handwörterbuch der Staatswissenschaften, 233–261, Bd. 8, 3. Aufl., Jena

Sombart, W., 1913: Krieg und Kapitalismus. Studien zur Entwicklungsgeschichte des modernen Kapitalismus, München

Sombart, W., 1917: Die Arbeiterverhältnisse im Zeitalter des Frühkapitalismus, in: *Archiv für Sozialwissenschaft und Sozialpolitik*, 44, 19–51

Sombart, W., 1969 I: Der moderne Kapitalismus, Die vorkapitalistische Wirtschaft, Berlin

Sombart, W., 1969 II: Der moderne Kapitalismus, Das europäische Wirtschaftsleben im Zeitalter des Frühkapitalismus, Berlin

Sorokin, P. A., Merton, R. K., 1937: Social Time: A Methodological and Functional Analysis, in: *The American Journal of Sociology*, 42, 615–629

Southern, R. W., 1961: The Making of the Middle Age, New Haven

Spörl, J., 1930: Das Alte und das Neue im Mittelalter. Studien zum Problem des mittelalterlichen Fortschrittsbewußtseins, in: *Historisches Jahrbuch* 50, 297–341 und 498–524

Spörl, J., 1935: Grundformen hochmittelalterlicher Geschichtsanschauungen, Studien zum Weltbild der Geschichtsschreiber des 12. Jahrhunderts, Darmstadt

Spörl, J., 1965a: Das mittelalterliche Geschichtsdenken als Forschungsaufgabe, in: Lammers, W.: Geschichtsdenken und Geschichtsbild im Mittelalter, Darmstadt, 1–29

Spörl, J., 1965b: Wandel des Welt- und Geschichtsbildes im 12. Jahrhundert?, in: Geschichtsdenken und Geschichtsbild im Mittelalter, herausgeg. v. Lammers, W., Darmstadt, 278–297

Srubar, I., 1979: Die Theorie der Typenbildung bei Alfred Schulz. Ihre Bedeutung und ihre Grenzen, in: Sprondel, W. M., Grathoff, R. (Hg.): Alfred Schütz und die Idee des Alltags in den Sozialwissenschaften, Stuttgart, 43–64

Steele, I. K., 1974: Time, Communication and Society: The English Atlantic 1702, in: *Journal of American Studies* 8, 1–21

Streeck, W., 1979: Gewerkschaftsorganisation und industrielle Beziehungen. Einige Stabilitätsprobleme industriegewerkschaftlicher Interessenvertretung und ihre Lösung im westdeutschen System der industriellen Beziehungen, in: Politische Vierteljahresschrift, 20

Sturzel, E., 1965: Der Zeitbegriff in der Elisabethanischen Literatur, Wiener Beiträge zur Englischen Philologie 69, Wien, Stuttgart

Sweezy, P., 1978: Eine Kritik, in: Sweezy, P., Dobb, M., Takahasmi, K., Hilton, R., Hill, Chr., Lefebvre, G., Procacci, G., Hobsbawm, E., Merrington, J.: Der Übergang vom Feudalismus zum Kapitalismus, Frankfurt

Symonds, R. W., 1947: A History of English Clocks, London (Penguin)

Talos, E., Vobruba, G. (Hg.), 1983: Perspektiven der Arbeitszeitpolitik, Wien

Teriet, B., 1976: Neue Strukturen der Arbeitszeitverteilung, Göttingen

Thomas, K., 1964: Work and Leisure in Preindustrial Society, in: Past and Present, Dec. 50–62

Thomas von Aquin, Summe der Theologie Bd. I–III Stuttgart, zusammengefaßt, eingeleitet und erläutert von Joseph Bernhart, Stuttgart 1954

Thompson, E. P., 1973: Zeit, Arbeitsdisziplin und Industriekapitalismus, in: Braun, R., Finke, M., Großkern, M., Volkmann (Hg.): Gesellschaft in der industriellen Revolution, Köln

Thompson, E. P., 1974: Patrician Society, Plebian Culture, in: *Journal of Social History*, 7, 382–405

Thompson, E. P., 1979: Die »sittliche Ökonomie« der englischen Unterschichten im 18. Jahrhundert, in: Puls, B. (Hg.): Wahrnehmungsformen und Protestverhalten. Studie zur Lage der Unterschichten im 18. und 19. Jahrhundert, Frankfurt/M.

Thorndike, L., 1941: Invention of the Mechanical Clock about 1271 A.B., in: *Speculum* 16, 242–243

Thorner, D., 1966: Chayanov's Concept of Peasant Economy, in: A. V. Cahanov, on the Theory of the Peasant Economy, hrsg. von D. Thorner, B. Kerblay, R. E. F. Smith, Homewood, Ill.

Thun, 1879: Die Industrie am Niederrhein, 2 Bde., Leipzig

Tilly, Ch./Tilly, R., 1971: Agenda for European Economic History in the 1970, in: Journal of Economic History 31, 184–198

Toulmin, S., Goodfield, J., 1965: The Discovery of Time, New York: Harper and Row, Inc.

Troeltsch, W., 1897: Die Calwer Zeughandlungskompagnie und ihre Arbeiter: Studien zur Gewerbe- und Sozialgeschichte Altwürttembergs, Jena

Usher, A. P., 1962: A History of Mechanical Inventions, Harvard

Vittinghoff, F., 1969: Spätantike und Frühchristentum, Christliche und nichtchristliche Anschauungsmodelle, in: Brand, A. (Hg.): Mensch und Weltgeschichte. Zur Geschichte der Universalgeschichtsschreibung, 17–40, Salzburg/München

Vobruba, G., 1978: Staatseingriff und Ökonomiefunktion. Der Sozialstaat als Problem für sich selbst, in Zeitschrift für Soziologie, 7, 130 ff.

Vogel, W., 1912: Ein seefahrender Kaufmann um 1100, in: *Hanseatische Geschichtsblätter,* Bd. 18, 239–248

Wadstein, E., 1896: Die eschatologische Ideengruppe, Zeitschrift für wissenschaftliche Theologie XXXIX, 288 ff.

Wallerstein, I., 1979: Three paths of national development in the sixteenth-century Europe, in: Ders.: The Capitalist World-Economy, London, New York, Melbourne

Waldmann, P., 1971: Zeit und Wandel als Grundbestandteile sozialer Systeme, in: *KZfSS* 23, 687–703

Wallis, G. W., 1970: Chronopolitics: The Impact of Time Perspectives on the Dynamics of Change, in: *Social Forces,* 49, 102–108

Weber, M., 1889: Zur Geschichte der Handelsgesellschaften im Mittelalter. Nach südeuropäischen Quellen, Stuttgart

Weber, M., 1920: Gesammelte Aufsätze zur Religionssoziologie. Tübingen

Weber, M., 1923: Wirtschaftsgeschichte, Abriß der universalen Sozial- und Wirtschaftsgeschichte, München und Leipzig

Weber, M., 1972: Wirtschaft und Gesellschaft, Tübingen

Weber, M., 1973: Soziologie-Universalgeschichtliche Analysen-Politik, Stuttgart

Weber-Kellermann, I., 1965: Erntebrauch in der ländlichen Arbeitswelt des 19. Jahrhunderts, Marburg

Weber-Kellermann, I., 1967: Arbeitsbräuche und Arbeitsfeste der Drescher, in: Heilfurth, G., Weber-Kellermann, I. (Hg.): Arbeit und Volksleben, Göttingen

Wendland, H.-D., 1938: Geschichtsanschauung und Geschichtsbewußtsein im Neuen Testament, Göttingen

Wendorff, R., 1980: Zeit und Kultur. Geschichte des Zeitbewußtseins in Europa, Opladen

Werveke, H. van, 1965: Die Stellung des hanseatischen Kaufmanns dem flandrischen Tuchproduzenten gegenüber, in: Festschrift für Hektor Ammonn, herausgegeben von Herman et al. Wiesbaden, 296–304

Willms, B., 1970: Die Antwort des Leviathan – Thomas Hobbes' politische Theorie, Neuwied, Berlin

Wilson, C. H., 1967: Trade, Society and the State, in: Cambridge, Economic History 4, 487–575

Wittfogel, K. A., 1970: Die natürlichen Ursachen der Wirtschaftsgeschichte, Gießen

Wolff, Ph., 1962: Le temps et sa mesure au moyen age, in: Annales, E.S.C. 17, 1141–1145

Wolter, H., 1955: Ordericus Vitalis. Ein Beitrag zur kluniazensischen Geschichtsschreibung

Yankelovich, D., 1974: The New Morality – A Profile of American Youth in the 70's, New York

Zorn, W., 1965: Zünfte, in Handwörterbuch der Sozialwissenschaften Bd. 12, Stuttgart/Tübingen/Göttingen, 483–489

fischer perspektiven – fischer alternativ

K. William Kapp
Erneuerung der Sozialwissenschaften
Ein Versuch zur Integration und Humanisierung
Band 4161
Die Sozialwissenschaften spezialisieren sich immer mehr. Nur eine neue Grundlegung der Sozialwissenschaften, die sich an der menschlichen Natur und deren Bedürfnissen orientiert, vermag die oft unmenschlichen Folgen einer sich »wertfrei« begreifenden Sozialwissenschaft zu überwinden.

Klaus Heinrich
Vernunft und Mythos
Ausgewählte Texte
Band 4162
Nur eine Kritik, die den Mythos ernst nimmt, vermag den Begriff des Mythos für die Sinnkrise in unserer Gesellschaft fruchtbar zu machen.
»Die Wirklichkeitssubstrate abstrakter Begriffe aufzuzeigen, logische Forme(l)n auf in ihnen abgelagerte Inhalte hin zu entziffern, ist Heinrich's Ruhm«. DIE ZEIT

Horst von Gizycki
Arche Noah '84
Zur Sozialpsychologie gelebter Utopien
Band 4163
Hier wird eine Arche entworfen, die die Menschen nicht erst nach der Katastrophe rettet, sondern dazu beitragen soll, die Katastrophe zu vermeiden. In einem Aufriß einer Sozialpsychologie »gelebter Utopien« sucht der Autor kritisch nach Prinzipien und Möglichkeiten einer alternativen Praxis, wie sie sich schon in vielen Gemeinschaftsprojekten zeigt.

Fischer Taschenbuch Verlag

fischer perspektiven – fischer alternativ

Klaus Gretschmann
Wirtschaft im Schatten
von Markt und Staat
Grenzen und Möglichkeiten einer Alternativ-Ökonomie
Band 4164
Eine zusammenfassende Darstellung der Prinzipien
einer Alternativ-Ökonomie, die einen Ausweg aus der
Wirtschaftskrise eröffnen kann. Wie sieht der »informelle« Bereich einer Volkswirtschaft aus, in dem weniger
profitiert, sondern bedarfsorientiert produziert und soziale Dienstleistungen erbracht werden?

Hansjörg Hemminger
Der Mensch – eine Marionette der Evolution?
Eine Kritik an der Soziobiologie
Band 4165
Eine kritische Auseinandersetzung eines Biologen mit
der Soziobiologie, die die Gesetze der biologischen
Entwicklung auf gesellschaftliche Prozesse überträgt
und so dem »Sozialdarwinismus« Tür und Tor öffnet.
Ein Versuch, eines engagierten Wissenschaftlers, den
Menschen von Natur aus als Kulturwesen zu begreifen.

Wolf Schäfer (Hrsg.)
Neue Soziale Bewegungen
Konservativer Aufbruch in buntem Gewand?
Band 4166
Eine kontroverse Auseinandersetzung über das Theorieverständnis der Ökologie- und Alternativbewegung.
Eine Standortbestimmung über diese Bewegung von
Betroffenen und Außenstehenden.
Diese Texte befassen sich mit umstrittenen Themen wie
»Glaube an das Volk«, »neue Mütterlichkeit« und
»Formen des Widerstandes«.

Fischer Taschenbuch Verlag

fi 110/1b

fischer perspektiven – fischer alternativ

Günter Altner (Hg.)
Die Welt als offenes System
Eine Kontroverse um das Werk von Ilya Prigogine
Band 4168
Die bisherige wissenschaftliche Entwicklung kann für
den weiteren zivilisatorischen Fortschritt nicht ohne
Folgen bleiben. Die modernen Industriegesellschaften
werden immer komplexer, welche Perspektiven
positiver oder negativer Art zeigen sich dabei?

Ferdinand W. Menne
Eigensinn und Selbsthilfe
Über das Recht auf einen kleinen Alltag
Band 4169
Die Alternativen können nur überleben, wenn sie sich
das Recht auf den kleinen Alltag erkämpfen. Wer den
»kleinen Leuten« lebensnotwendige Sicherheiten entzieht, handelt nicht nach dem Subsidiaritätsprinzip. Nur
eine aktive Förderung der Alternativen und Stärkung
von Eigensinn, Eigenwillen und Eigenmacht der
Kleinen vermag dies zu erreichen.

Bettina Jansen/Brigitte von der Twer
Für einen anderen Umgang mit der Natur
Wider männliche Beherrschung und
Zerstörung der Natur
Band 4171
Eine Analyse der Umweltzerstörung durch eine sich nur
männlich begreifende Naturwissenschaft und deren
Neugestaltung, indem weibliche Erfahrung zu einem
neuen wissenschaftlichen Kriterium gemacht wird. Nur
so läßt sich eine geschlechtsspezifische Aneignung
von Umwelt überwinden.

Fischer Taschenbuch Verlag

fi 110/1c

Arbeitslosigkeit oder Wachstum – die falsche Alternative

**Hans Christoph Binswanger/
Werner Geissberger/Theo Ginsburg (Hrsg.)
Wege aus der Wohlstandsfalle**
Der NAWU-Report: Strategien gegen Arbeits-
losigkeit und Umweltzerstörung. Band 4030

**Michael Busse
Arbeit ohne Arbeiter**
Wem nützt der technische Fortschritt? Band 4015
Mit Mikroprozessoren lassen sich Arbeitskräfte in einer
bisher ungeahnten Weise wegrationalisieren. Sie spei-
chern einige tausend Informationen und vermögen kom-
pliziertteste Arbeitsabläufe zu steuern. Die soziale Bri-
sanz dieser Rationalisierung liegt auf der Hand: Sind
technischer und sozialer Fortschritt noch das gleiche?

**Joseph Huber
Anders arbeiten – anders wirtschaften**
Dualwirtschaft: Nicht jede Arbeit muß ein Job sein. Band
4033
Nicht jede Arbeit, die sich als Geldwert in (steigenden)
Bruttosozialprodukten ausdrückt, ist auch sozial produk-
tiv. Wie eine »informelle« Wirtschaft (als zweiter Bereich
einer Volkswirtschaft) aussehen kann, wird in diesem
Band von international anerkannten Autoren wie Yona
Friedman, Johan Galtung, Robert Jungk, Ivan Illich, Rolf
Schwendter, Christine und Ernst von Weizäcker darge-
stellt.

Fischer Taschenbuch Verlag

Die Veränderung der Zukunft

Anders leben – überleben
Herausgegeben von H.-J. Bahr/R. Gronemeyer. Band 4002
Die Grenzen des Wachstums sind genügend aufgezeigt worden. Katastrophenfixierung und Krisentheorie führen nicht weiter. Deshalb votieren in diesem ›Brennpunkte‹-Band kompetente Autoren für eine neue gewaltfreie, solidarische Kultur. Diese entwickelt sich aber nicht im luftleeren Raum. Sie zeigt sich schon in alternativen Ansätzen in den verschiedenen Lebensbereichen der modernen Industriegesellschaft.

Die neuen Alchimisten
Band 4027
Alchimisten – das waren im Mittelalter jene geheimnisvollen Leute, die aus unedlem Metall Gold zu machen versuchten. Die »Neuen Alchimisten« unserer Zeit haben sich zum Ziel gesetzt, alle natürlichen Energien, die uns mit Wasser, Luft, Sonne und Erde zur Verfügung stehen, so zu nutzen, daß keine zusätzlichen Energieträger wie Erdöl und vor allem Uran nötig sind.

Yona Friedman
Machbare Utopien
Band 4018
»Manches, was Friedman hier sagt, mag uns, die wir noch allzu gern Wachstum als vollkommen natürlich ansehen, fremd, ablehnenswert, ja arm erscheinen. Dennoch verblüfft und reizt die Vorstellung zu leben, wie Friedman sie entwickelt.«
Basler Volksblatt

Marianne und Reimer Gronemeyer
Frieden vor Ort
Band 4066
Was können einzelne vor Ort für den Frieden tun? Wie kann ein lokaler Frieden gegen Zerstörungen aller Art erreicht werden? Diesen Nahtstellen zwischen translokaler und nachbarschaftlich orientierten Initiativen soll in diesem Band von international bekannten Autoren nachgegangen werden.

fischer alternativ

Fischer Taschenbuch Verlag

Die Veränderung der Zukunft

Helmut Swoboda
Der Kampf gegen die Zukunft
Band 4004
Helmut Swoboda hat sich mit seinem Buch über Utopien einen
Namen gemacht. Auch im vorliegenden Buch geht der Autor
von der Utopie einer kreativen Gesellschaft aus, in der sich
jeder entfalten kann. Dabei malt Swoboda nicht ein Schlaraffen-
land an die Wand, er geht vielmehr in schriftstellerischer
Detailarbeit an die Analyse unseres Alltags. Dabei kommt der
Autor zum Schluß, daß wir uns durch eine »realistische«
Lebensweise den Weg in die Zukunft selber verbauen. Auf der
einen Seite halten wir an starren Strukturen fest, um andererseits den Fortschritt aus kurzfristigen Überlegungen immer
weiter voranzutreiben. Bestehendes, das wir einst in bester
Absicht geschaffen haben, verliert so seinen Sinn, wodurch
auch die Zukunft immer sinnloser wird.

Wege aus der Wohlstandsfalle
Der **NAWU**-Report:
Strategien gegen Arbeitslosigkeit und Umweltzerstörung
Herausgegeben von H. Chr. Binswanger/Werner Geissberger/
Theo Ginsburg. Band 4030
Die Ratlosigkeit der offiziellen Wirtschaftspolitik erfordert mutige
und realisierbare Konzepte, die in Neuland vorstoßen.
Solange die Alternative auf umweltschädigendes Wachstum
oder Arbeitslosigkeit beschränkt wird, öffnet sich kein Weg aus
der Wohlstandsfalle. Eine Strategie wie man
Lebensqualität *und* Vollbeschäftigung
erreichen kann, hat die Schweizer
Gruppe für »**N**eue **A**nalysen **W**irtschaft
Umwelt« (NAWU) entworfen. Dabei
zeigt es sich immer mehr, daß
unser Lebensstil überhaupt zur
Diskussion steht. Wir müssen
unsere Vorstellungen über die
industrielle Massenproduktion,
das Geld, die Eigentumsformen
und unsere Art miteinander zu
leben von Grund auf neu
überdenken.

fischer alternativ

Fischer Taschenbuch Verlag

Die tägliche Revolution

H.-E. Bahr/G. und H. Mahlke/
D. Sölle/F. Steffensky
Franziskus in Gorleben
Protest für die Schöpfung
Band 4051

Barbara Burger/Brigitte Burger
Bio-Tips
Band 1: In der Küche arbeiten
ohne Gift. Band 4084
Band 2: Haushalten ohne Gift
Band 4085

Stephen Diamond
Was die Bäume sagen
Leben in einer Landkommune
Band 4034

Wohnungsnot
Anregungen zu Initiativen an Ort
und Stelle: Alternativen in der
kommunalen Wohnungspolitik
Herausgegeben von
Adelbert Evers/Klaus Selle
Band 4063

Hadayatullah Hübsch
Alternative Öffentlichkeit
Freiräume der Information
und Kommunikation
Band 4042

Salto vitale
Frauen in Alternativprojekten
Herausgegeben von
Ulrike Kolb/Jutta Stössinger
Band 4048

Dieter Korczak
Neue Formen des
Zusammenlebens
Erfolge und Schwierigkeiten des
Experiments »Wohngemeinschaft«
Band 4016

Rückkehr in die Gemeinschaft
Kleine Netze: Berichte über Wohn-
siedlungen
Band 4053

David Morris/Karl Hess
Nachbarschaftshilfe
Für eine solidarische Gestaltung
des Alltags
Band 4036

Liselotte und Hans Petersohn
Für eine andere Medizin
Gesund bleiben – gesund werden
Bewährte Naturheilverfahren
Band 4058

Klaus Renken
Umweltfreundliche Produkte
Band 1: Ein Handbuch für den
ökobewußten Verbraucher
Band 4054
Band 2: Vom Umweltbundesamt
empfohlene Produkte
Band 4095

fischer alternativ

Fischer Taschenbuch Verlag

fi 111/2

Bausteine einer neuen Theorie

**Anders arbeiten –
anders wirtschaften**
Dualwirtschaft: Nicht jede Arbeit
muß ein Job sein.
Herausgegeben von Joseph Huber
Band 4033

**Hartmut Bossel
Bürgerinitiativen entwerfen die
Zukunft**
Neue Leitbilder – Neue Werte
30 Szenarien
Band 4010

**Der Fischer Öko-Almanach
1984/85**
Daten, Fakten, Trends der
Umweltdiskussion
Herausgegeben von Gerd Michel-
sen und dem Öko-Institut,
Freiburg/Br.
Band 4093

**William K. Kapp
Soziale Kosten der
Marktwirtschaft**
Das klassische Werk
der Umwelt-Ökonomie
Band 4167

Gemeinsam sind wir stärker
Selbsthilfegruppen und Gesundheit
Herausgegeben von
Ilona Kickbusch/Alf Trojan
Band 4050

**Hugo Kükelhaus
Organismus und Technik**
Gegen die Zerstörung der
menschlichen Wahrnehmung
Mit einem Vorwort von
Herbert Gruhl
Band 4025

**Hugo Kükelhaus/
Rudolf zur Lippe
Entfaltung der Sinne**
Erlebnisse mit dem
»Erfahrungsfeld«
Band 4065

**Lewis Mumford
Mythos der Maschine**
Kultur, Technik und Macht
Band 4001

**James Robertson
Die lebenswerte Alternative**
Wegweiser für eine andere Zukunft
Band 4026

**Engelbert Schramm
Ökologie-Lesebuch**
Ein Lesebuch zur Entstehung
der Ökologie
Von der Antike bis zum Club of
Rome
Band 4064

Wachstum kostet immer mehr
Die sozialen Kosten der Expansion
werden spürbar
Band 4039

fischer alternativ

Fischer Taschenbuch Verlag

Zur ökologischen Lage der Nation

Der Fischer
Öko-Almanach 84/85

Herausgegeben von Gerd Michelsen
und dem Öko-Institut, Freiburg/Br.
fischer alternativ Band 4093

Zum dritten Mal ziehen an die 90 Wissenschaftler, Publizisten und politisch Engagierte aus der Bundesrepublik Deutschland in diesem völlig neu überarbeiteten Öko-Almanach eine Öko-Bilanz. Wer sich über Arten und Möglichkeiten der schädlichen Wirkungen großtechnologischer Produktion informieren will, findet in diesem Almanach Daten, Fakten und weiterführende Hinweise: Angefangen bei der Gesundheitssituation des Einzelnen und den Gefahren beim Hausgebrauch von Chemikalien, über die regionalen, nationalen sowie internationalen Gefährdungen durch Rüstung und Industrieproduktion bis hin zur Frage der Wirtschaftlichkeit von Atomstrom, sozialen Fragen der neuen Technologien und der Schaffung von Arbeitsplätzen durch eine ökologisch orientierte Politik.
In weiterführenden Beiträgen wird der Rahmen für die neue öko-soziale Frage abgesteckt. Ein Anhang mit vielen Adressen und einem umfangreichen Register beschließen diesen, für jeden ökologisch Interessierten unentbehrlichen Leitfaden.

fischer alternativ

Fischer Taschenbuch Verlag

fi 114/2